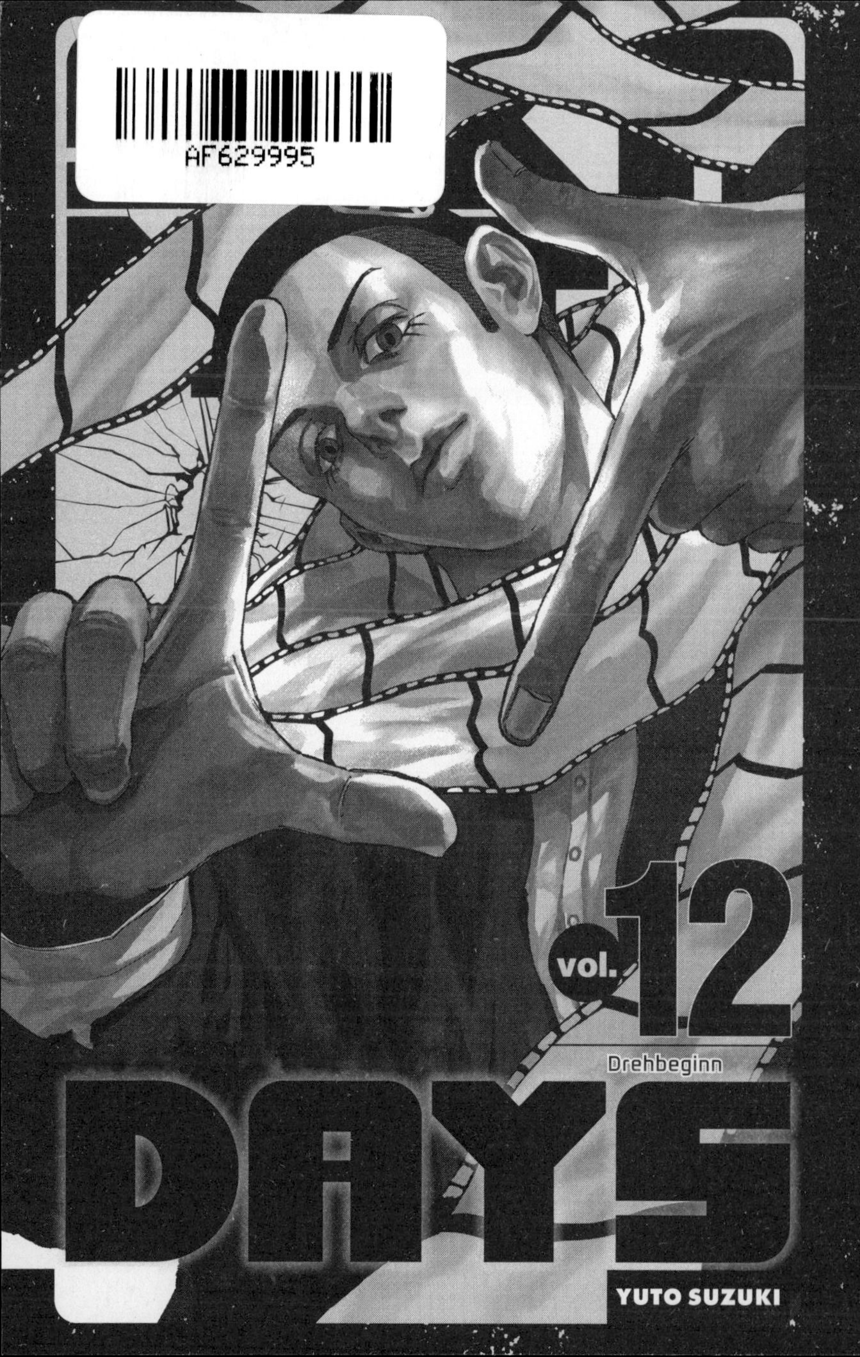
vol. 12
Drehbeginn
DAYS
YUTO SUZUKI

SAKAMOTO DAYS

VORSTELLUNG DER FIGUREN

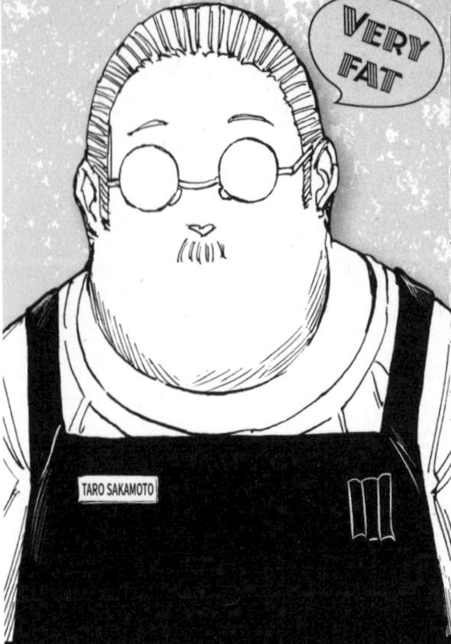

TARO SAKAMOTO

Ehemals der stärkste und gefürchtetste Profikiller. Führt jetzt einen kleinen Familienbetrieb, einen Tante-Emma-Laden namens »Sakamoto«, in einem ruhigen Viertel der Vorstadt. Ein recht schweigsamer und gefräßiger Zeitgenosse, der, obwohl er mittlerweile kugelrund ist, noch immer die gefährlichsten Tötungstechniken und alle Tricks und Kniffe eines waschechten Profikillers instinktiv beherrscht. Seine Frau und seine Tochter liebt er über alles. Gehörte früher ORDER an.

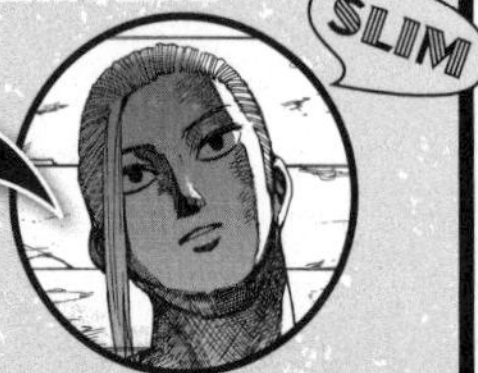

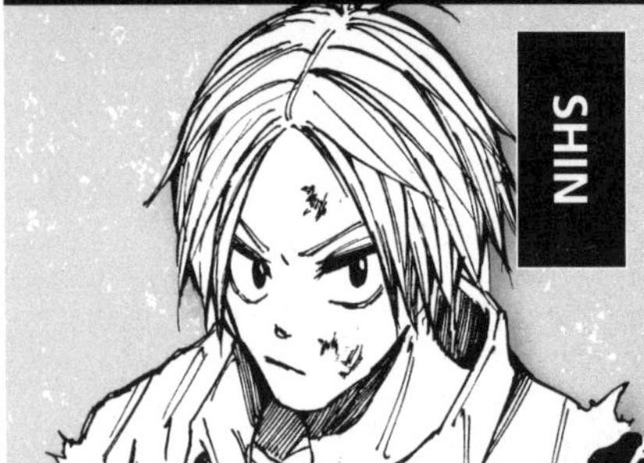

SHIN

Ehemaliger Untergebener Sakamotos. Telepath, der die Gedanken anderer Menschen lesen kann. Wurde von Sakamoto gerettet und arbeitet seitdem bei »Sakamoto«. Besitzt eine Art Zukunftsblick, eine Fähigkeit, die ihm erlaubt, Bewegungen und Geschehnisse vorauszusehen, ihn allerdings bei übermäßiger Anwendung auch in Todesgefahr bringt.

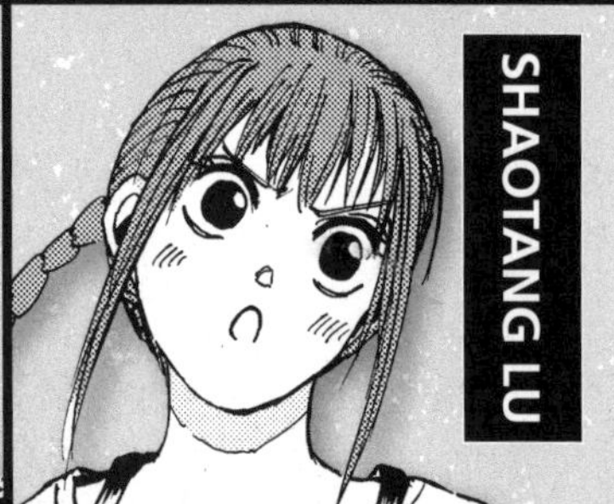

SHAOTANG LU

Tochter einer Triaden-Familie. Sakamoto rettete ihr das Leben, als sie von einem befeindeten Clan, der ihre gesamte Familie ausgelöscht hat, verfolgt wurde. Arbeitet auch in Sakamotos Laden. Sobald sie betrunken ist, verwandelt sie sich in eine absolute Kung-Fu-Meisterin.

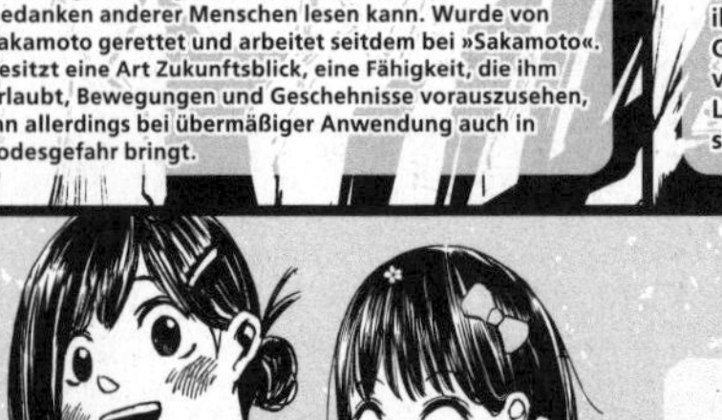

AOI & HANA SAKAMOTO

Sakamotos geliebte Frau und Tochter. Beide haben sein Leben verändert.

ORDER

DIESE ELITETRUPPE IST DIE WICHTIGSTE EINRICHTUNG DES JBA. SIE IST DAFÜR ZUSTÄNDIG, DIE WELT DER PROFIKILLER IN ORDNUNG ZU HALTEN.

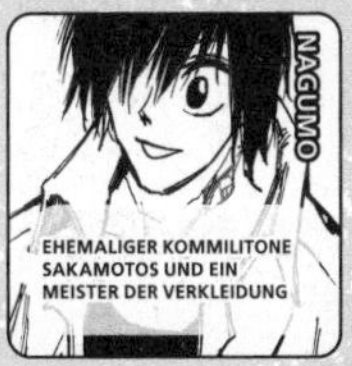

NAGUMO

EHEMALIGER KOMMILITONE SAKAMOTOS UND EIN MEISTER DER VERKLEIDUNG

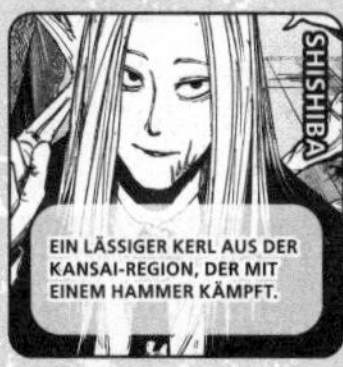

SHISHIBA

EIN LÄSSIGER KERL AUS DER KANSAI-REGION, DER MIT EINEM HAMMER KÄMPFT.

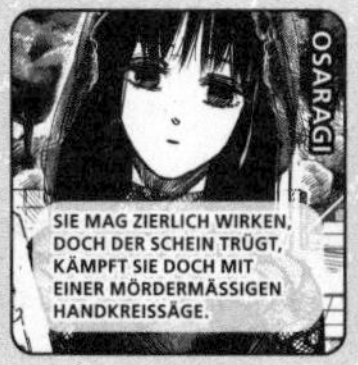

OSARAGI

SIE MAG ZIERLICH WIRKEN, DOCH DER SCHEIN TRÜGT, KÄMPFT SIE DOCH MIT EINER MÖRDERMÄSSIGEN HANDKREISSÄGE.

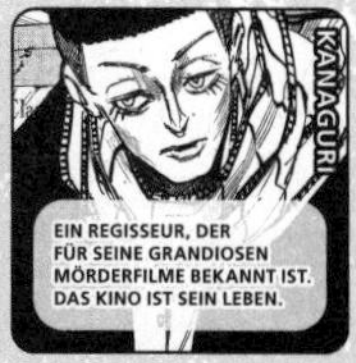

KANAGURI

EIN REGISSEUR, DER FÜR SEINE GRANDIOSEN MÖRDERFILME BEKANNT IST. DAS KINO IST SEIN LEBEN.

DAS NETZWERK RUND UM X

EINE MYSTERIÖSE GRUPPIERUNG VON KILLERN, DIE ES AUSSCHLIESSLICH AUF DEN JBA ABGESEHEN HAT. DER GRUND FÜR IHRE ANSCHLÄGE IST UNBEKANNT.

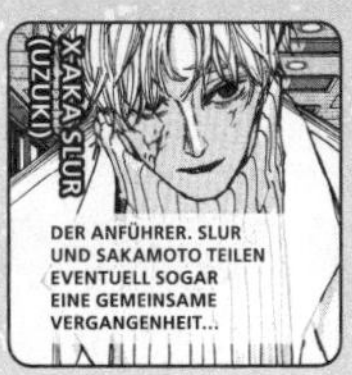

X AKA SLUR (UZUKI)

DER ANFÜHRER. SLUR UND SAKAMOTO TEILEN EVENTUELL SOGAR EINE GEMEINSAME VERGANGENHEIT…

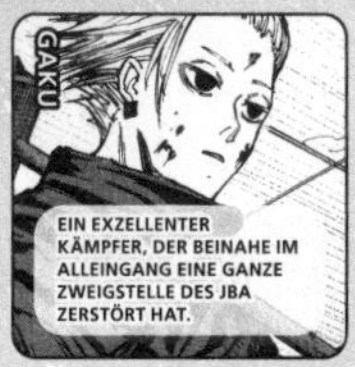

GAKU

EIN EXZELLENTER KÄMPFER, DER BEINAHE IM ALLEINGANG EINE GANZE ZWEIGSTELLE DES JBA ZERSTÖRT HAT.

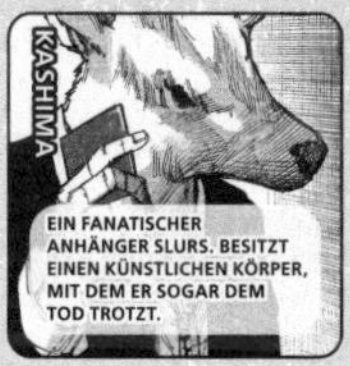

KASHIMA

EIN FANATISCHER ANHÄNGER SLURS. BESITZT EINEN KÜNSTLICHEN KÖRPER, MIT DEM ER SOGAR DEM TOD TROTZT.

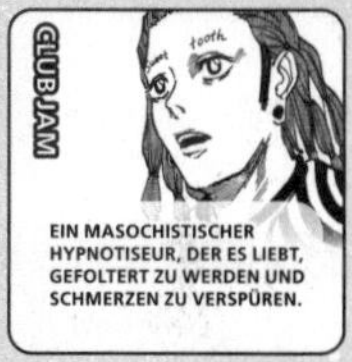

CLUB JAM

EIN MASOCHISTISCHER HYPNOTISEUR, DER ES LIEBT, GEFOLTERT ZU WERDEN UND SCHMERZEN ZU VERSPÜREN.

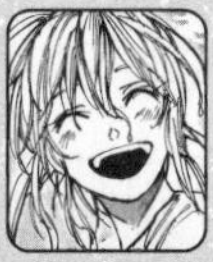

AKIRA

SIE IST RELATIV SCHÜCHTERN UND UNGESCHICKT IM UMGANG MIT WAFFEN, BESITZT ABER SCHEINBAR EIN VERBORGENES TALENT…

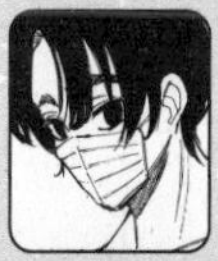

MAFUYU SEBA

EIN TYP MIT REINLICHKEITSFIMMEL. WURDE ZUSAMMEN MIT TORAMARU VON SLUR ENTFÜHRT.

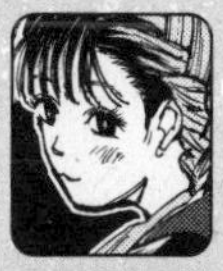

TORAMARU

EINE DER KANDIDATINNEN, DIE AUF EMPFEHLUNG ZUGELASSEN WURDE. EINST GROSSER SAKAMOTO-FAN.

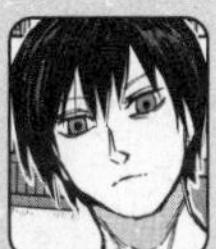

AMANE

STUDENT DER JCC, DER SICH DEN JBA ZUM FEIND ERKLÄRT HAT. SCHEINT MIT SLUR IN VERBINDUNG ZU STEHEN…

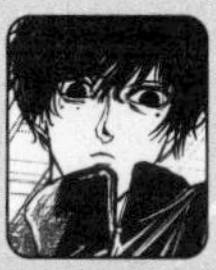

NATSUKI SEBA

PROMOTIONSSTUDENT IM ERSTEN JAHR IN DER WAFFENABTEILUNG DER JCC UND DER ÄLTERE BRUDER VON MAFUYU

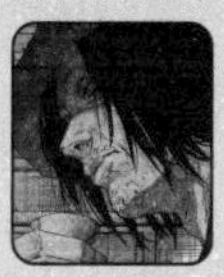

YOTSUMURA

EHEMALIGES MITGLIED VON ORDER UND SHISHIBAS FRÜHERER MENTOR

STORY

Es war einmal ein legendärer und erstklassiger Profikiller. Sein Name: Taro Sakamoto. Er war der beste von allen, die Nummer 1 unter den Auftragsmördern, von der gesamten Verbrecherwelt gefürchtet und bewundert zugleich. Doch eines Tages… verliebte er sich! Danach folgten Schlag auf Schlag: Ruhestand, Hochzeit, Nachwuchs – und dann… wurde Sakamoto fett! Und zwar so richtig. Mittlerweile betreibt er einen Tante-Emma-Laden, einen kleinen Familienbetrieb namens »Sakamoto«, und kaum dass er der Unterwelt den Rücken gekehrt hat, sieht er sich ständig neuen Gefahren ausgesetzt. Sakamoto findet indes heraus, dass ein Kopfgeld auf ihn ausgesetzt wurde. Dafür verantwortlich zeichnet sich ein Mann namens »Slur«, der ultimative Auftragskiller. Auf der Suche nach der Wahrheit entwickelte die Situation sich zu einem erbitterten Dreikampf zwischen Sakamoto und seinen Freunden, dem JBA und X alias Slur. Nach einem Angriff von X und seinen Schergen auf die JCC, herrscht absolutes Chaos. Denn nicht nur Sakamoto, sondern auch X hat es auf die sogenannte Datenbank abgesehen. Sakamoto gerät indes mit dem Regisseur Kanaguri aneinander, der zuvor seine ehemalige Lehrerin, Frau Satoda, erstochen hat! Währenddessen treffen Shin, Seba und Amane auf Club Jam. Im Kampf setzte Club Jam eine spezielle Hypnosetechnik ein, aber es gelang den dreien, sich der Hypnose zu widersetzen. Zur gleichen Zeit bricht ein blutiger Kampf zwischen Shishiba und seinem früheren Mentor Yotsumura in Kyoto aus!

SAKAMOTO DAYS vol. 12

INHALT

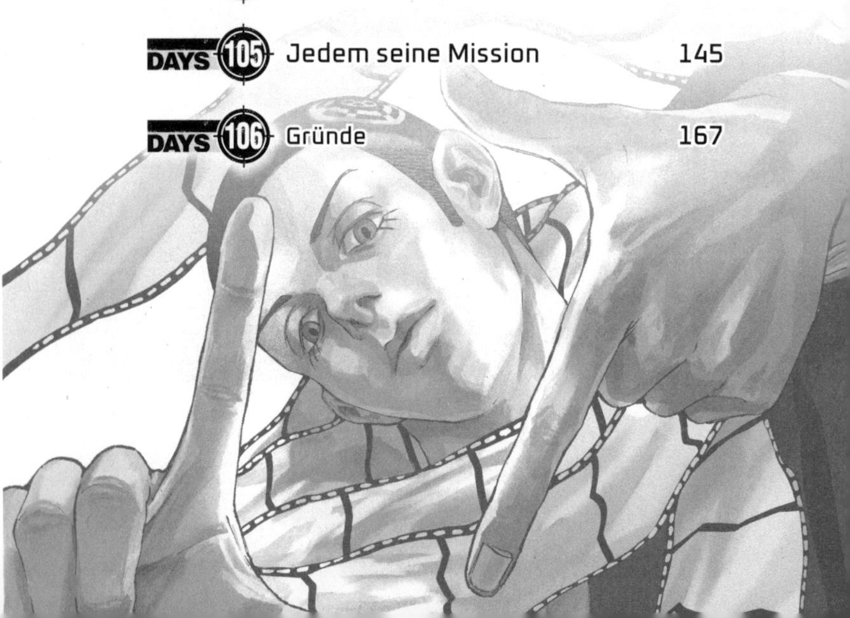

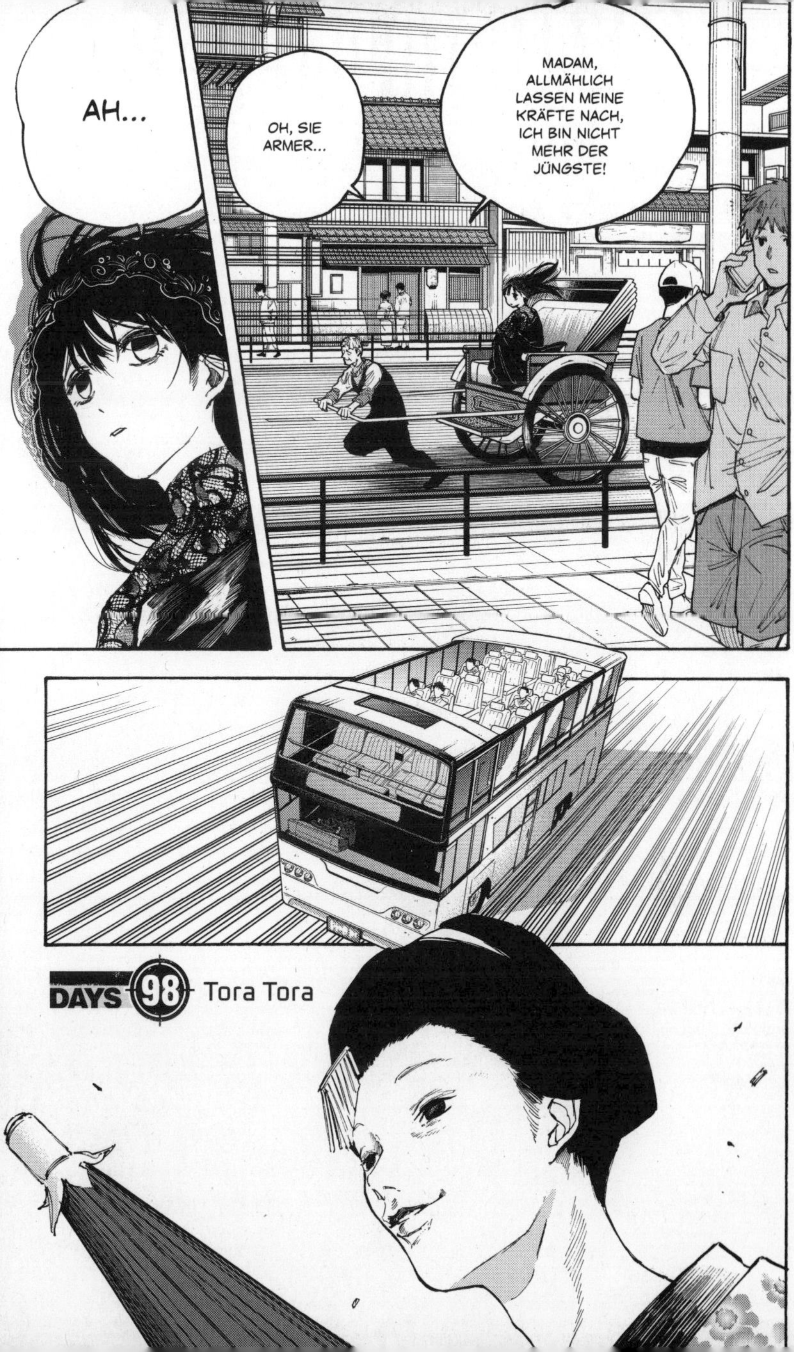
MADAM, ALLMÄHLICH LASSEN MEINE KRÄFTE NACH, ICH BIN NICHT MEHR DER JÜNGSTE!
OH, SIE ARMER...
AH...
DAYS 98 Tora Tora

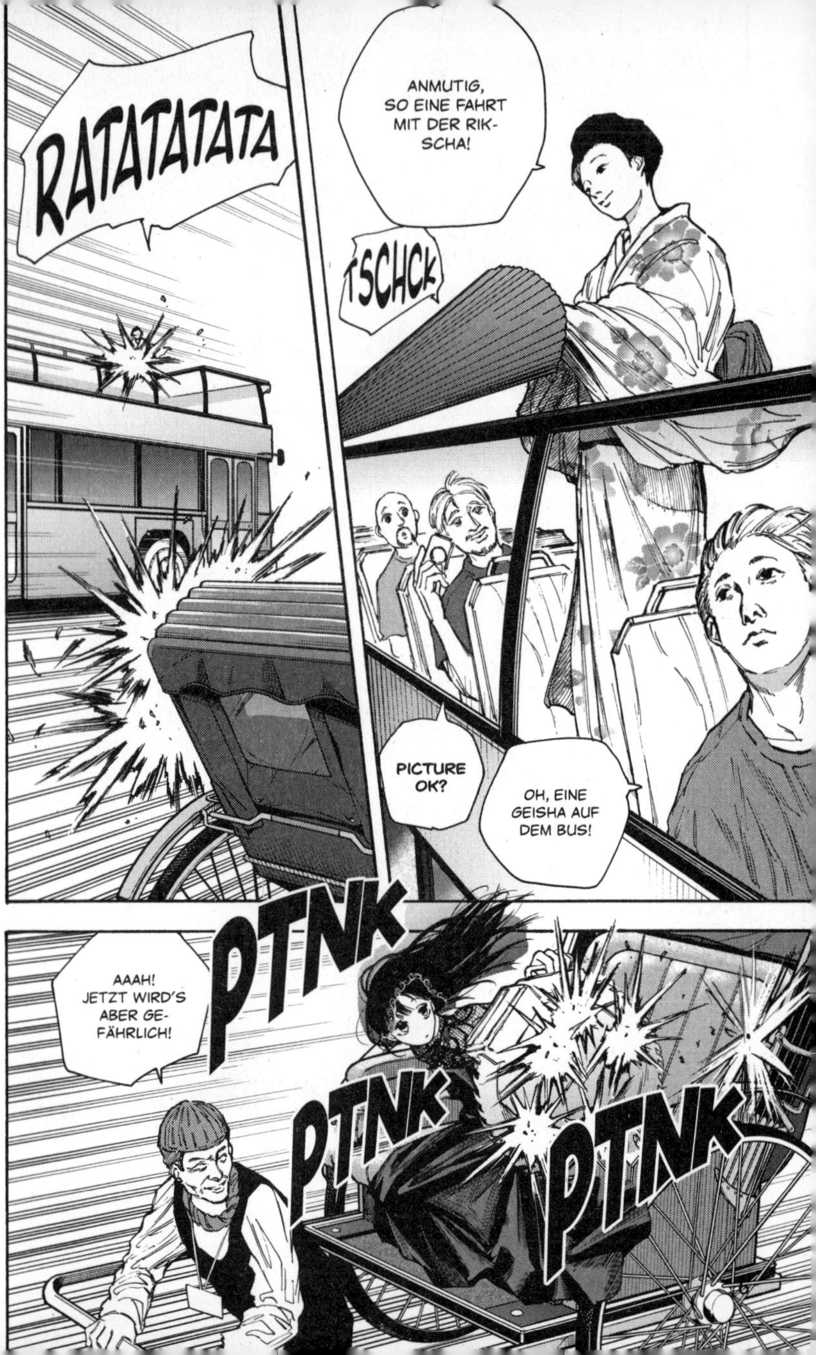
ANMUTIG, SO EINE FAHRT MIT DER RIK-SCHA!
RATATATATA
TSCHCK
PICTURE OK?
OH, EINE GEISHA AUF DEM BUS!
PTNK
AAAH! JETZT WIRD'S ABER GE-FÄHRLICH!
PTNK
PTNK

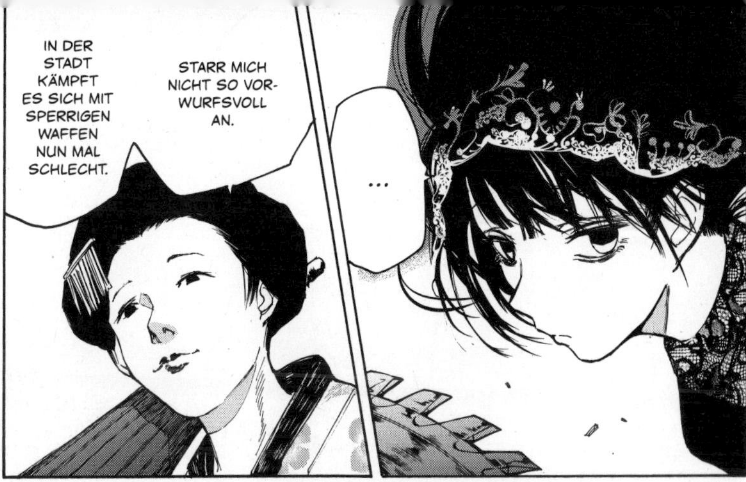

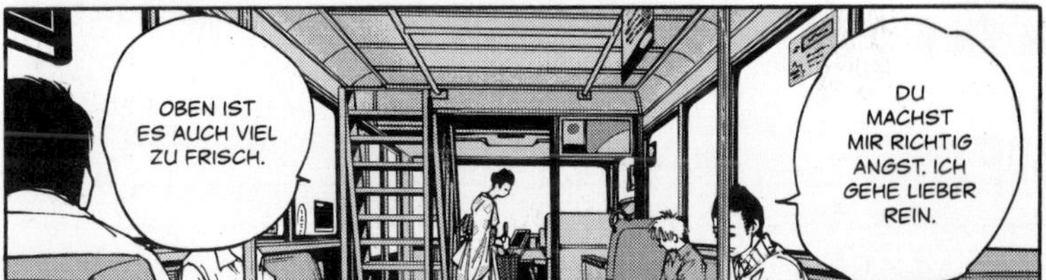

* WEITERER BEGRIFF FÜR GEISHA, »KIND DER KÜNSTE«

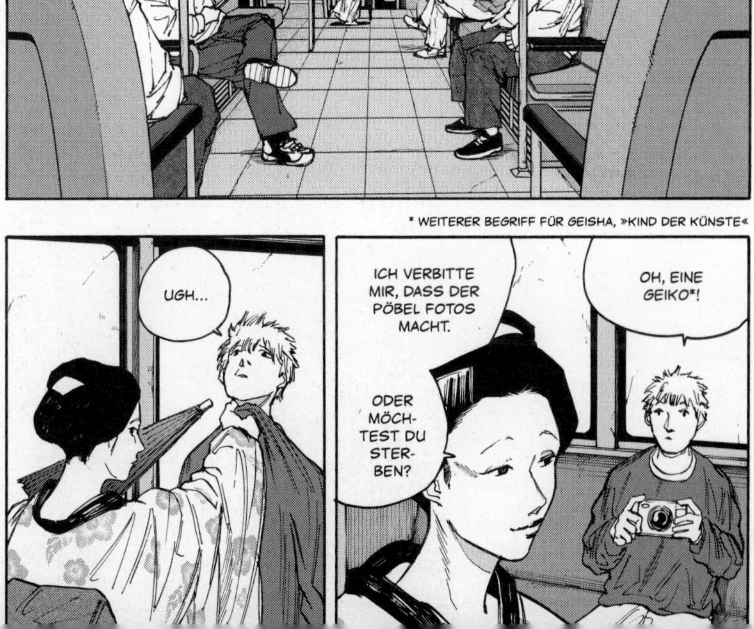

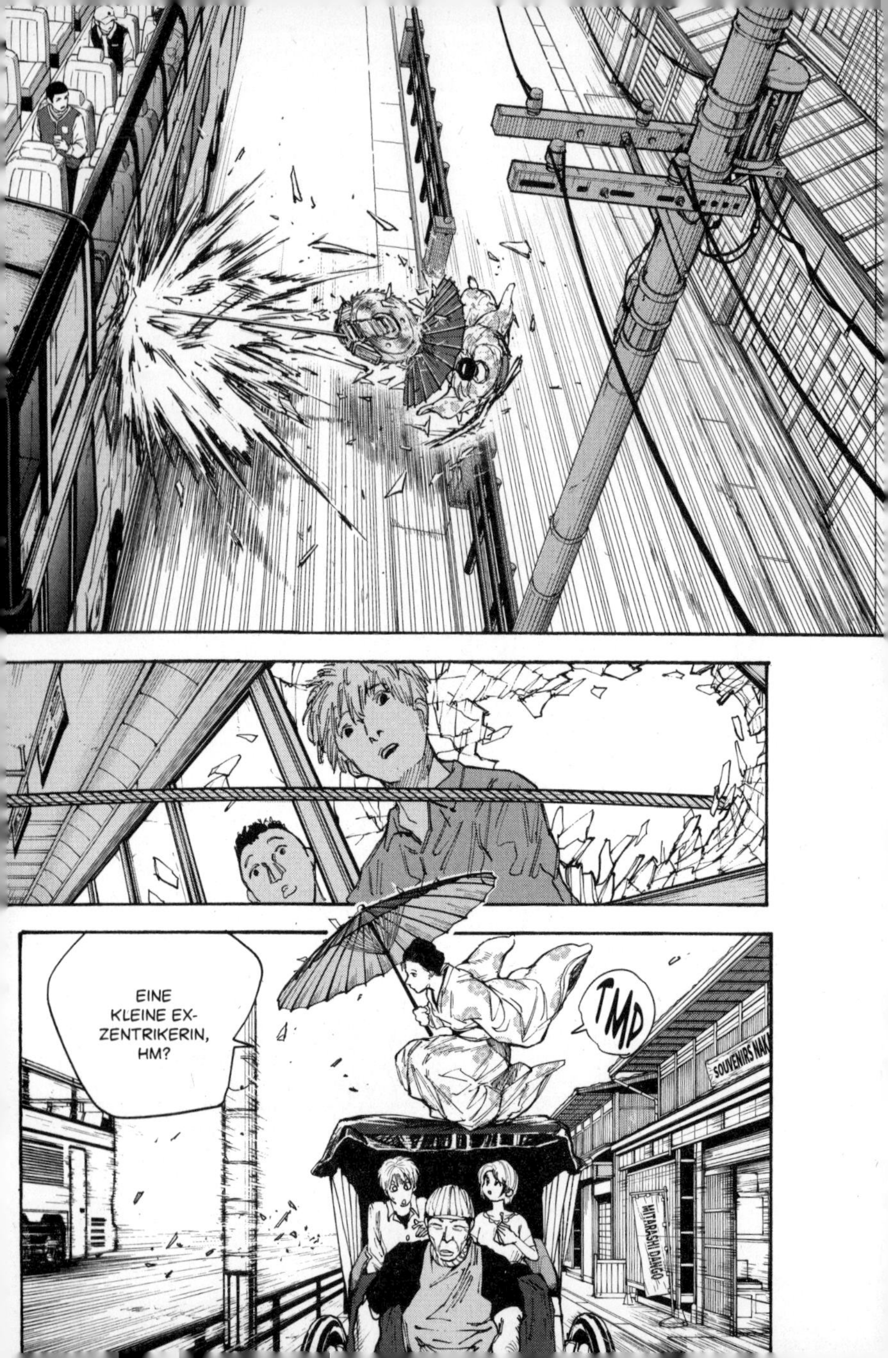
EINE KLEINE EX-ZENTRIKERIN, HM?
TMP
SOUVENIRS NAK
MITARASHI DANGO

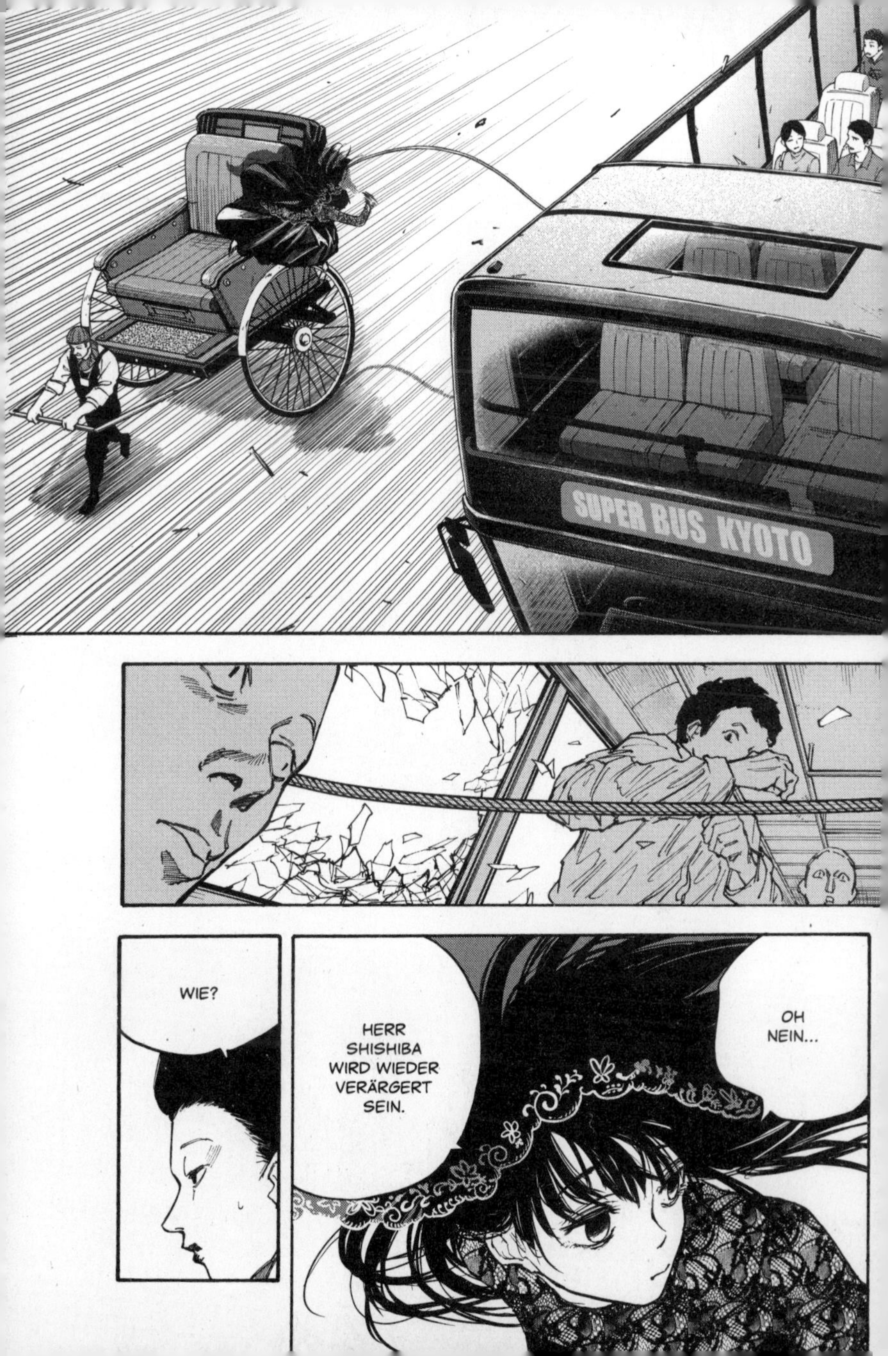
SUPER BUS KYOTO
OH NEIN...
HERR SHISHIBA WIRD WIEDER VERÄRGERT SEIN.
WIE?

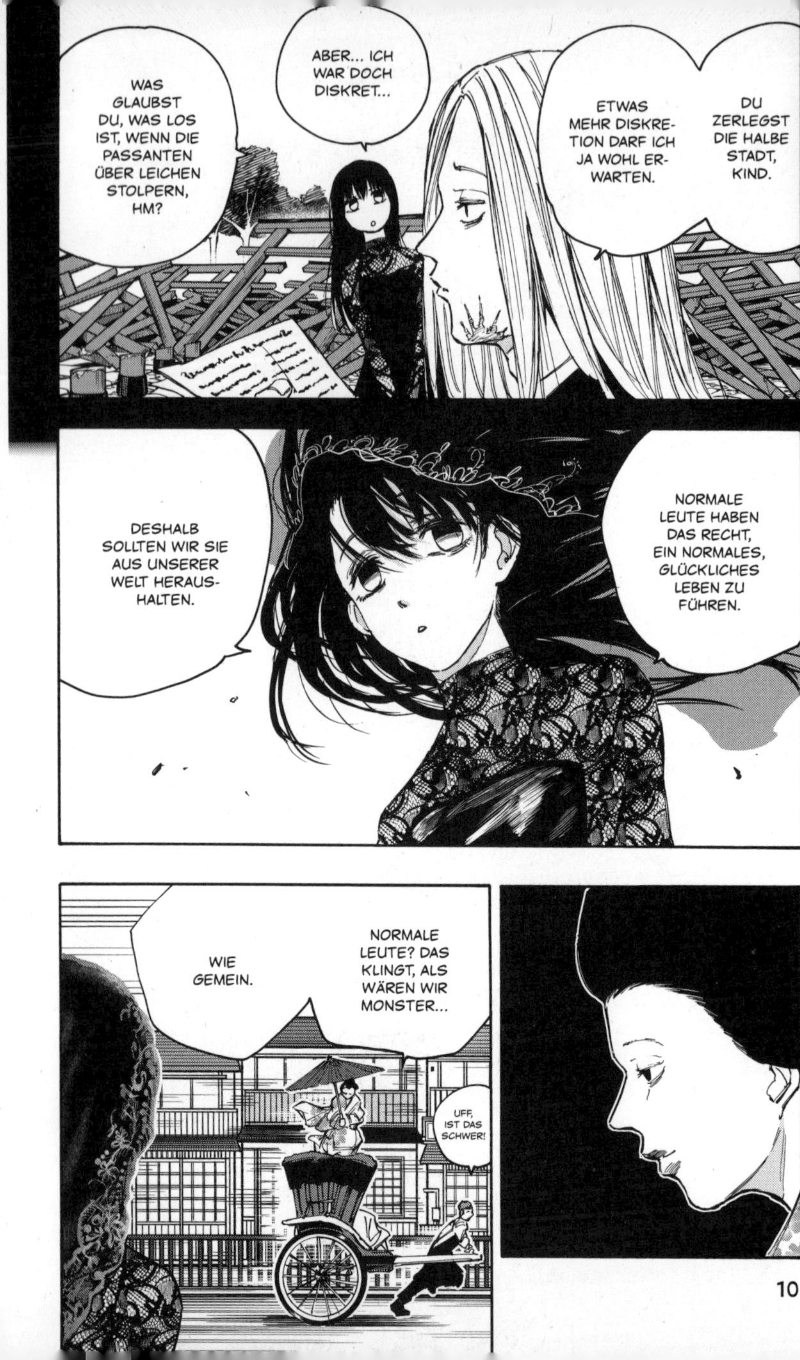
DU ZERLEGST DIE HALBE STADT, KIND.
ETWAS MEHR DISKRETION DARF ICH JA WOHL ERWARTEN.
ABER... ICH WAR DOCH DISKRET...
WAS GLAUBST DU, WAS LOS IST, WENN DIE PASSANTEN ÜBER LEICHEN STOLPERN, HM?
NORMALE LEUTE HABEN DAS RECHT, EIN NORMALES, GLÜCKLICHES LEBEN ZU FÜHREN.
DESHALB SOLLTEN WIR SIE AUS UNSERER WELT HERAUSHALTEN.
NORMALE LEUTE? DAS KLINGT, ALS WÄREN WIR MONSTER...
WIE GEMEIN.
UFF, IST DAS SCHWER!

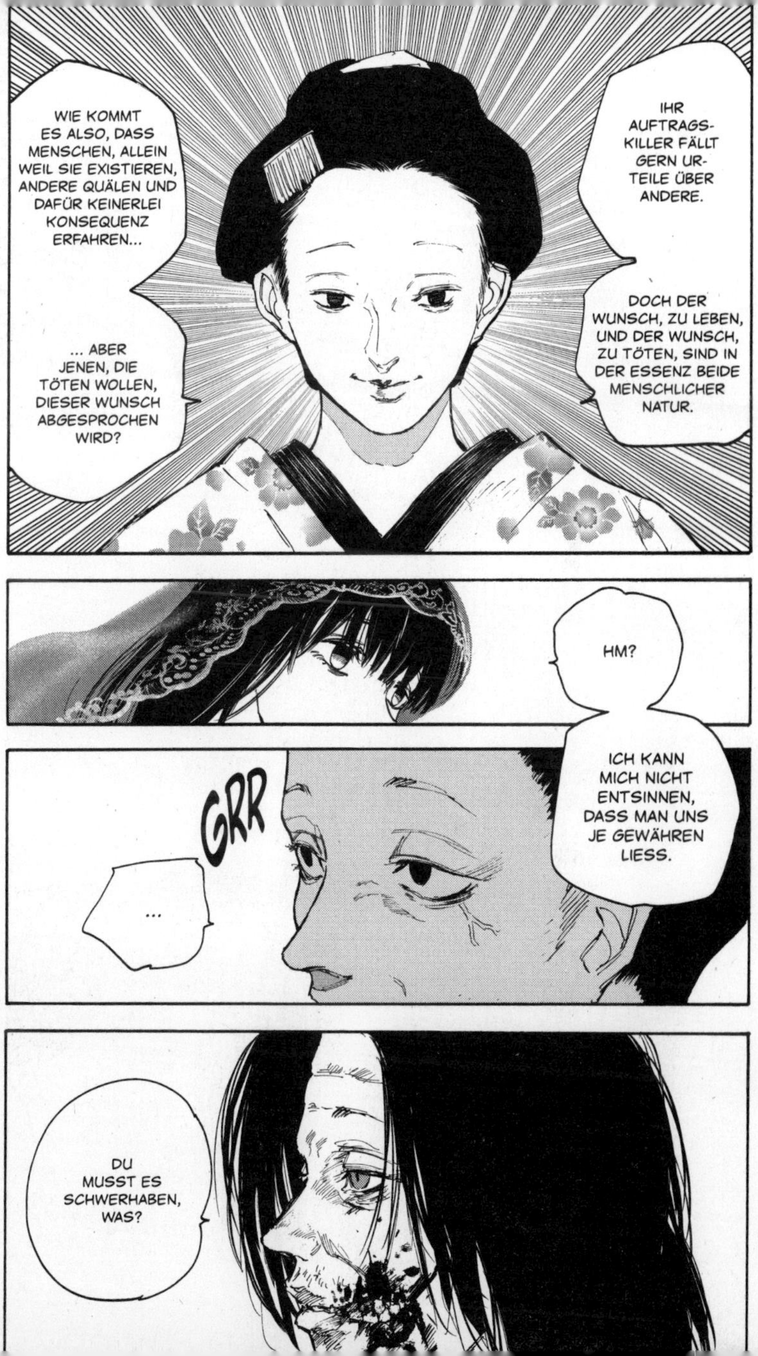
IHR AUFTRAGS-KILLER FÄLLT GERN UR-TEILE ÜBER ANDERE.
DOCH DER WUNSCH, ZU LEBEN, UND DER WUNSCH, ZU TÖTEN, SIND IN DER ESSENZ BEIDE MENSCHLICHER NATUR.
WIE KOMMT ES ALSO, DASS MENSCHEN, ALLEIN WEIL SIE EXISTIEREN, ANDERE QUÄLEN UND DAFÜR KEINERLEI KONSEQUENZ ERFAHREN...
... ABER JENEN, DIE TÖTEN WOLLEN, DIESER WUNSCH ABGESPROCHEN WIRD?
HM?
ICH KANN MICH NICHT ENTSINNEN, DASS MAN UNS JE GEWÄHREN LIESS.
GRR
...
DU MUSST ES SCHWERHABEN, WAS?

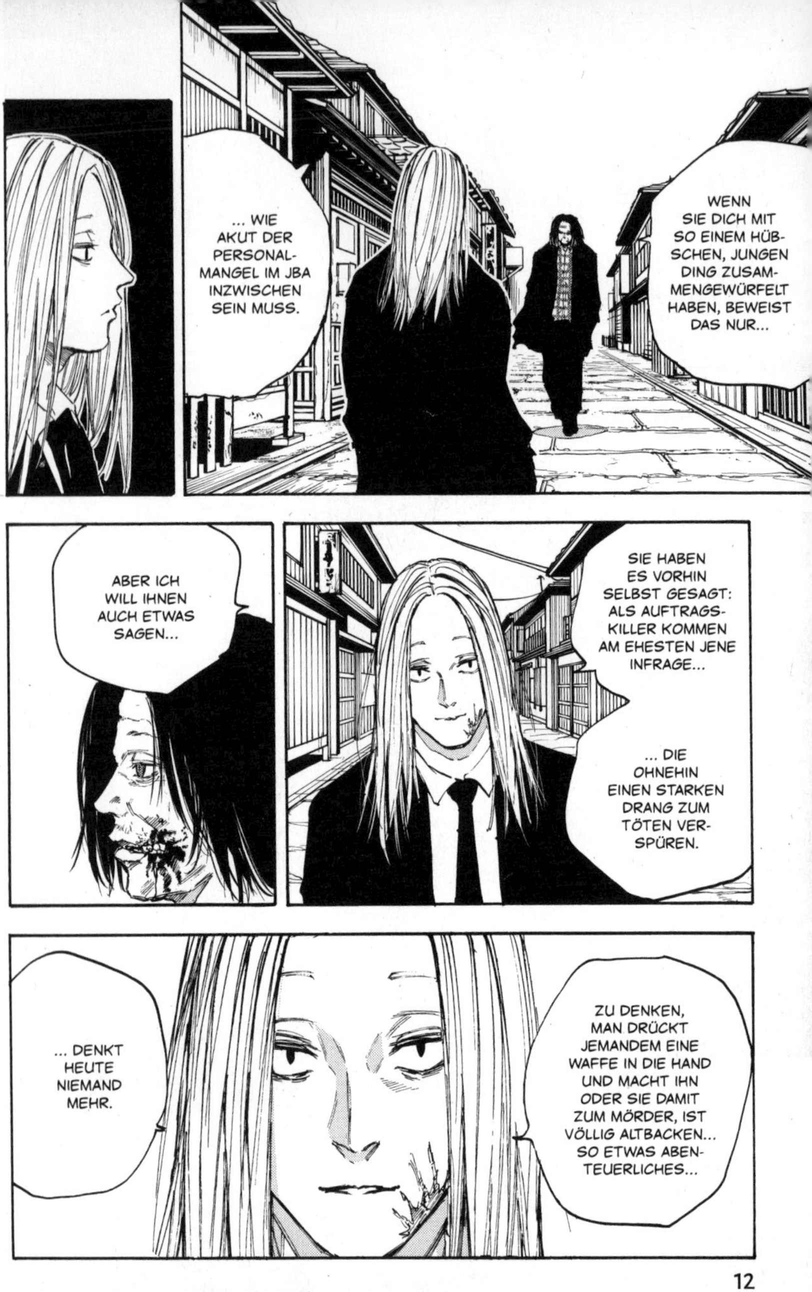
WENN SIE DICH MIT SO EINEM HÜB-SCHEN, JUNGEN DING ZUSAM-MENGEWÜRFELT HABEN, BEWEIST DAS NUR...
... WIE AKUT DER PERSONAL-MANGEL IM JBA INZWISCHEN SEIN MUSS.
SIE HABEN ES VORHIN SELBST GESAGT: ALS AUFTRAGS-KILLER KOMMEN AM EHESTEN JENE INFRAGE...
... DIE OHNEHIN EINEN STARKEN DRANG ZUM TÖTEN VER-SPÜREN.
ABER ICH WILL IHNEN AUCH ETWAS SAGEN...
ZU DENKEN, MAN DRÜCKT JEMANDEM EINE WAFFE IN DIE HAND UND MACHT IHN ODER SIE DAMIT ZUM MÖRDER, IST VÖLLIG ALTBACKEN... SO ETWAS ABEN-TEUERLICHES...
... DENKT HEUTE NIEMAND MEHR.

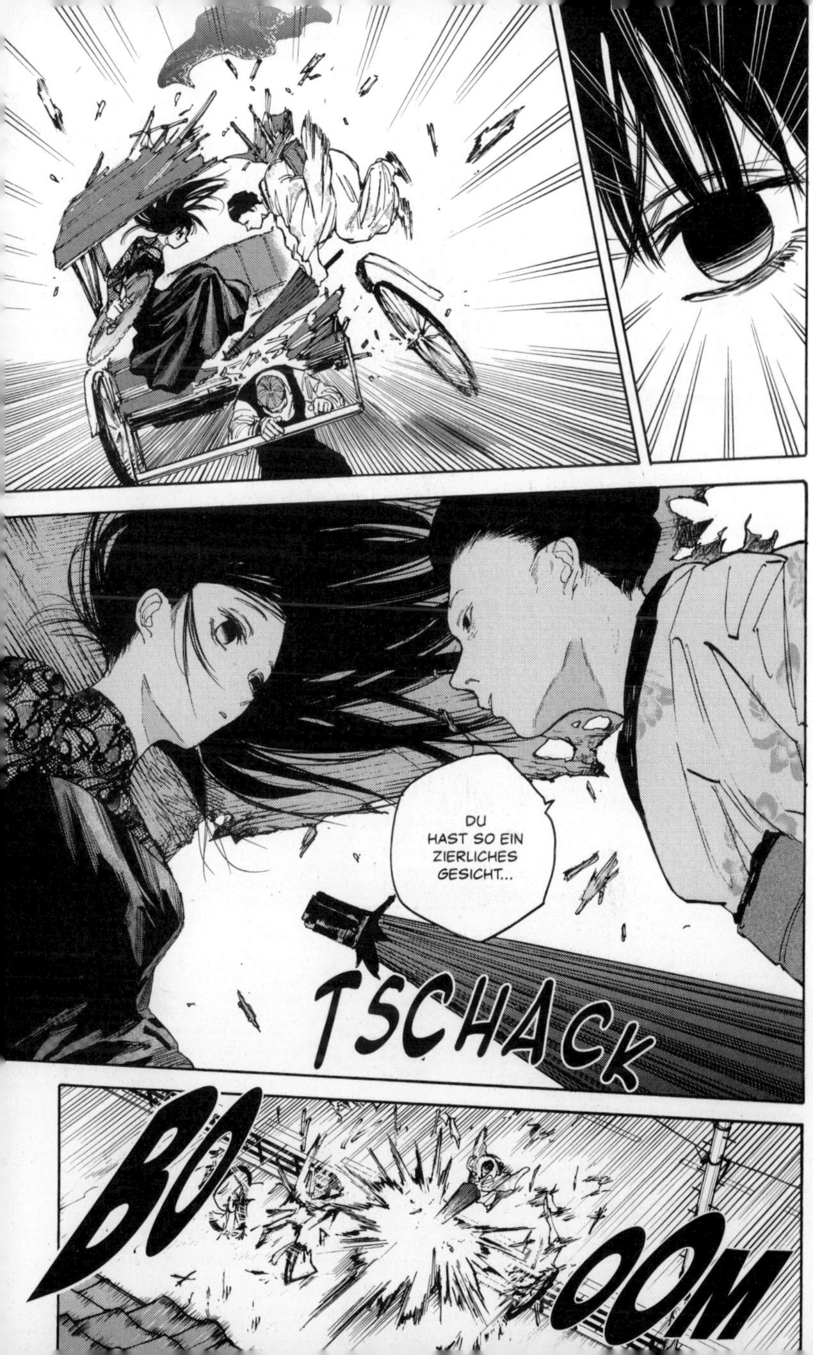
DU HAST SO EIN ZIERLICHES GESICHT...
TSCHACK
BOOOM

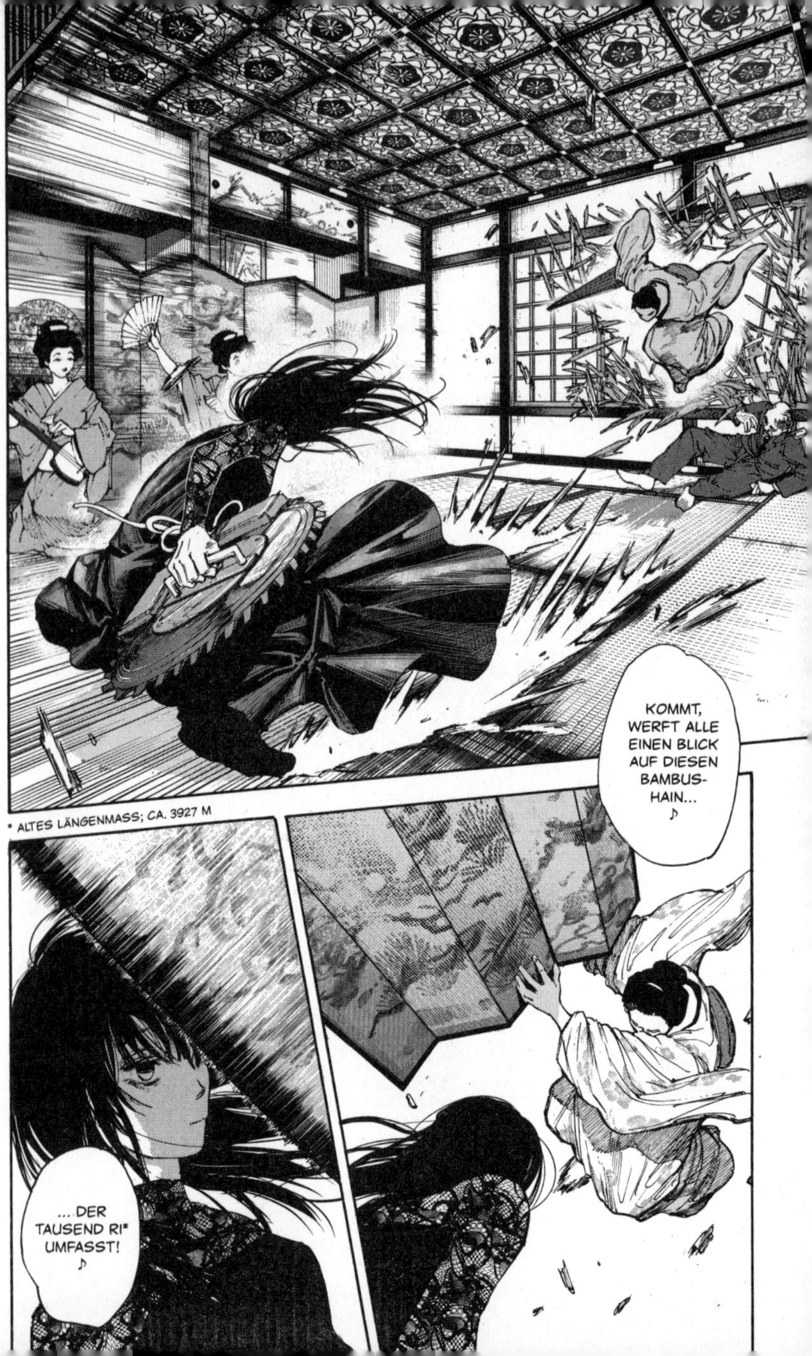

* ALTES LÄNGENMASS; CA. 3927 M

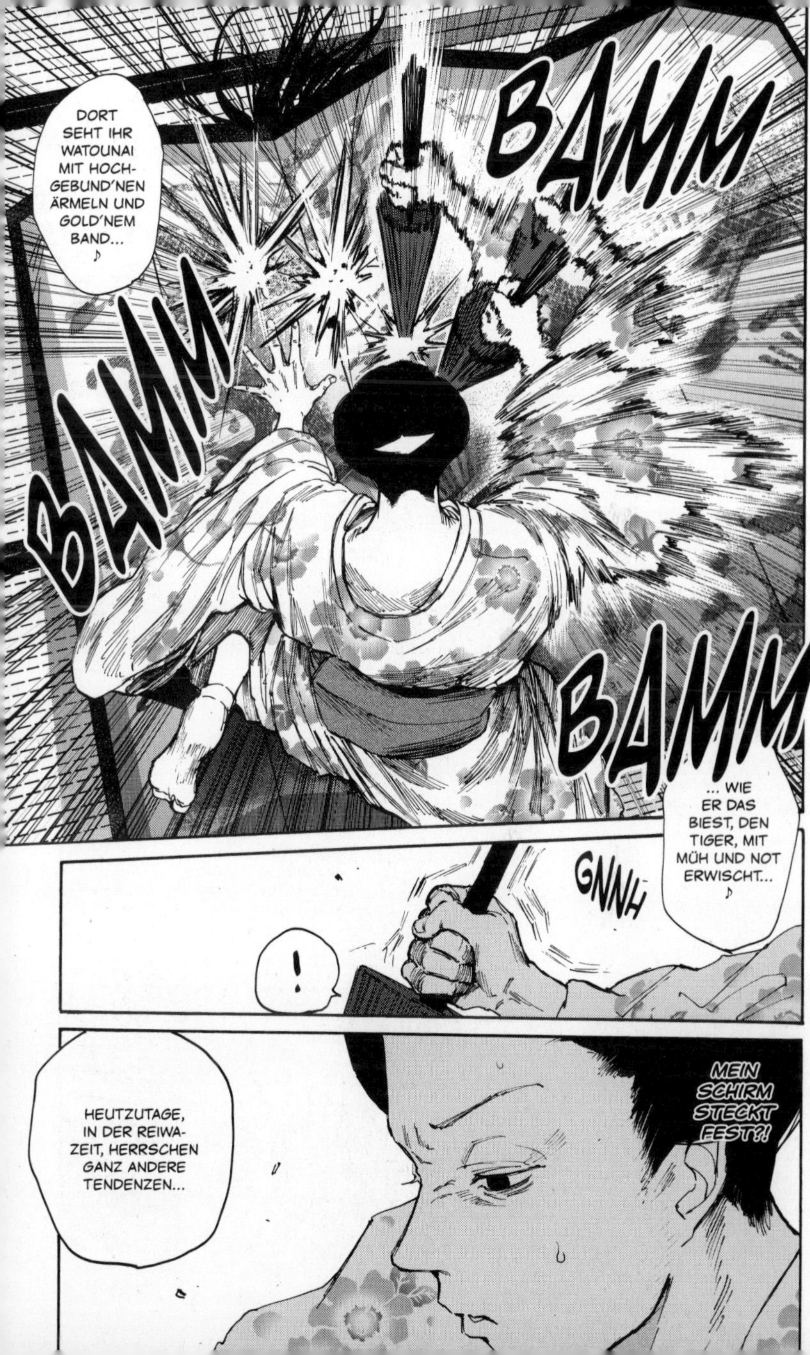
BAMM
DORT SEHT IHR WATOUNAI MIT HOCH-GEBUND'NEN ÄRMELN UND GOLD'NEM BAND... ♪
BAMM
BAMM
... WIE ER DAS BIEST, DEN TIGER, MIT MÜH UND NOT ERWISCHT... ♪
GNNH
!
MEIN SCHIRM STECKT FEST?!
HEUTZUTAGE, IN DER REIWA-ZEIT, HERRSCHEN GANZ ANDERE TENDENZEN...

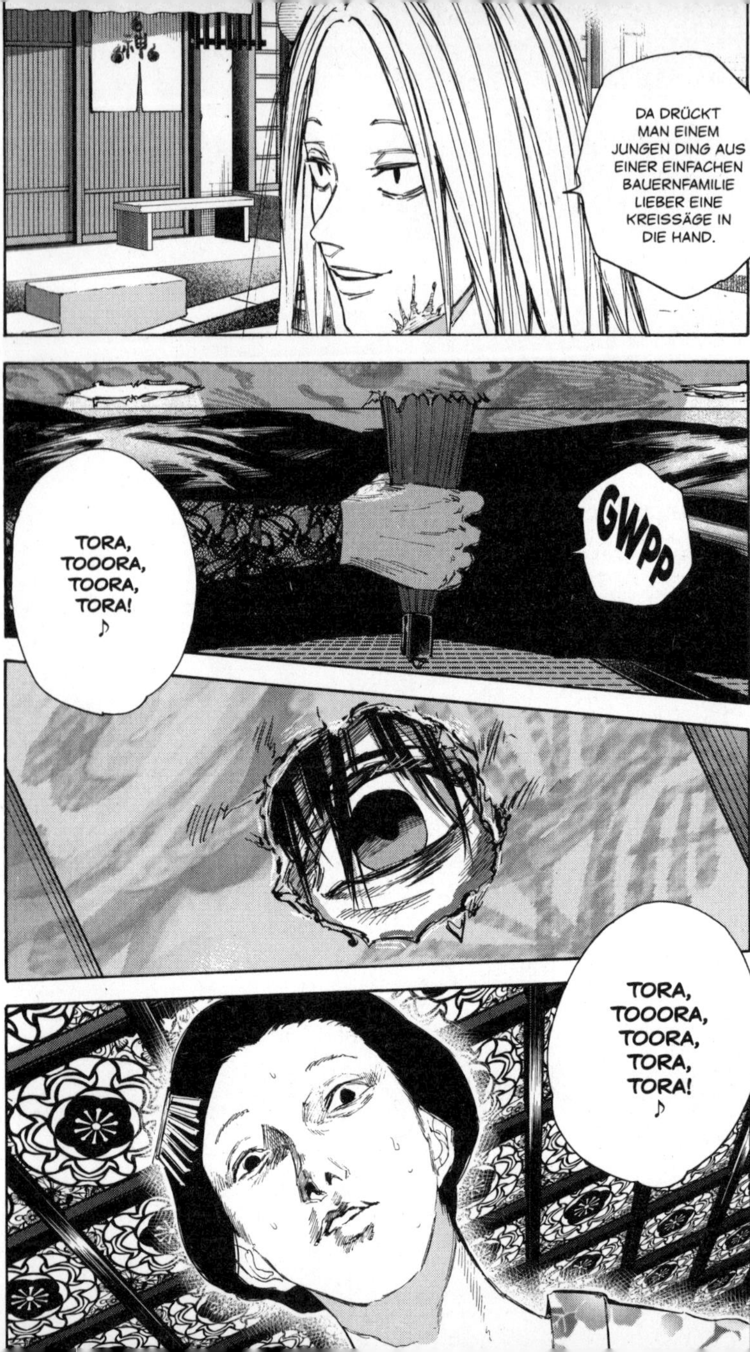
DA DRÜCKT MAN EINEM JUNGEN DING AUS EINER EINFACHEN BAUERNFAMILIE LIEBER EINE KREISSÄGE IN DIE HAND.
GWPP
TORA, TOOORA, TOORA, TORA! ♪
TORA, TOOORA, TOORA, TORA, TORA! ♪

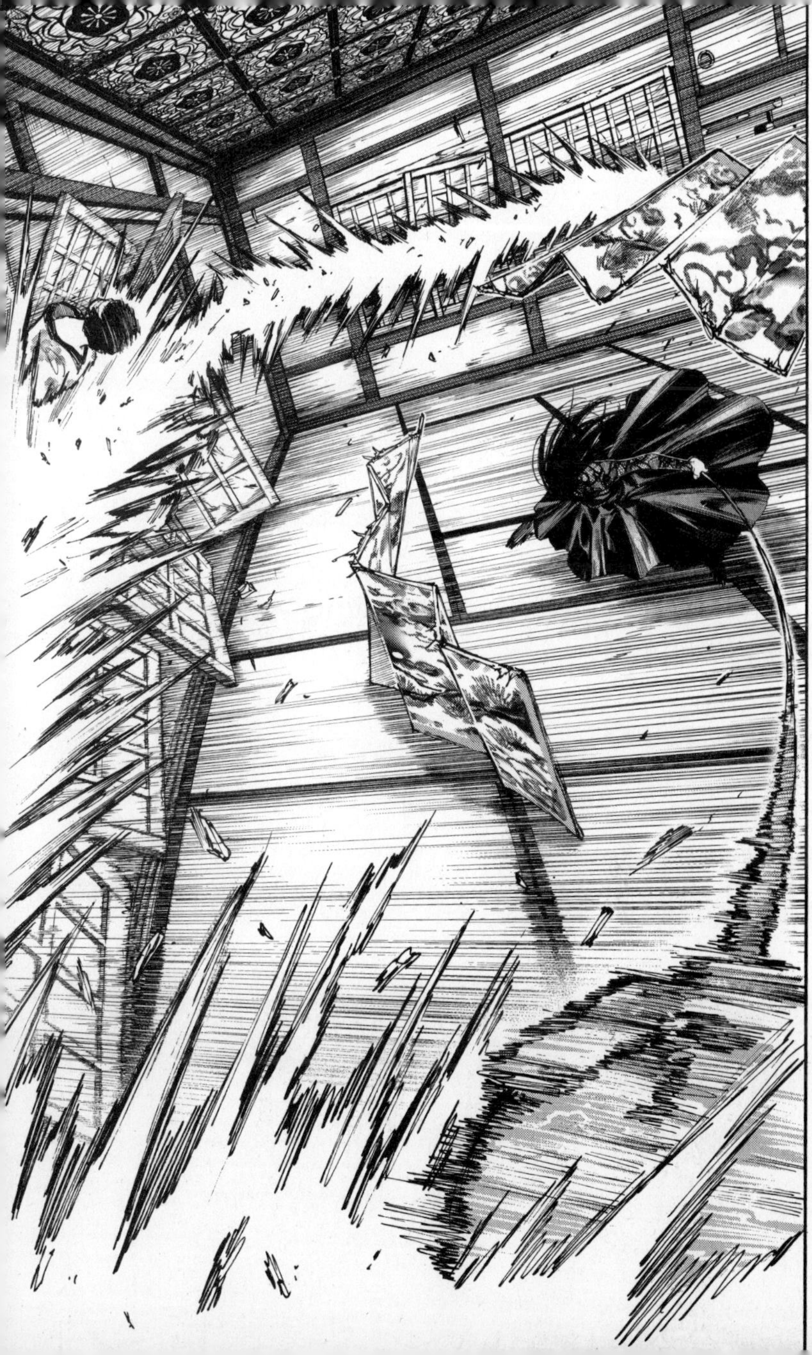

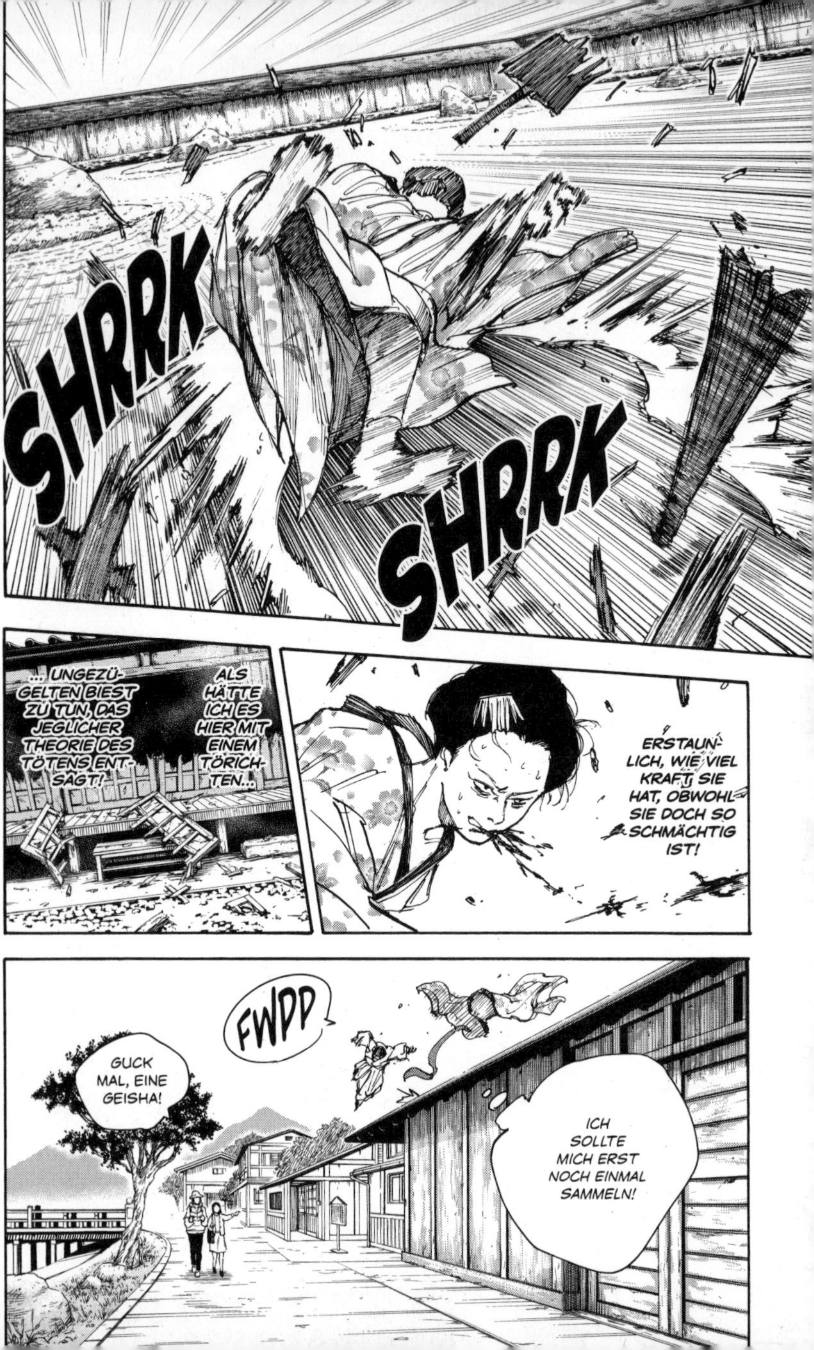
SHRRK
SHRRK
ERSTAUN-LICH, WIE VIEL KRAFT SIE HAT, OBWOHL SIE DOCH SO SCHMÄCHTIG IST!
ALS HÄTTE ICH ES HIER MIT EINEM TÖRICH-TEN...
... UNGEZÜ-GELTEN BIEST ZU TUN, DAS JEGLICHER THEORIE DES TÖTENS ENT-SAGT!
FWPP
ICH SOLLTE MICH ERST NOCH EINMAL SAMMELN!
GUCK MAL, EINE GEISHA!

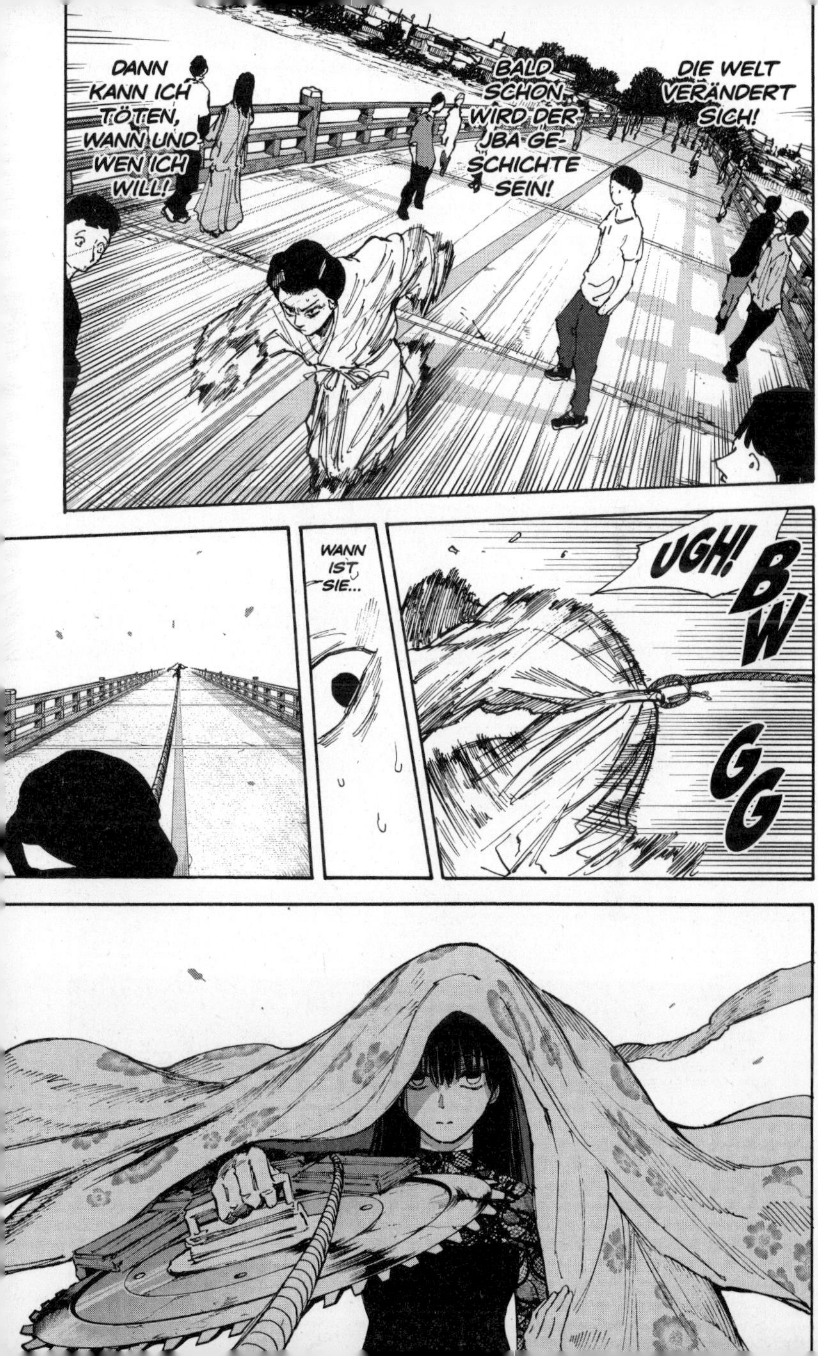

DIE WELT VERÄNDERT SICH!
BALD SCHON WIRD DER JBA GESCHICHTE SEIN!
DANN KANN ICH TÖTEN, WANN UND WEN ICH WILL!
UGH!
BWGG
WANN IST SIE...

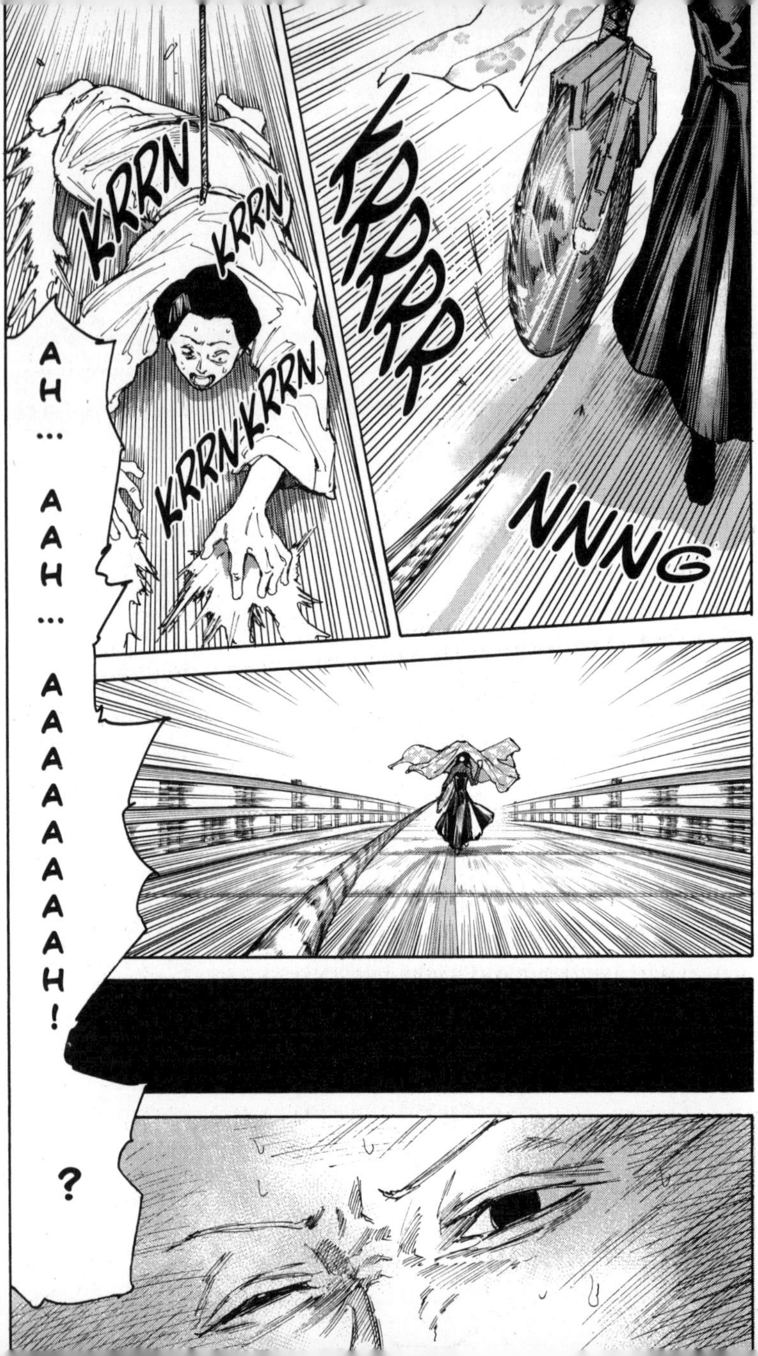

KRRRR
NNNG
KRRN
KRRN
KRRN KRRN
AH… AAH… AAAAAAAAAAH!
?

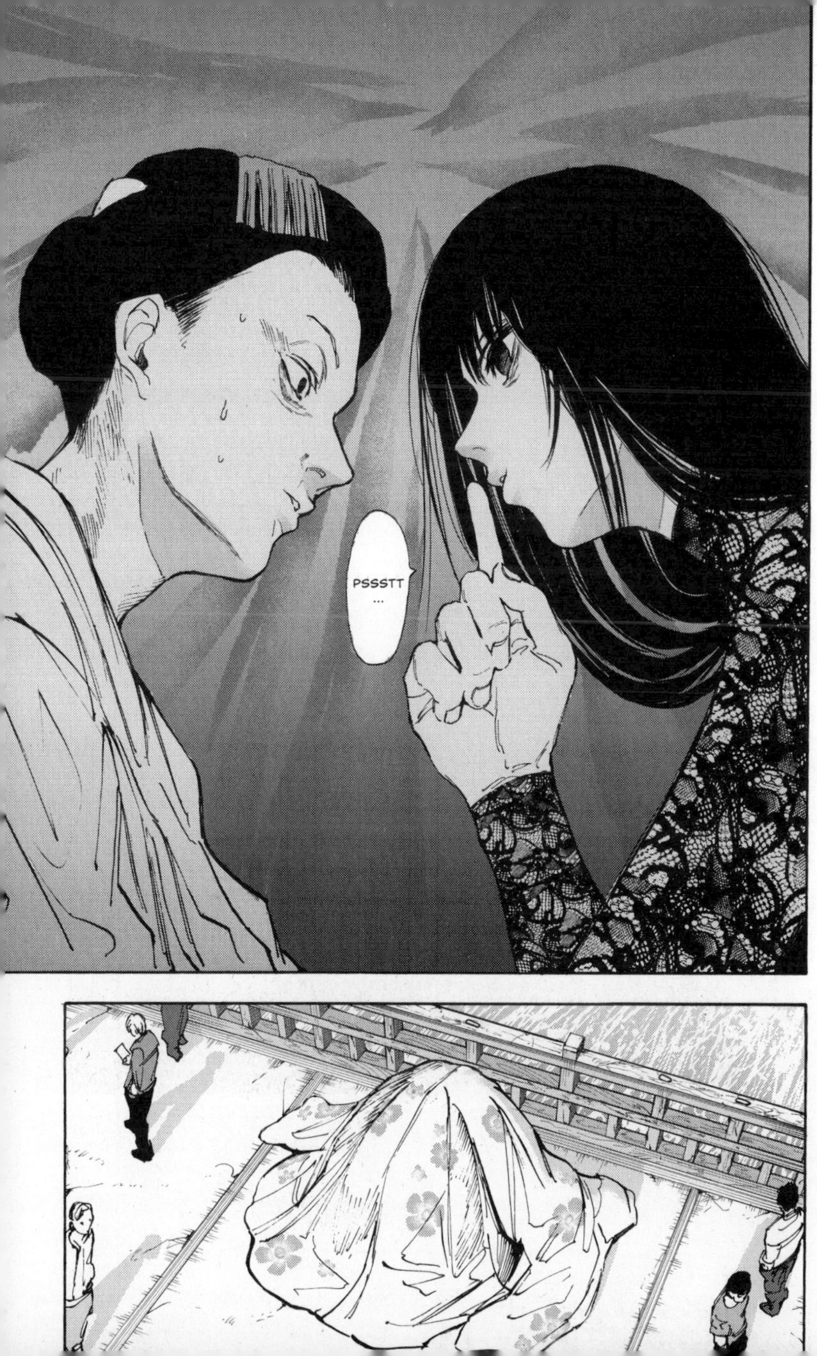
PSSSTT ...

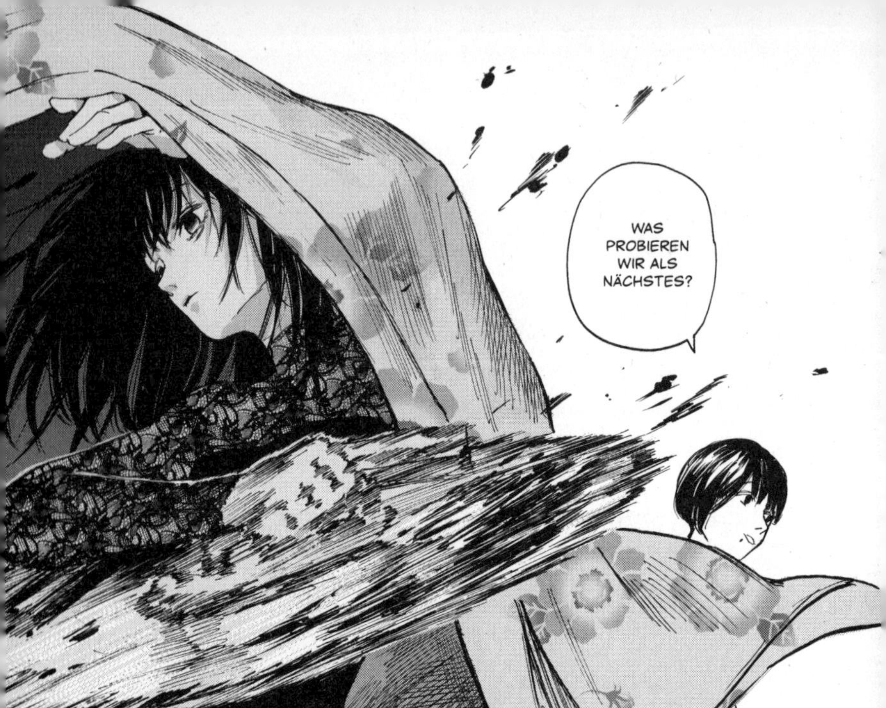
WAS PROBIEREN WIR ALS NÄCHSTES?

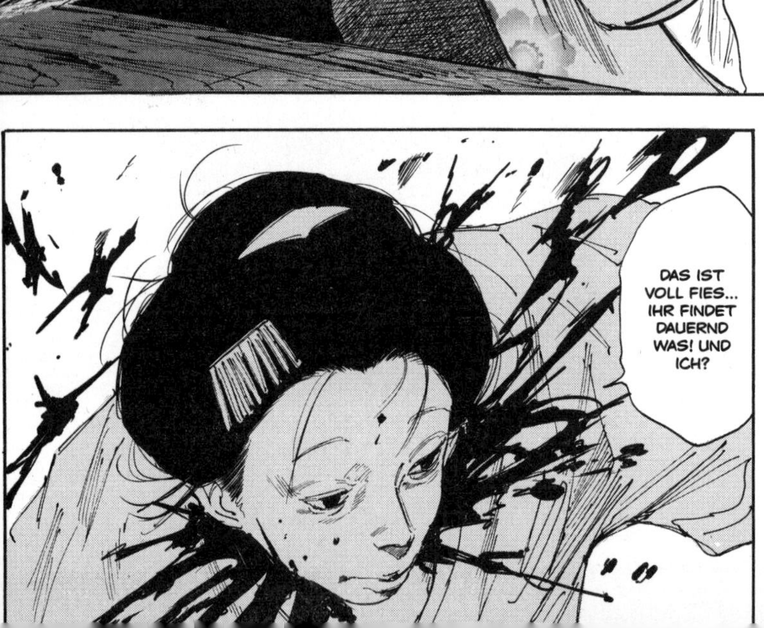
DAS IST VOLL FIES... IHR FINDET DAUERND WAS! UND ICH?

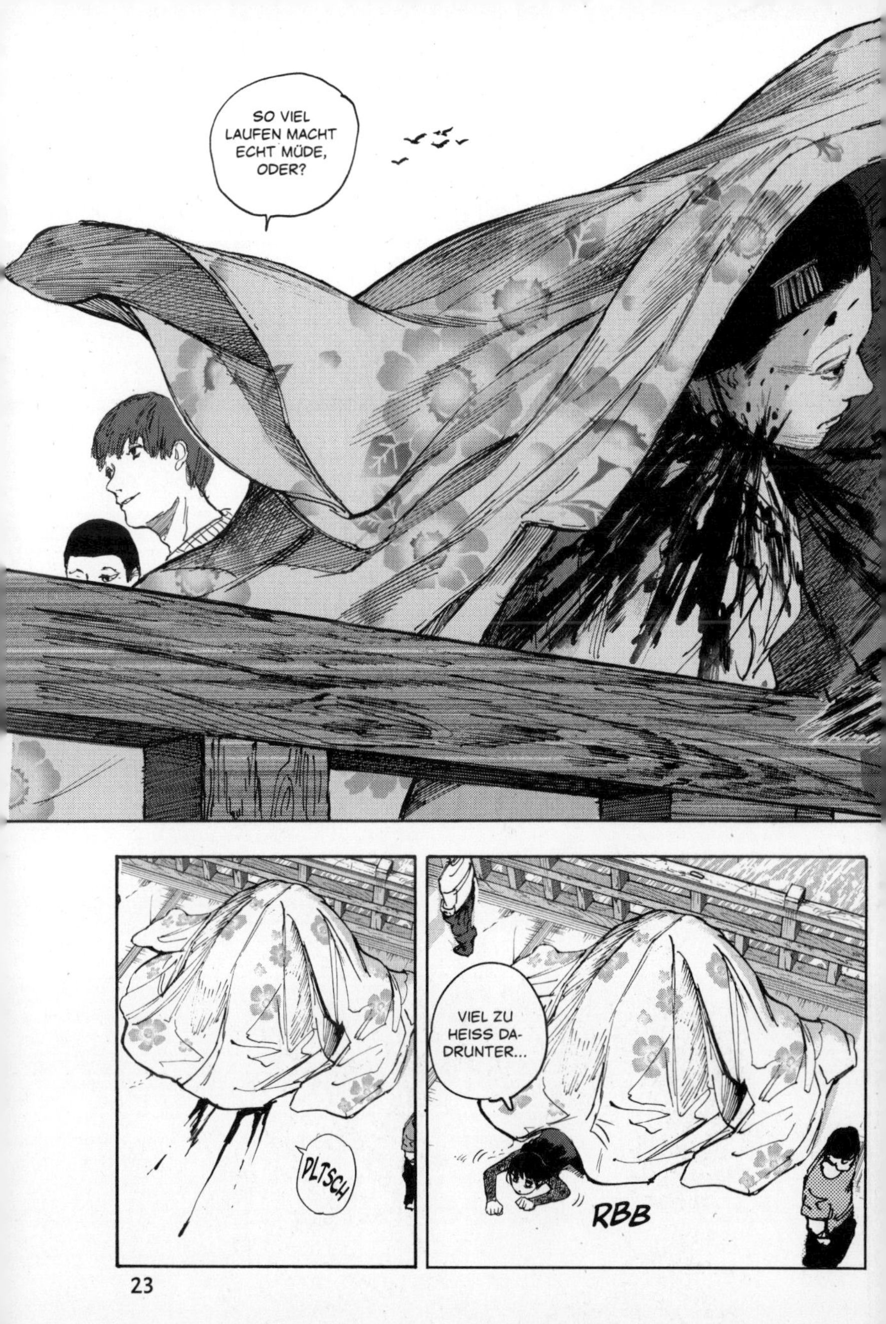
SO VIEL LAUFEN MACHT ECHT MÜDE, ODER?
VIEL ZU HEISS DA-DRUNTER...
RBB
PLTSCH

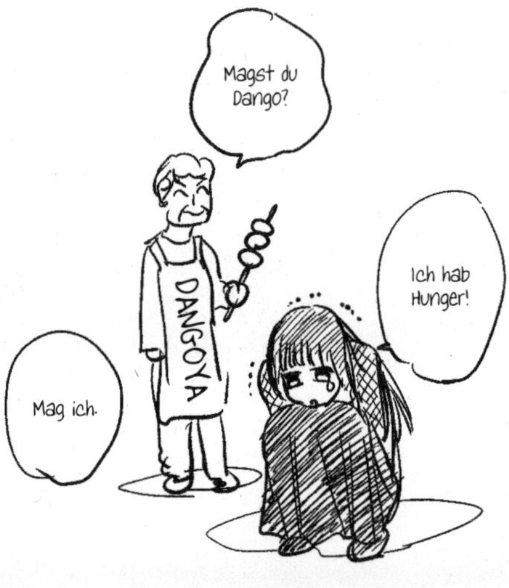
Magst du Dango?
DANGOYA
Ich hab Hunger!
Mag ich.

DAYS 99 An diesem Tag

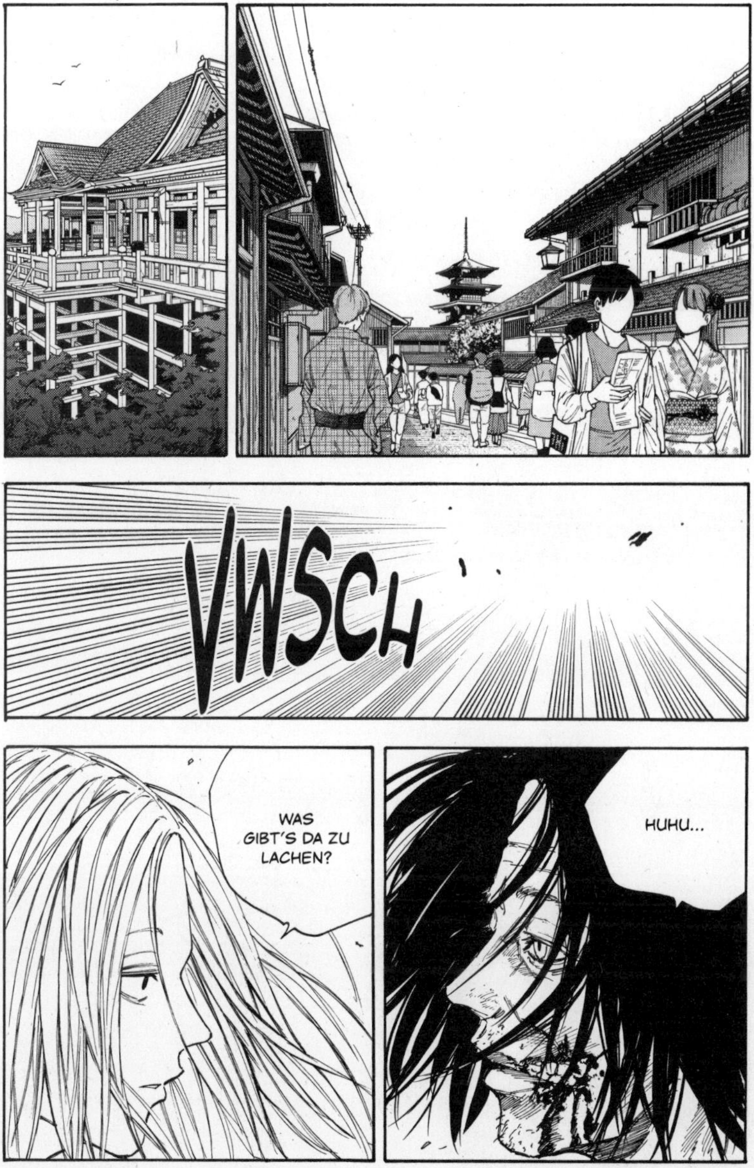

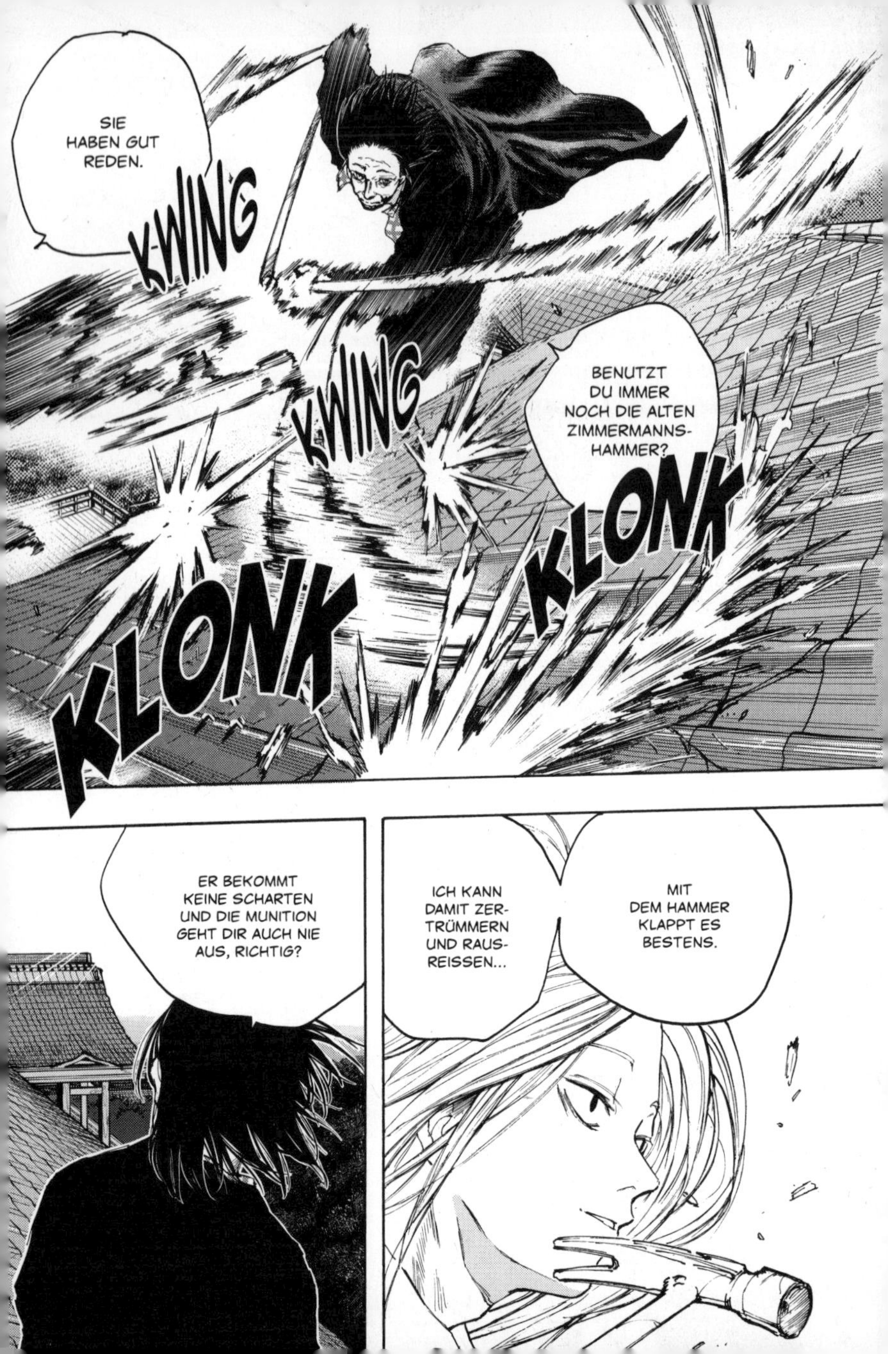
SIE HABEN GUT REDEN.
KWING
KWING
BENUTZT DU IMMER NOCH DIE ALTEN ZIMMERMANNS-HAMMER?
KLONK
KLONK
MIT DEM HAMMER KLAPPT ES BESTENS.
ICH KANN DAMIT ZER-TRÜMMERN UND RAUS-REISSEN...
ER BEKOMMT KEINE SCHARTEN UND DIE MUNITION GEHT DIR AUCH NIE AUS, RICHTIG?

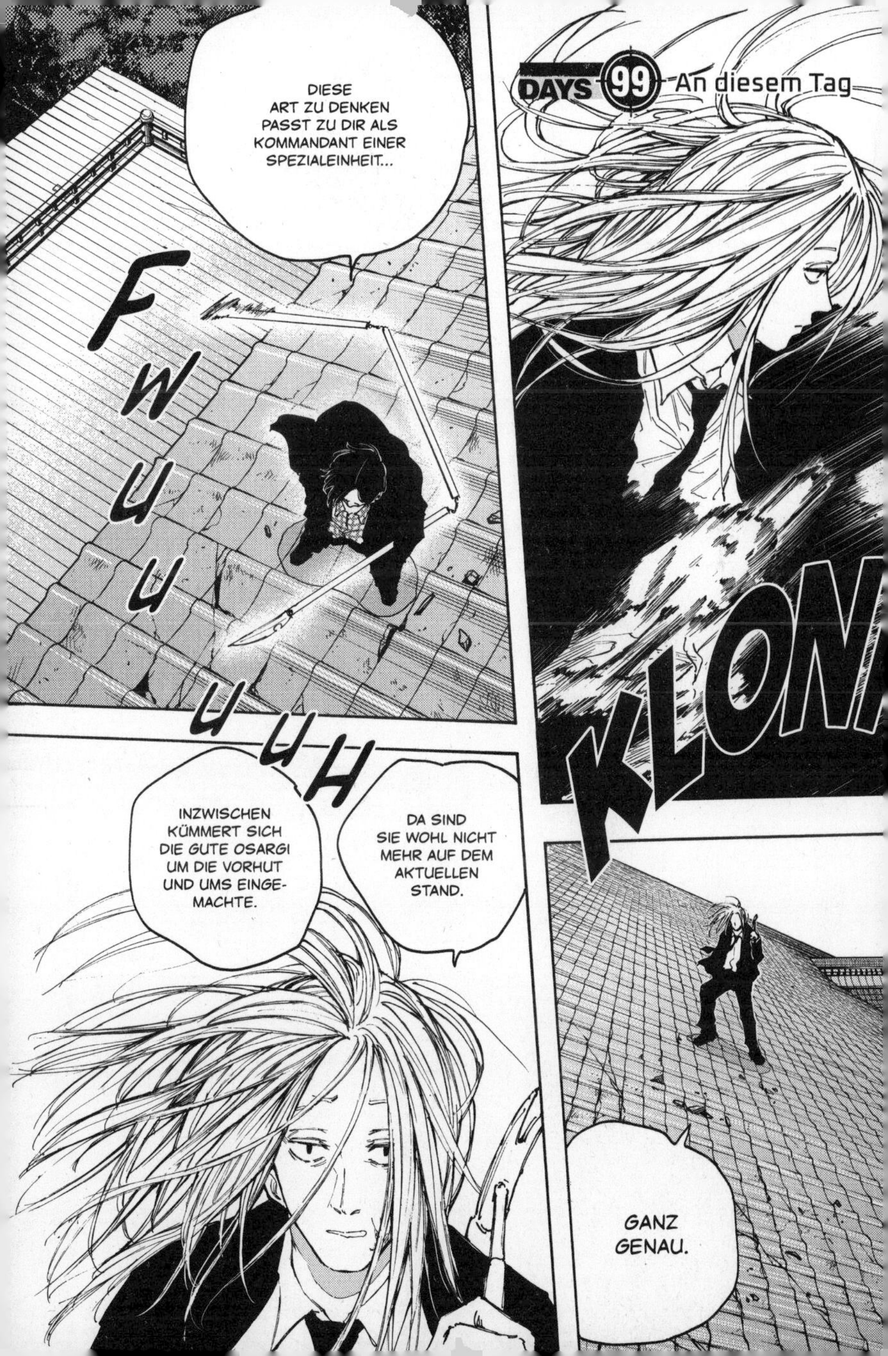
DAYS 99 An diesem Tag
KLON
DIESE ART ZU DENKEN PASST ZU DIR ALS KOMMANDANT EINER SPEZIALEINHEIT...
FWUUUUH
DA SIND SIE WOHL NICHT MEHR AUF DEM AKTUELLEN STAND.
INZWISCHEN KÜMMERT SICH DIE GUTE OSARGI UM DIE VORHUT UND UMS EINGE-MACHTE.
GANZ GENAU.

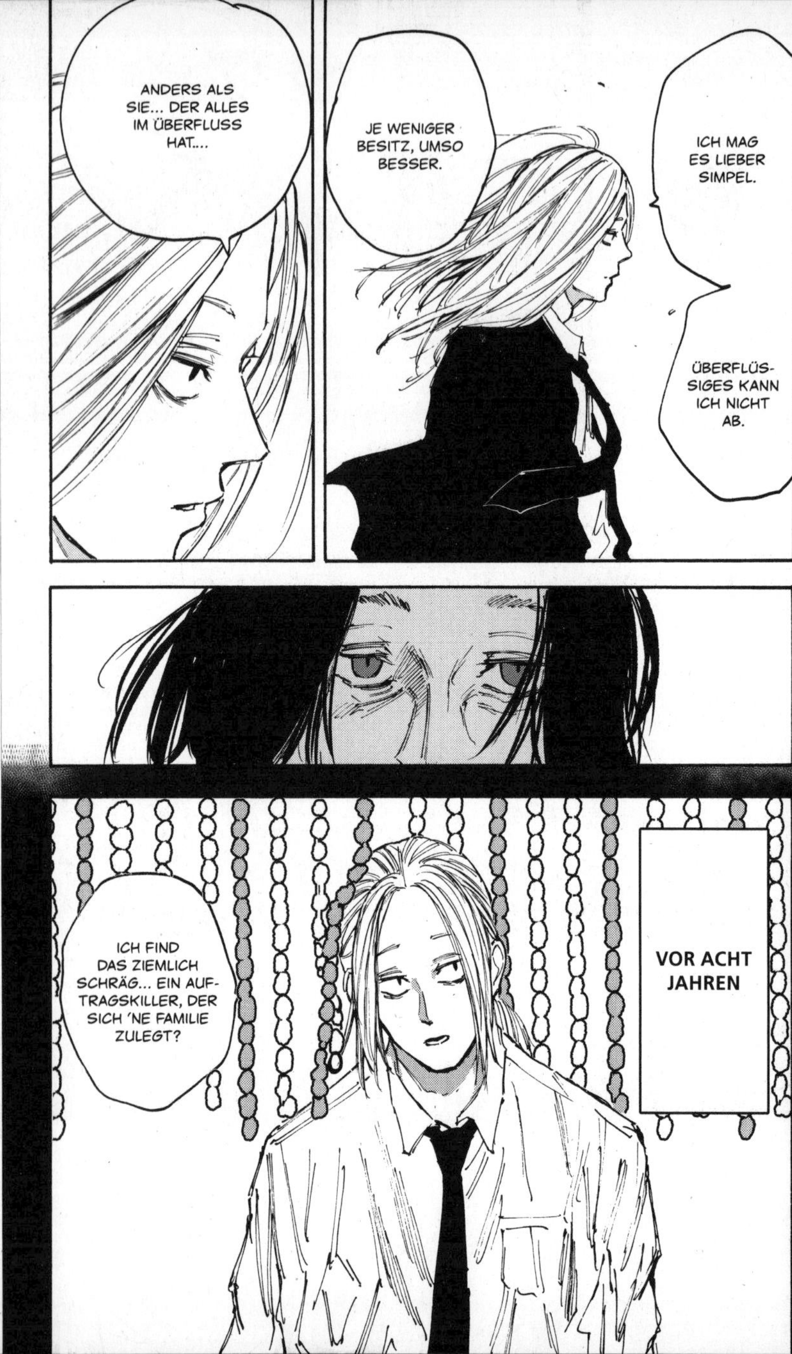
ICH MAG ES LIEBER SIMPEL.
ÜBERFLÜS-SIGES KANN ICH NICHT AB.
JE WENIGER BESITZ, UMSO BESSER.
ANDERS ALS SIE… DER ALLES IM ÜBERFLUSS HAT….
VOR ACHT JAHREN
ICH FIND DAS ZIEMLICH SCHRÄG… EIN AUF-TRAGSKILLER, DER SICH 'NE FAMILIE ZULEGT?

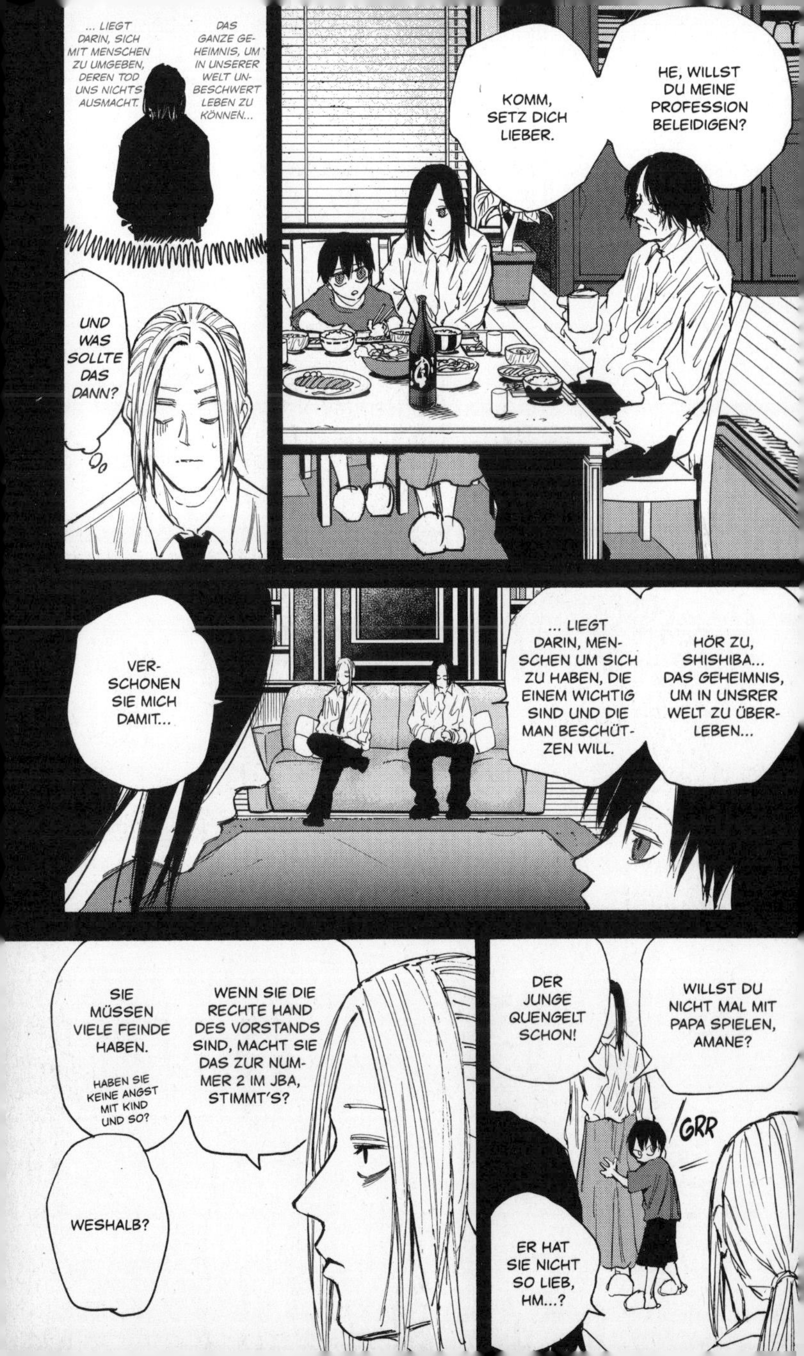
HE, WILLST DU MEINE PROFESSION BELEIDIGEN?
KOMM, SETZ DICH LIEBER.
DAS GANZE GEHEIMNIS, UM IN UNSERER WELT UNBESCHWERT LEBEN ZU KÖNNEN...
... LIEGT DARIN, SICH MIT MENSCHEN ZU UMGEBEN, DEREN TOD UNS NICHTS AUSMACHT.
UND WAS SOLLTE DAS DANN?
HÖR ZU, SHISHIBA... DAS GEHEIMNIS, UM IN UNSRER WELT ZU ÜBERLEBEN...
... LIEGT DARIN, MENSCHEN UM SICH ZU HABEN, DIE EINEM WICHTIG SIND UND DIE MAN BESCHÜTZEN WILL.
VERSCHONEN SIE MICH DAMIT...
WILLST DU NICHT MAL MIT PAPA SPIELEN, AMANE?
DER JUNGE QUENGELT SCHON!
GRR
ER HAT SIE NICHT SO LIEB, HM...?
WENN SIE DIE RECHTE HAND DES VORSTANDS SIND, MACHT SIE DAS ZUR NUMMER 2 IM JBA, STIMMT'S?
SIE MÜSSEN VIELE FEINDE HABEN.
HABEN SIE KEINE ANGST MIT KIND UND SO?
WESHALB?

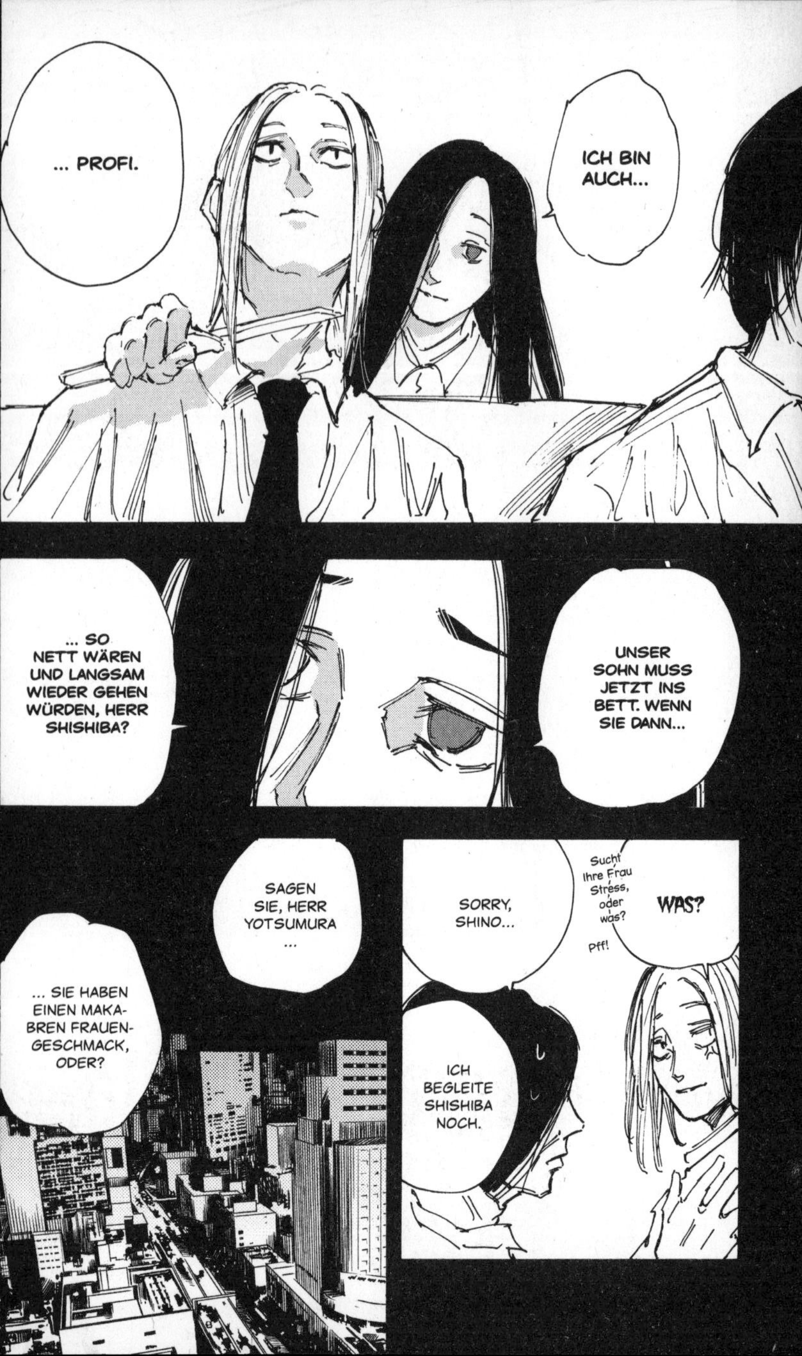
ICH BIN AUCH...
... PROFI.
UNSER SOHN MUSS JETZT INS BETT. WENN SIE DANN...
... SO NETT WÄREN UND LANGSAM WIEDER GEHEN WÜRDEN, HERR SHISHIBA?
WAS?
Sucht Ihre Frau Stress, oder was?
Pff!
SORRY, SHINO...
ICH BEGLEITE SHISHIBA NOCH.
SAGEN SIE, HERR YOTSUMURA ...
... SIE HABEN EINEN MAKA-BREN FRAUEN-GESCHMACK, ODER?

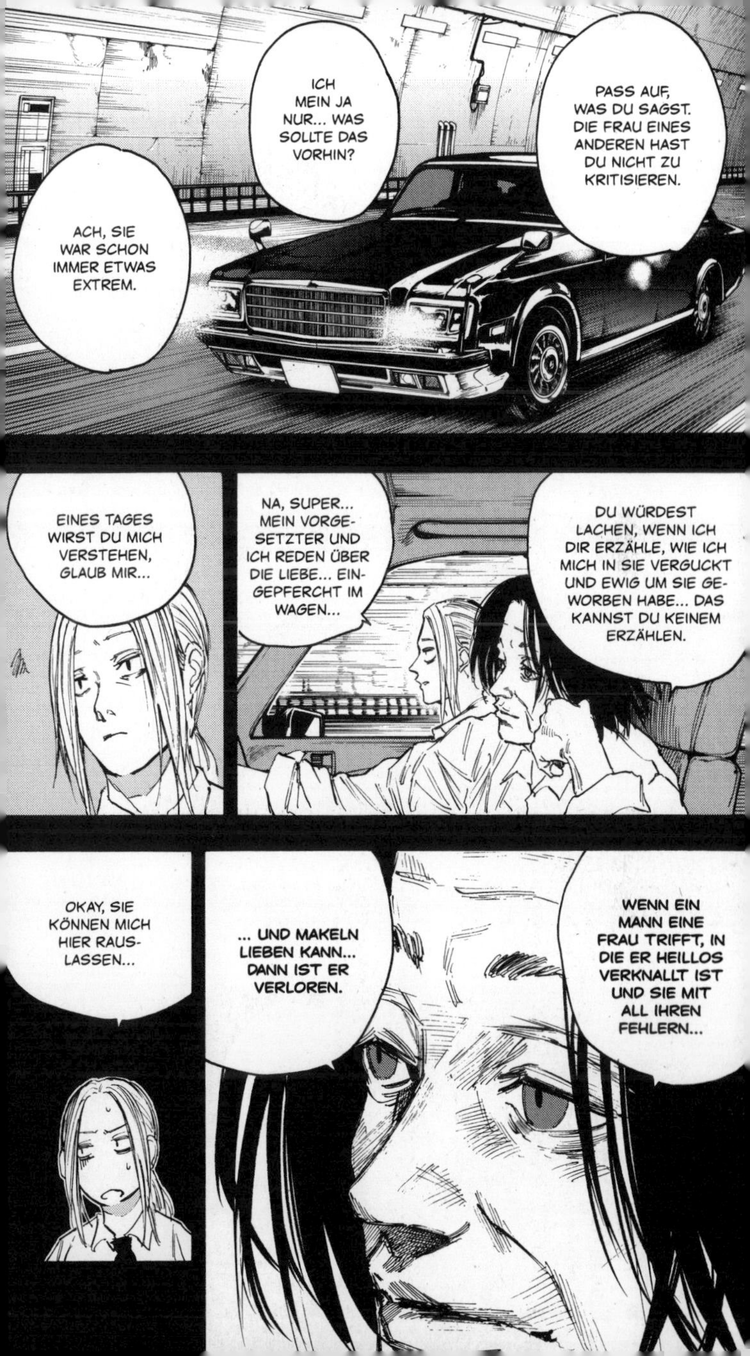
PASS AUF, WAS DU SAGST. DIE FRAU EINES ANDEREN HAST DU NICHT ZU KRITISIEREN.
ICH MEIN JA NUR... WAS SOLLTE DAS VORHIN?
ACH, SIE WAR SCHON IMMER ETWAS EXTREM.
DU WÜRDEST LACHEN, WENN ICH DIR ERZÄHLE, WIE ICH MICH IN SIE VERGUCKT UND EWIG UM SIE GEWORBEN HABE... DAS KANNST DU KEINEM ERZÄHLEN.
NA, SUPER... MEIN VORGESETZTER UND ICH REDEN ÜBER DIE LIEBE... EINGEPFERCHT IM WAGEN...
EINES TAGES WIRST DU MICH VERSTEHEN, GLAUB MIR...
WENN EIN MANN EINE FRAU TRIFFT, IN DIE ER HEILLOS VERKNALLT IST UND SIE MIT ALL IHREN FEHLERN...
... UND MAKELN LIEBEN KANN... DANN IST ER VERLOREN.
OKAY, SIE KÖNNEN MICH HIER RAUSLASSEN...

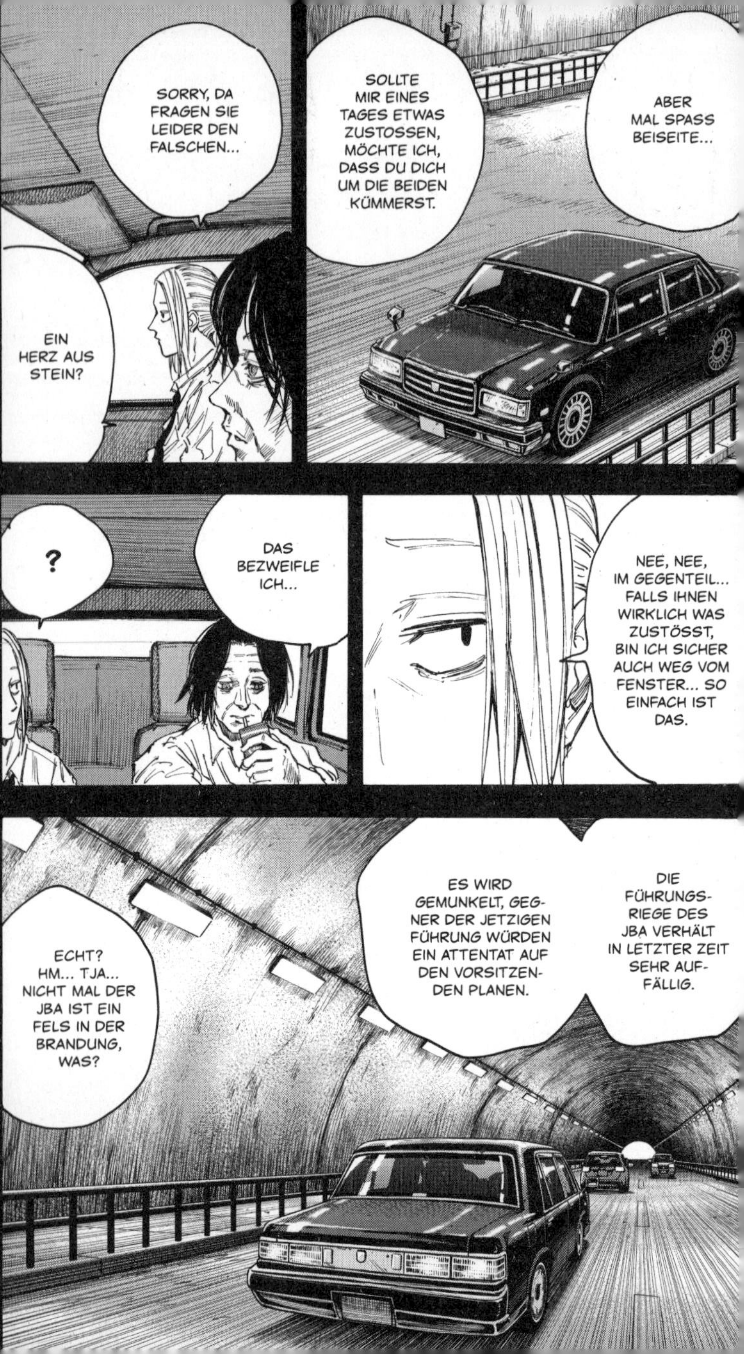
ABER MAL SPASS BEISEITE...
SOLLTE MIR EINES TAGES ETWAS ZUSTOSSEN, MÖCHTE ICH, DASS DU DICH UM DIE BEIDEN KÜMMERST.
SORRY, DA FRAGEN SIE LEIDER DEN FALSCHEN...
EIN HERZ AUS STEIN?
DAS BEZWEIFLE ICH...
?
NEE, NEE, IM GEGENTEIL... FALLS IHNEN WIRKLICH WAS ZUSTÖSST, BIN ICH SICHER AUCH WEG VOM FENSTER... SO EINFACH IST DAS.
DIE FÜHRUNGS-RIEGE DES JBA VERHÄLT IN LETZTER ZEIT SEHR AUF-FÄLLIG.
ES WIRD GEMUNKELT, GEG-NER DER JETZIGEN FÜHRUNG WÜRDEN EIN ATTENTAT AUF DEN VORSITZEN-DEN PLANEN.
ECHT? HM... TJA... NICHT MAL DER JBA IST EIN FELS IN DER BRANDUNG, WAS?

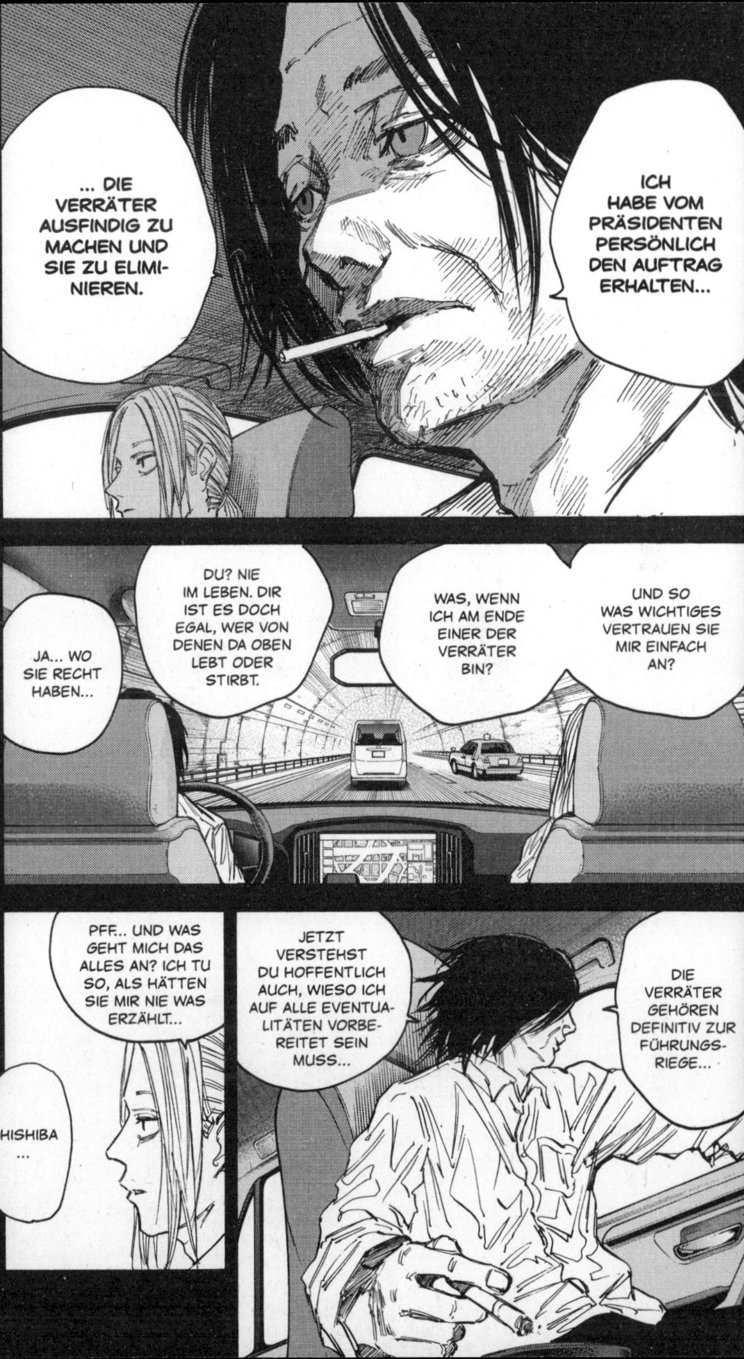
ICH HABE VOM PRÄSIDENTEN PERSÖNLICH DEN AUFTRAG ERHALTEN...
... DIE VERRÄTER AUSFINDIG ZU MACHEN UND SIE ZU ELIMINIEREN.
UND SO WAS WICHTIGES VERTRAUEN SIE MIR EINFACH AN?
WAS, WENN ICH AM ENDE EINER DER VERRÄTER BIN?
DU? NIE IM LEBEN. DIR IST ES DOCH EGAL, WER VON DENEN DA OBEN LEBT ODER STIRBT.
JA... WO SIE RECHT HABEN...
DIE VERRÄTER GEHÖREN DEFINITIV ZUR FÜHRUNGSRIEGE...
JETZT VERSTEHST DU HOFFENTLICH AUCH, WIESO ICH AUF ALLE EVENTUALITÄTEN VORBEREITET SEIN MUSS...
PFF... UND WAS GEHT MICH DAS ALLES AN? ICH TU SO, ALS HÄTTEN SIE MIR NIE WAS ERZÄHLT...
SHISHIBA ...

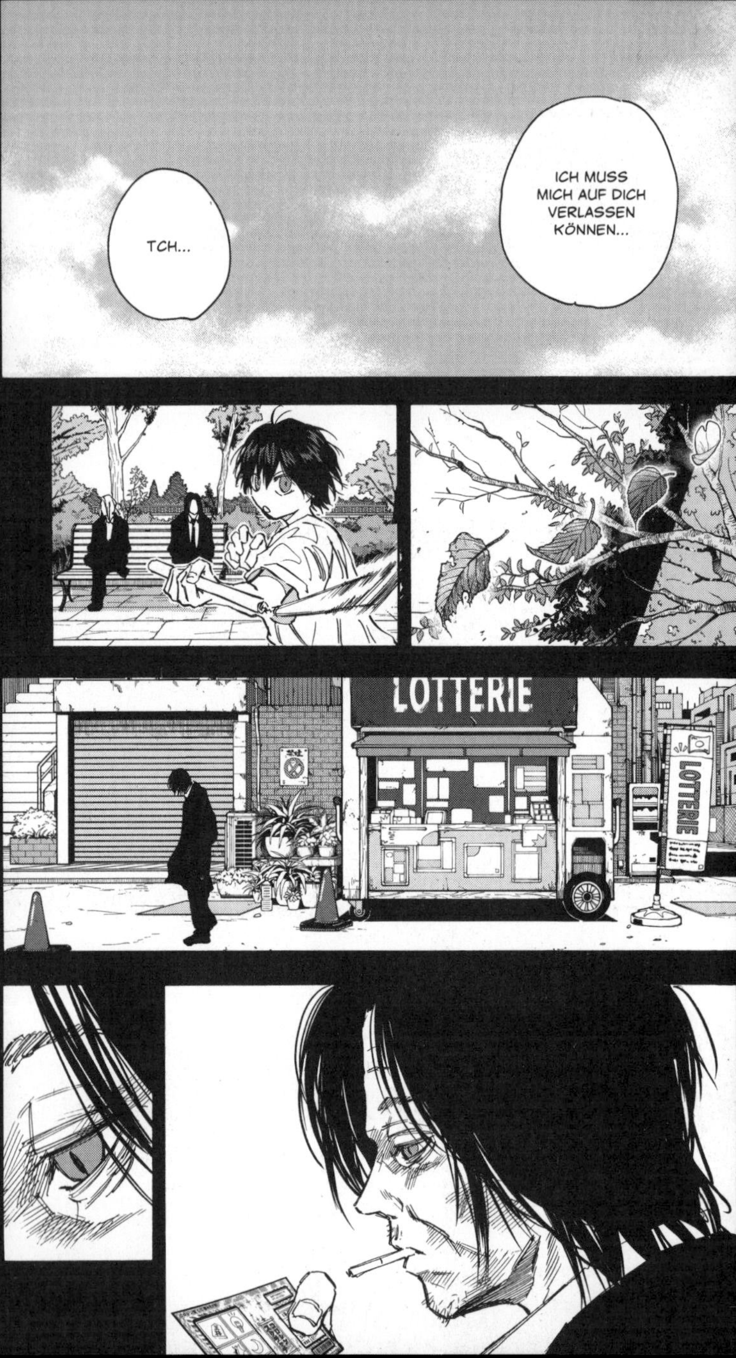
ICH MUSS MICH AUF DICH VERLASSEN KÖNNEN...
TCH...
LOTTERIE
LOTTERIE

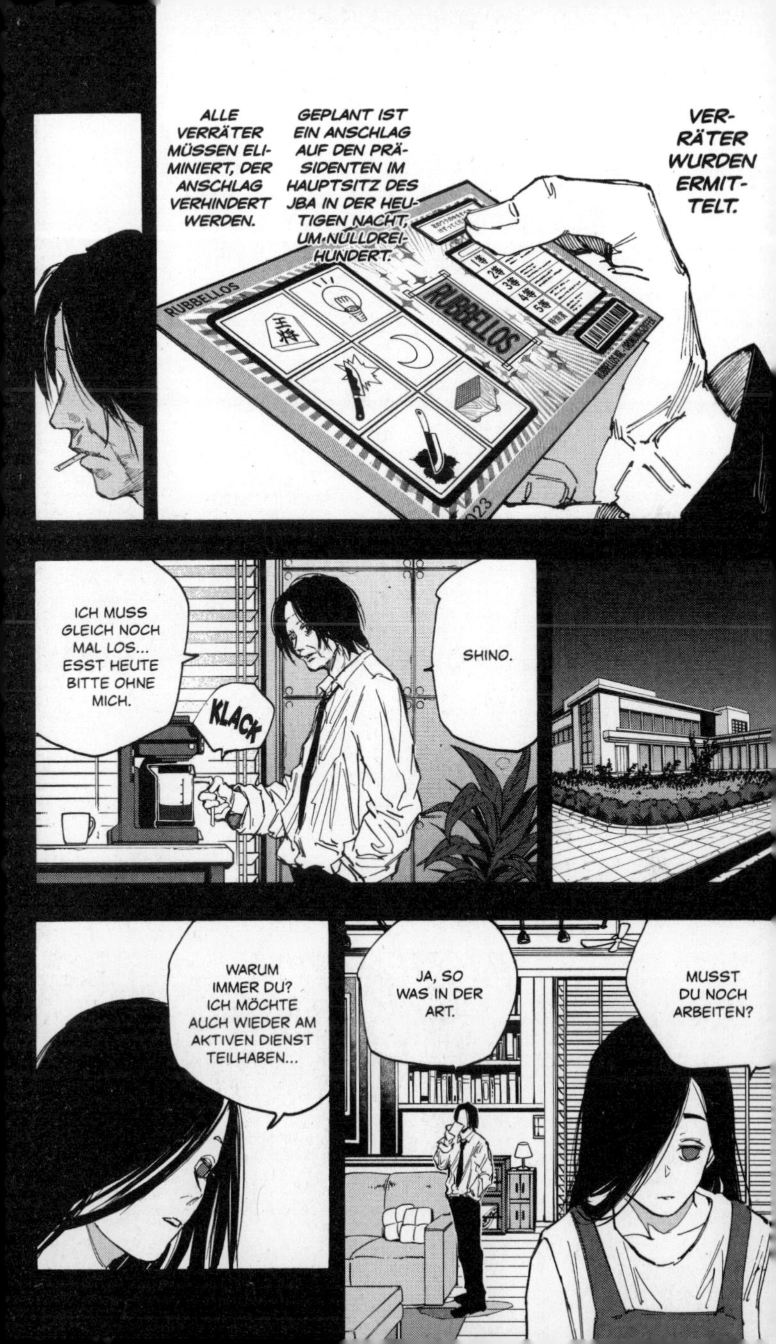
VERRÄTER WURDEN ERMITTELT.
GEPLANT IST EIN ANSCHLAG AUF DEN PRÄSIDENTEN IM HAUPTSITZ DES JBA IN DER HEUTIGEN NACHT, UM NULLDREIHUNDERT.
ALLE VERRÄTER MÜSSEN ELIMINIERT, DER ANSCHLAG VERHINDERT WERDEN.
RUBBELLOS
RUBBELLOS
SHINO.
ICH MUSS GLEICH NOCH MAL LOS... ESST HEUTE BITTE OHNE MICH.
KLACK
MUSST DU NOCH ARBEITEN?
JA, SO WAS IN DER ART.
WARUM IMMER DU? ICH MÖCHTE AUCH WIEDER AM AKTIVEN DIENST TEILHABEN...

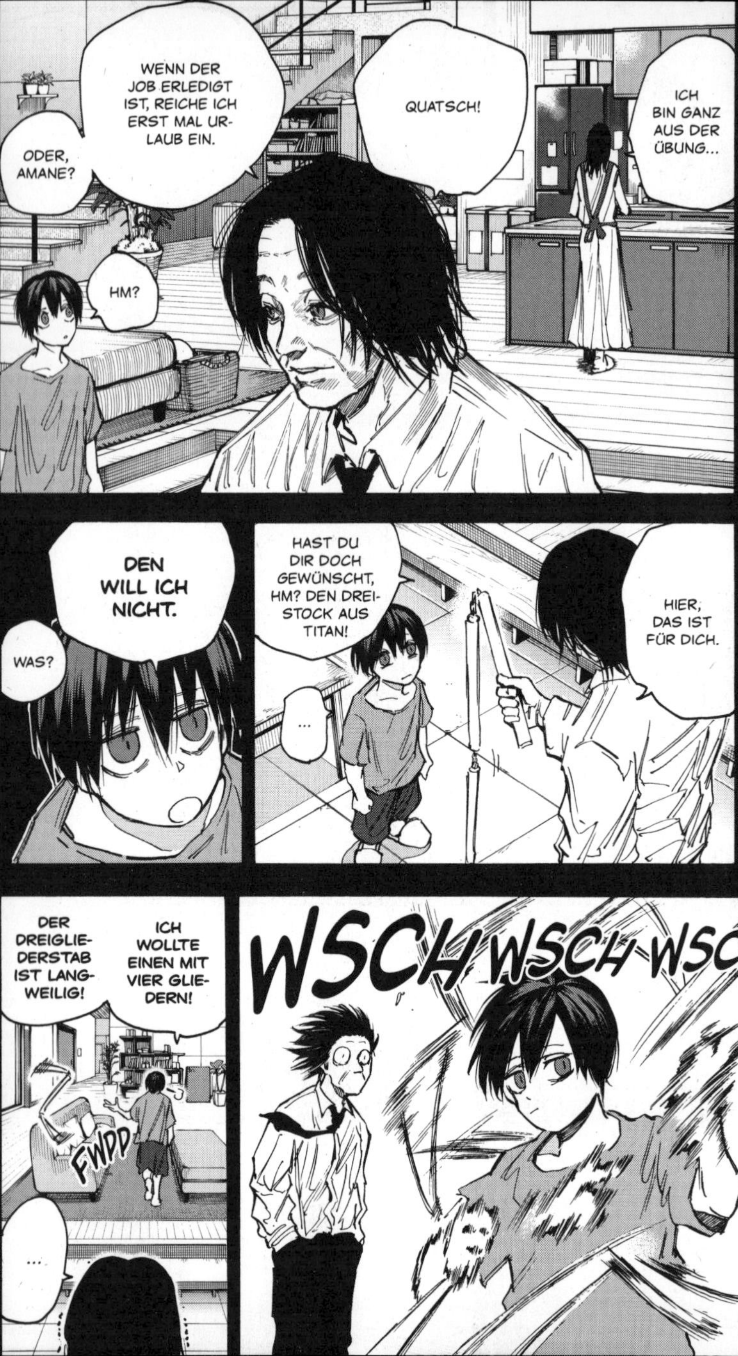
ICH BIN GANZ AUS DER ÜBUNG...
QUATSCH!
WENN DER JOB ERLEDIGT IST, REICHE ICH ERST MAL URLAUB EIN.
ODER, AMANE?
HM?
HIER, DAS IST FÜR DICH.
HAST DU DIR DOCH GEWÜNSCHT, HM? DEN DREISTOCK AUS TITAN!
...
DEN WILL ICH NICHT.
WAS?
WSCH WSCH WSCH
ICH WOLLTE EINEN MIT VIER GLIEDERN!
DER DREIGLIEDERSTAB IST LANGWEILIG!
FWPP
...

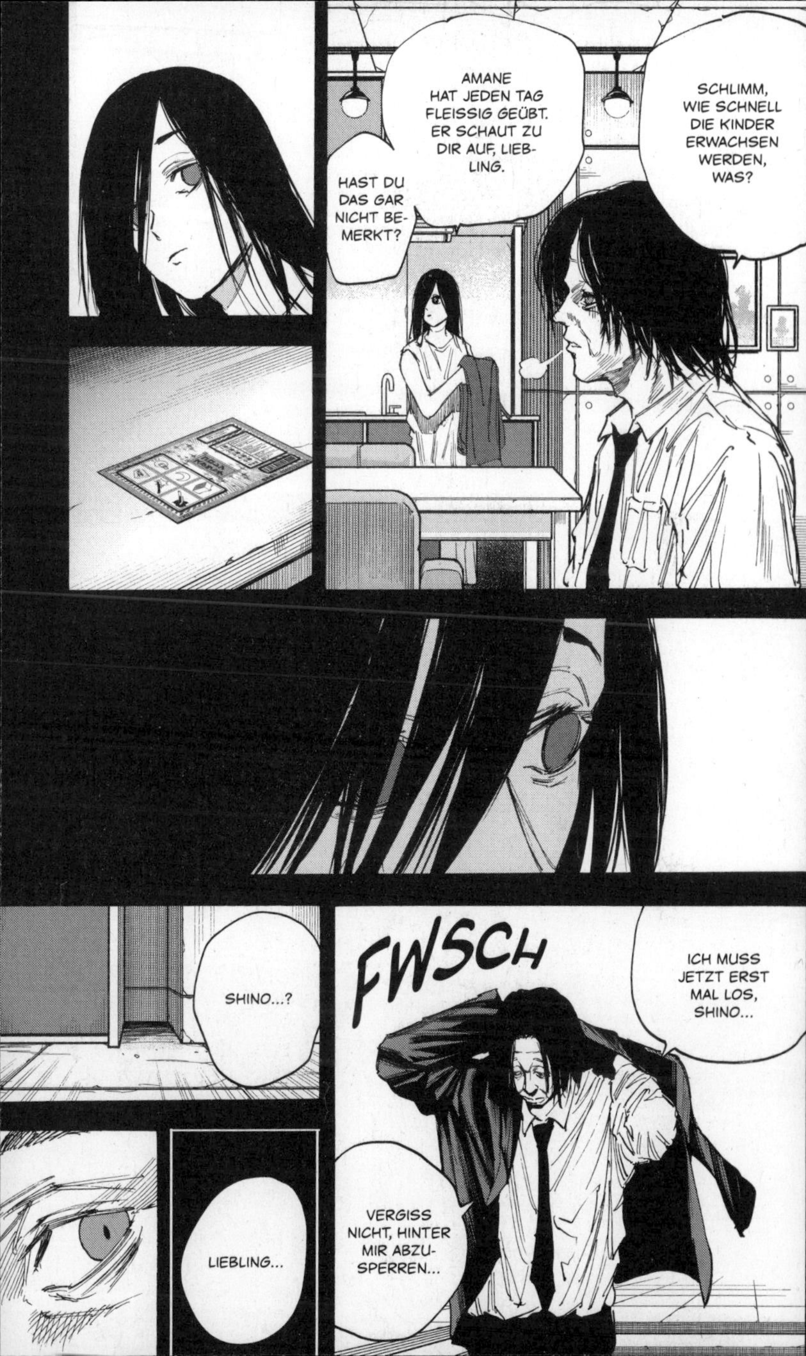
SCHLIMM, WIE SCHNELL DIE KINDER ERWACHSEN WERDEN, WAS?
AMANE HAT JEDEN TAG FLEISSIG GEÜBT. ER SCHAUT ZU DIR AUF, LIEBLING.
HAST DU DAS GAR NICHT BEMERKT?
FWSCH
ICH MUSS JETZT ERST MAL LOS, SHINO...
VERGISS NICHT, HINTER MIR ABZUSPERREN...
SHINO...?
LIEBLING...

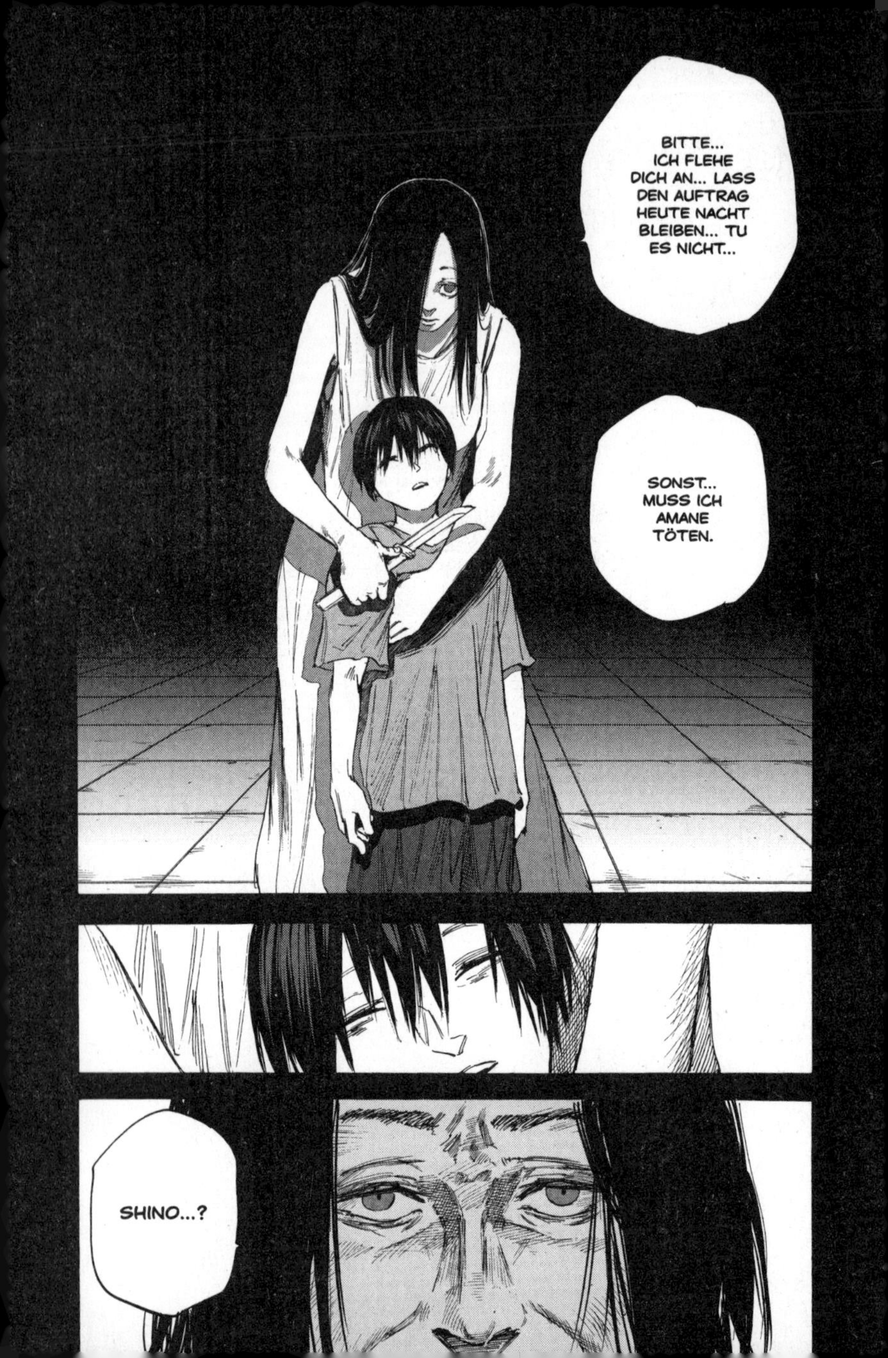
BITTE... ICH FLEHE DICH AN... LASS DEN AUFTRAG HEUTE NACHT BLEIBEN... TU ES NICHT...
SONST... MUSS ICH AMANE TÖTEN.
SHINO...?

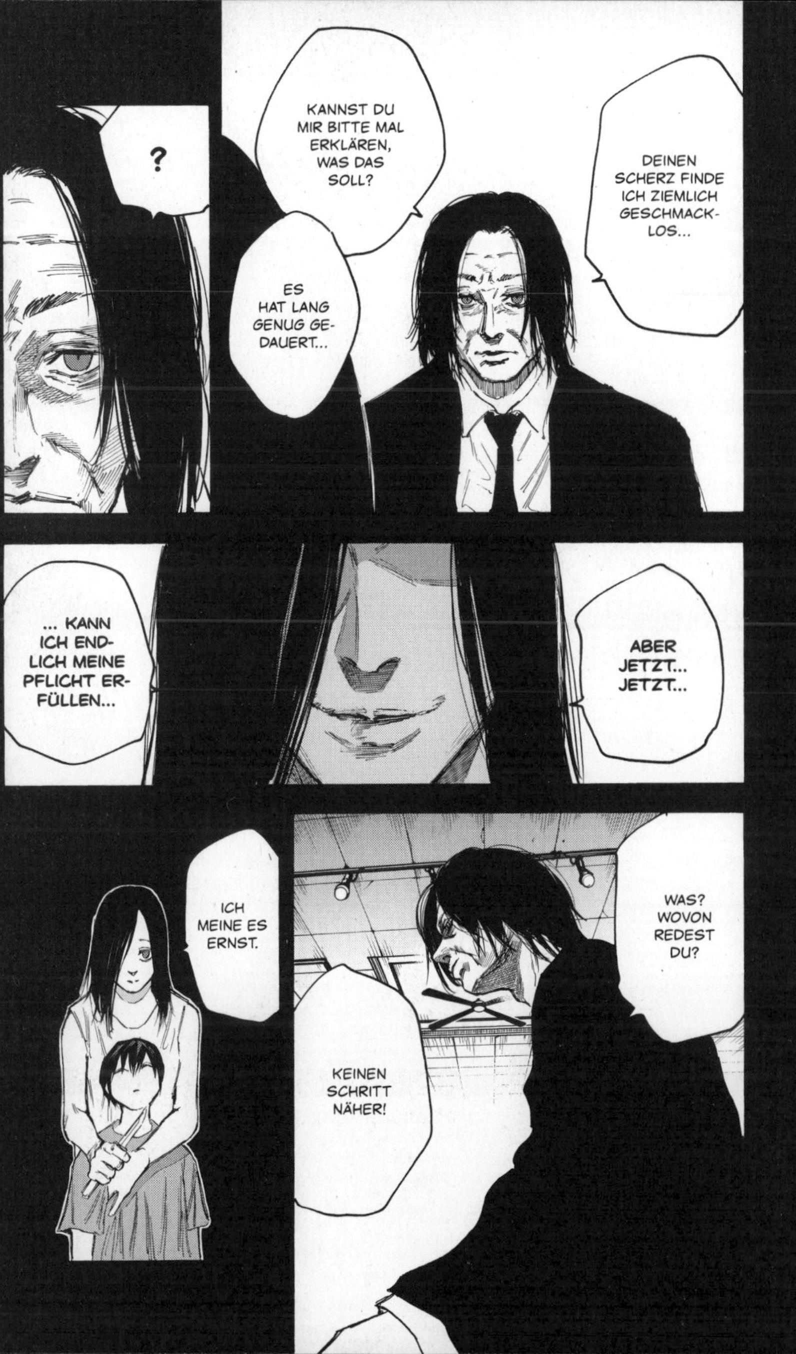
DEINEN SCHERZ FINDE ICH ZIEMLICH GESCHMACK-LOS...
KANNST DU MIR BITTE MAL ERKLÄREN, WAS DAS SOLL?
?
ES HAT LANG GENUG GE-DAUERT...
ABER JETZT... JETZT...
... KANN ICH END-LICH MEINE PFLICHT ER-FÜLLEN...
WAS? WOVON REDEST DU?
KEINEN SCHRITT NÄHER!
ICH MEINE ES ERNST.

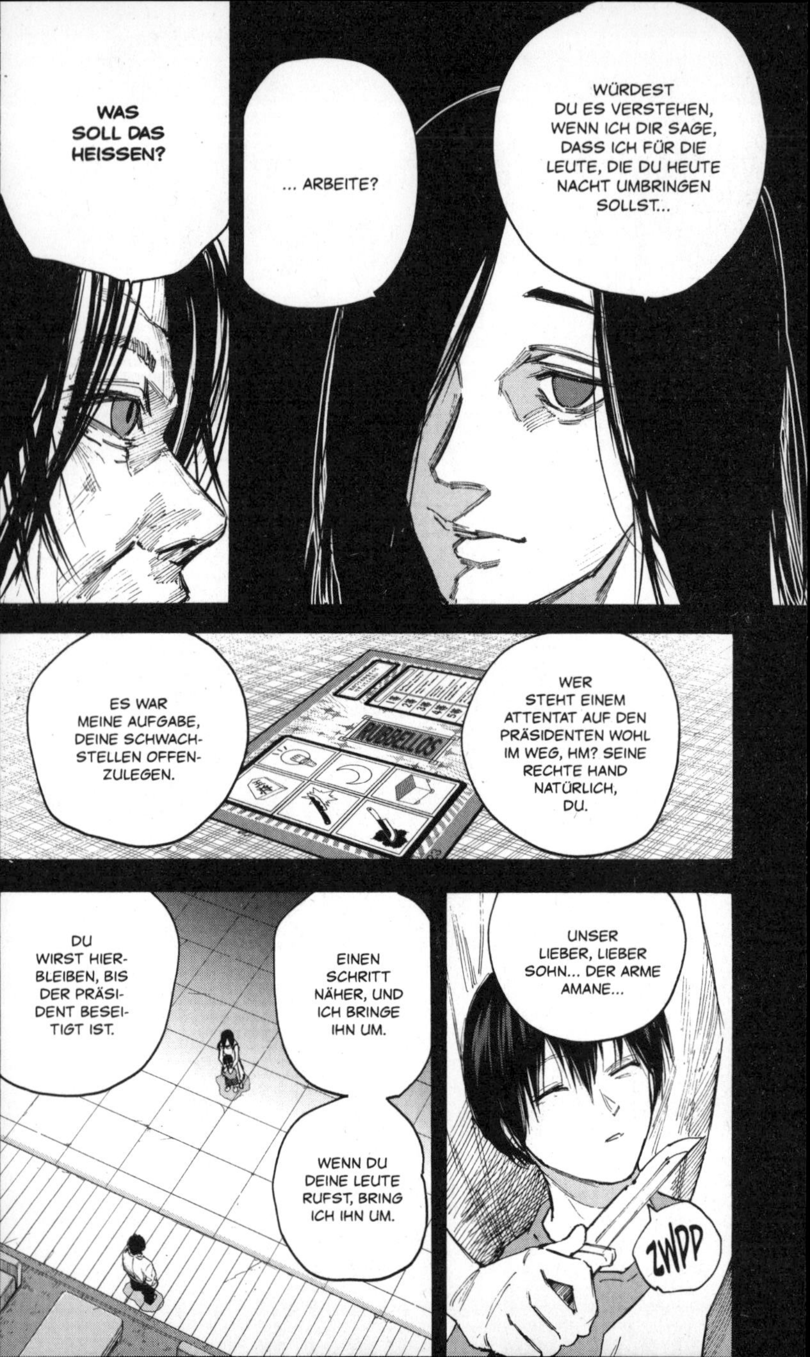
WÜRDEST DU ES VERSTEHEN, WENN ICH DIR SAGE, DASS ICH FÜR DIE LEUTE, DIE DU HEUTE NACHT UMBRINGEN SOLLST...
... ARBEITE?
WAS SOLL DAS HEISSEN?
WER STEHT EINEM ATTENTAT AUF DEN PRÄSIDENTEN WOHL IM WEG, HM? SEINE RECHTE HAND NATÜRLICH, DU.
ES WAR MEINE AUFGABE, DEINE SCHWACH-STELLEN OFFEN-ZULEGEN.
RUBBELLOS
UNSER LIEBER, LIEBER SOHN... DER ARME AMANE...
ZWPP
EINEN SCHRITT NÄHER, UND ICH BRINGE IHN UM.
WENN DU DEINE LEUTE RUFST, BRING ICH IHN UM.
DU WIRST HIER-BLEIBEN, BIS DER PRÄSI-DENT BESEI-TIGT IST.

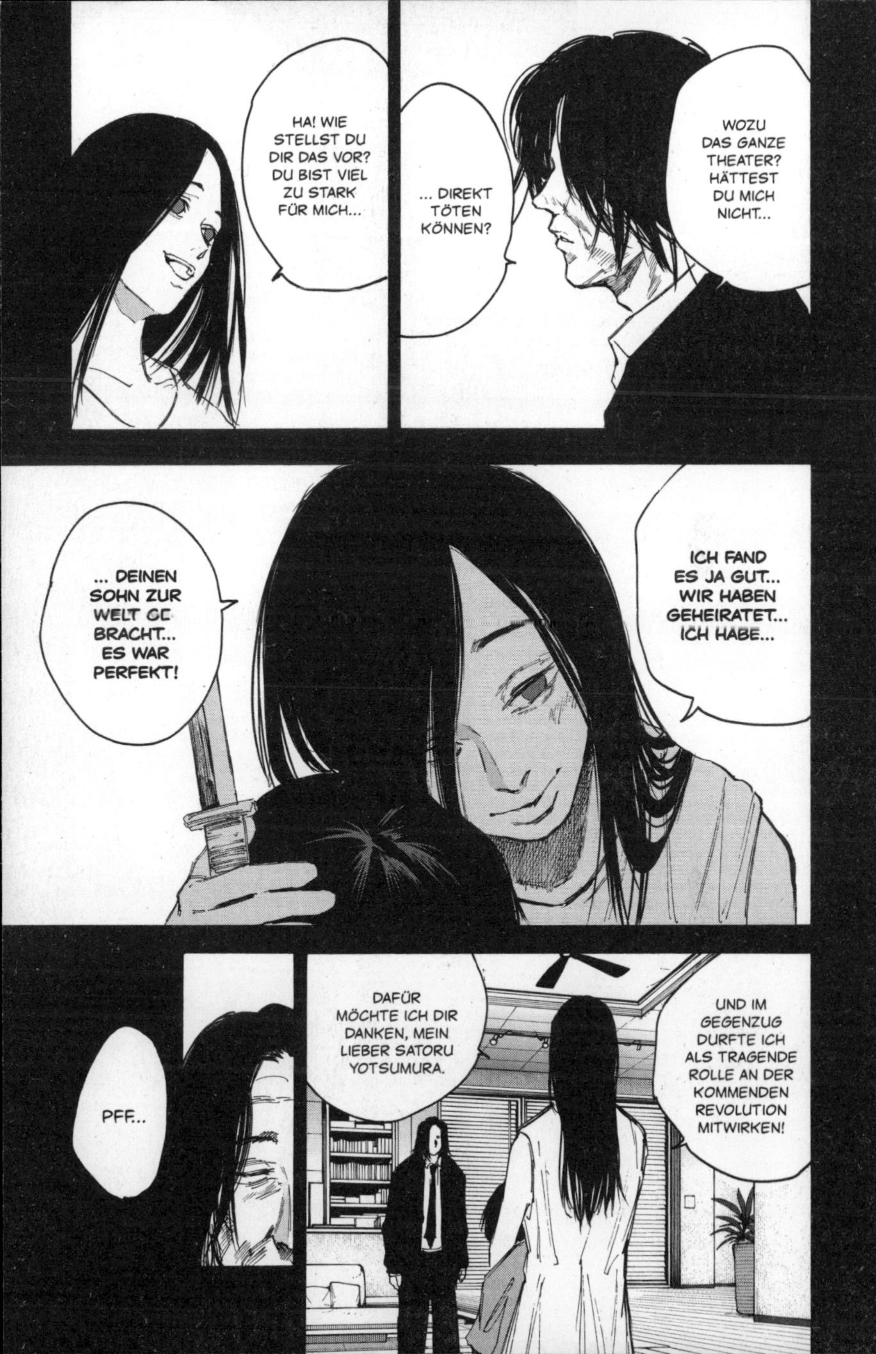
WOZU DAS GANZE THEATER? HÄTTEST DU MICH NICHT...
... DIREKT TÖTEN KÖNNEN?
HA! WIE STELLST DU DIR DAS VOR? DU BIST VIEL ZU STARK FÜR MICH...
ICH FAND ES JA GUT... WIR HABEN GEHEIRATET... ICH HABE...
... DEINEN SOHN ZUR WELT GE BRACHT... ES WAR PERFEKT!
UND IM GEGENZUG DURFTE ICH ALS TRAGENDE ROLLE AN DER KOMMENDEN REVOLUTION MITWIRKEN!
DAFÜR MÖCHTE ICH DIR DANKEN, MEIN LIEBER SATORU YOTSUMURA.
PFF...

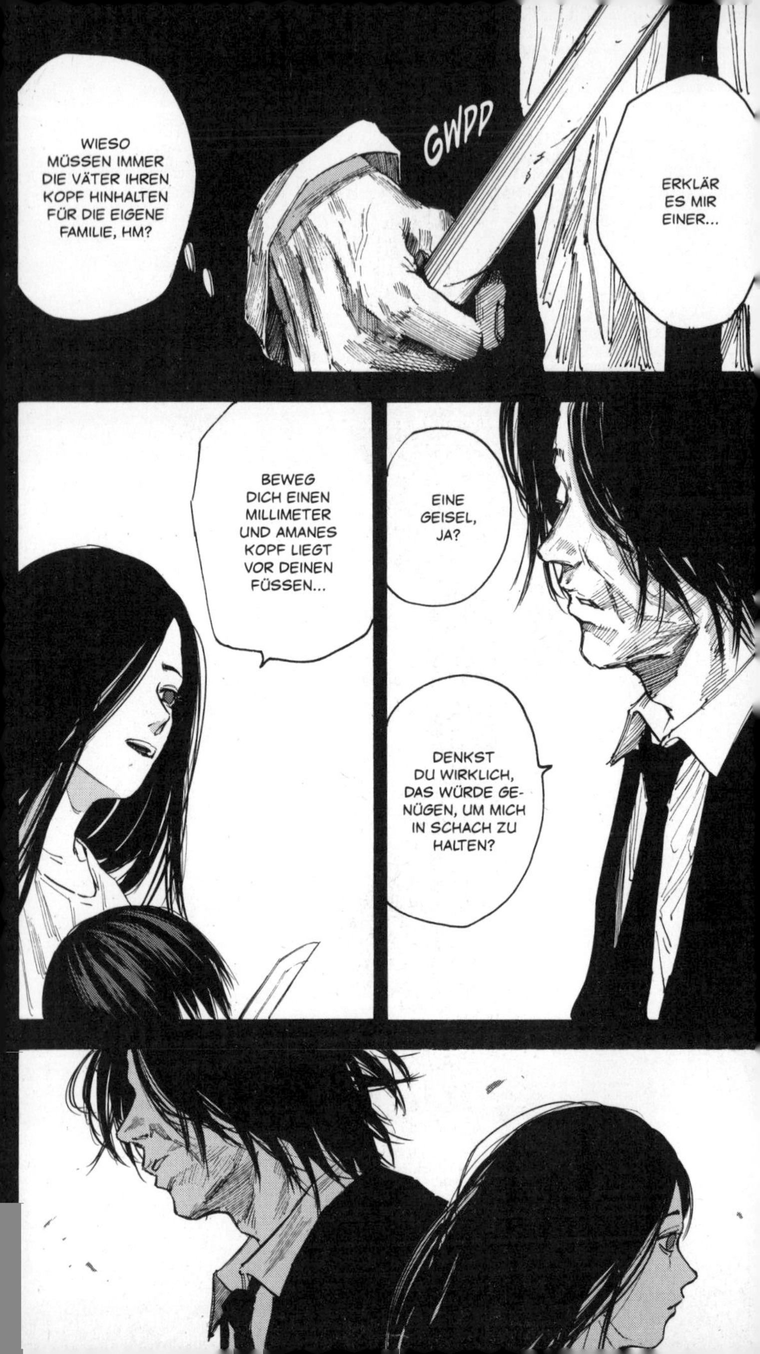
ERKLÄR ES MIR EINER...
GWPP
WIESO MÜSSEN IMMER DIE VÄTER IHREN KOPF HINHALTEN FÜR DIE EIGENE FAMILIE, HM?
EINE GEISEL, JA?
DENKST DU WIRKLICH, DAS WÜRDE GE-NÜGEN, UM MICH IN SCHACH ZU HALTEN?
BEWEG DICH EINEN MILLIMETER UND AMANES KOPF LIEGT VOR DEINEN FÜSSEN...

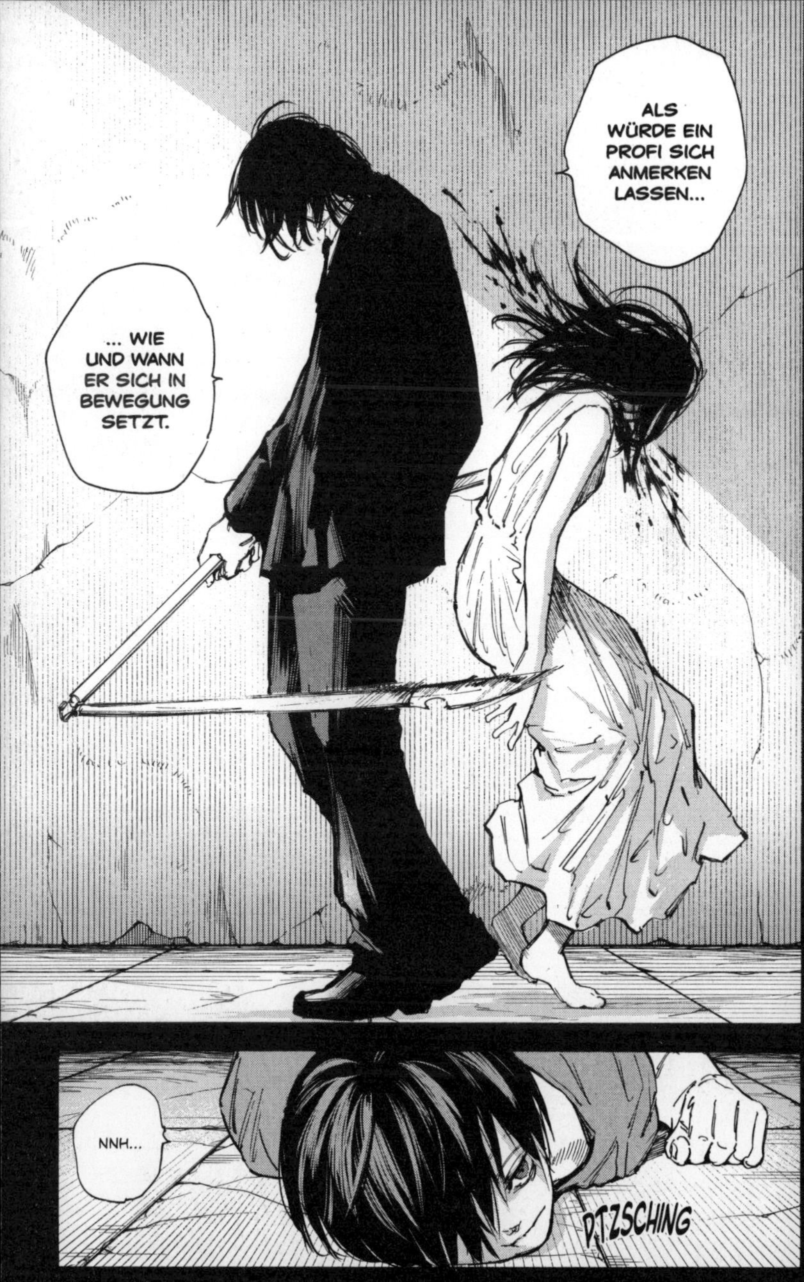
ALS WÜRDE EIN PROFI SICH ANMERKEN LASSEN...
... WIE UND WANN ER SICH IN BEWEGUNG SETZT.
NNH...
D.T.ZSCHING

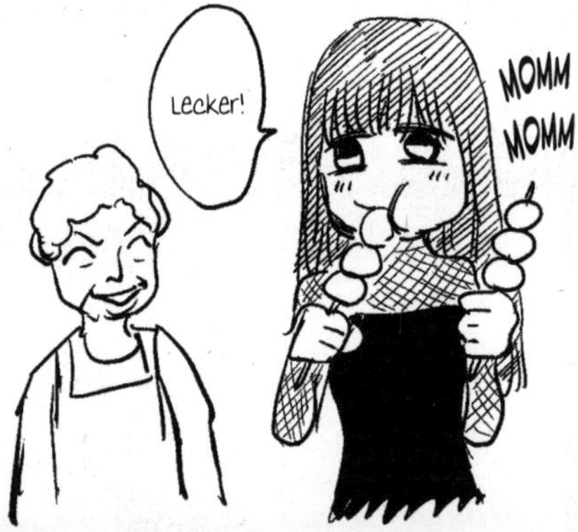
Lecker!
MOMM
MOMM

DAYS 100 Raiden

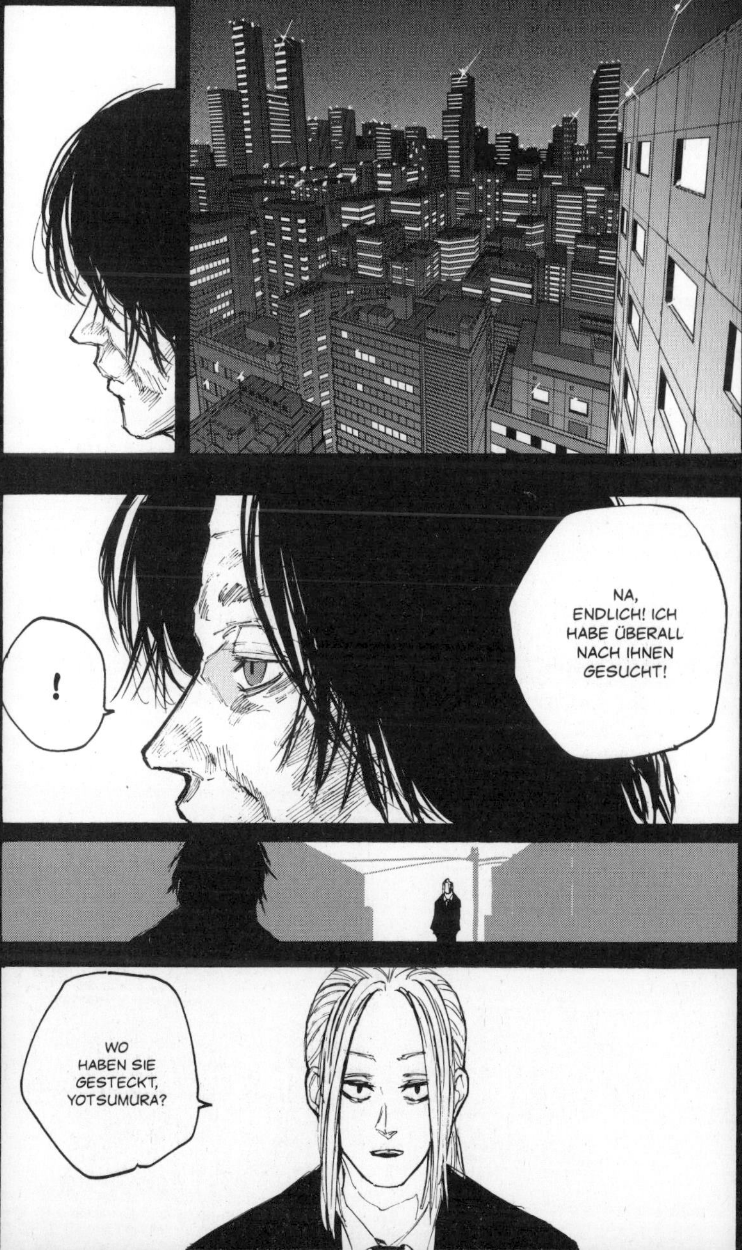

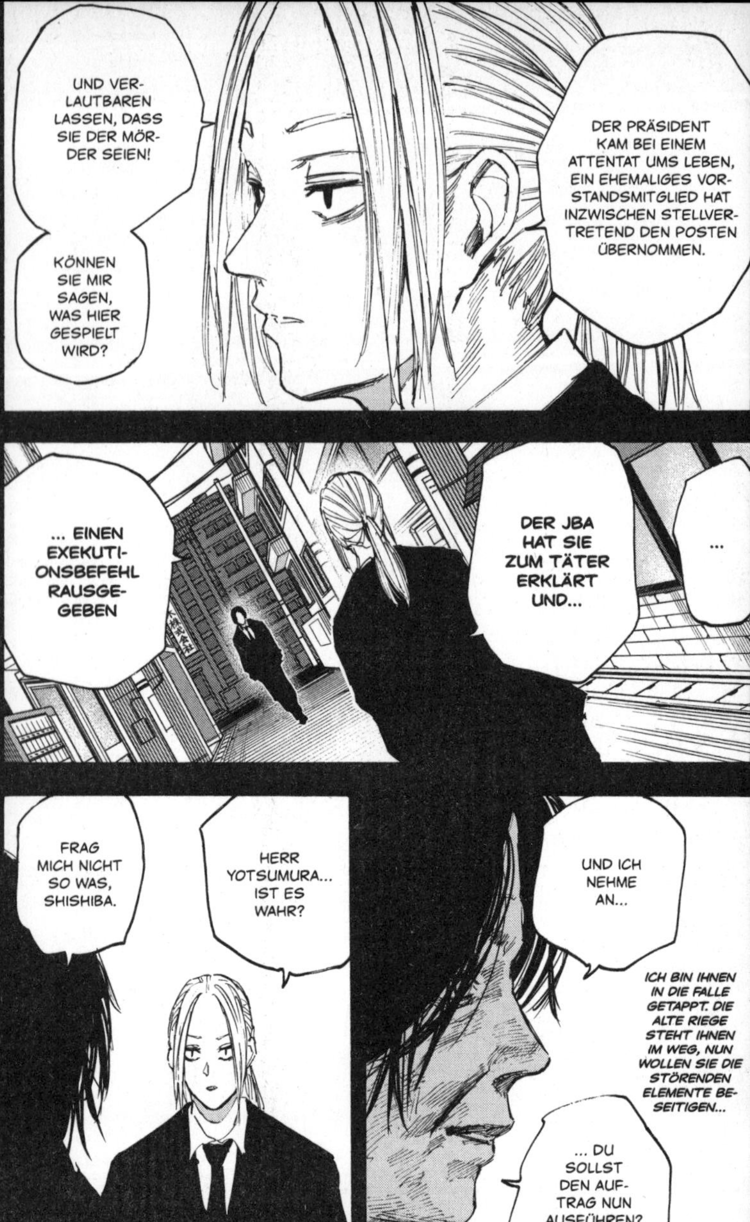
DER PRÄSIDENT KAM BEI EINEM ATTENTAT UMS LEBEN, EIN EHEMALIGES VORSTANDSMITGLIED HAT INZWISCHEN STELLVERTRETEND DEN POSTEN ÜBERNOMMEN.
UND VERLAUTBAREN LASSEN, DASS SIE DER MÖRDER SEIEN!
KÖNNEN SIE MIR SAGEN, WAS HIER GESPIELT WIRD?
...
DER JBA HAT SIE ZUM TÄTER ERKLÄRT UND...
... EINEN EXEKUTIONSBEFEHL RAUSGEGEBEN
UND ICH NEHME AN...
ICH BIN IHNEN IN DIE FALLE GETAPPT. DIE ALTE RIEGE STEHT IHNEN IM WEG, NUN WOLLEN SIE DIE STÖRENDEN ELEMENTE BESEITIGEN...
... DU SOLLST DEN AUFTRAG NUN AUSFÜHREN?
HERR YOTSUMURA... IST ES WAHR?
FRAG MICH NICHT SO WAS, SHISHIBA.

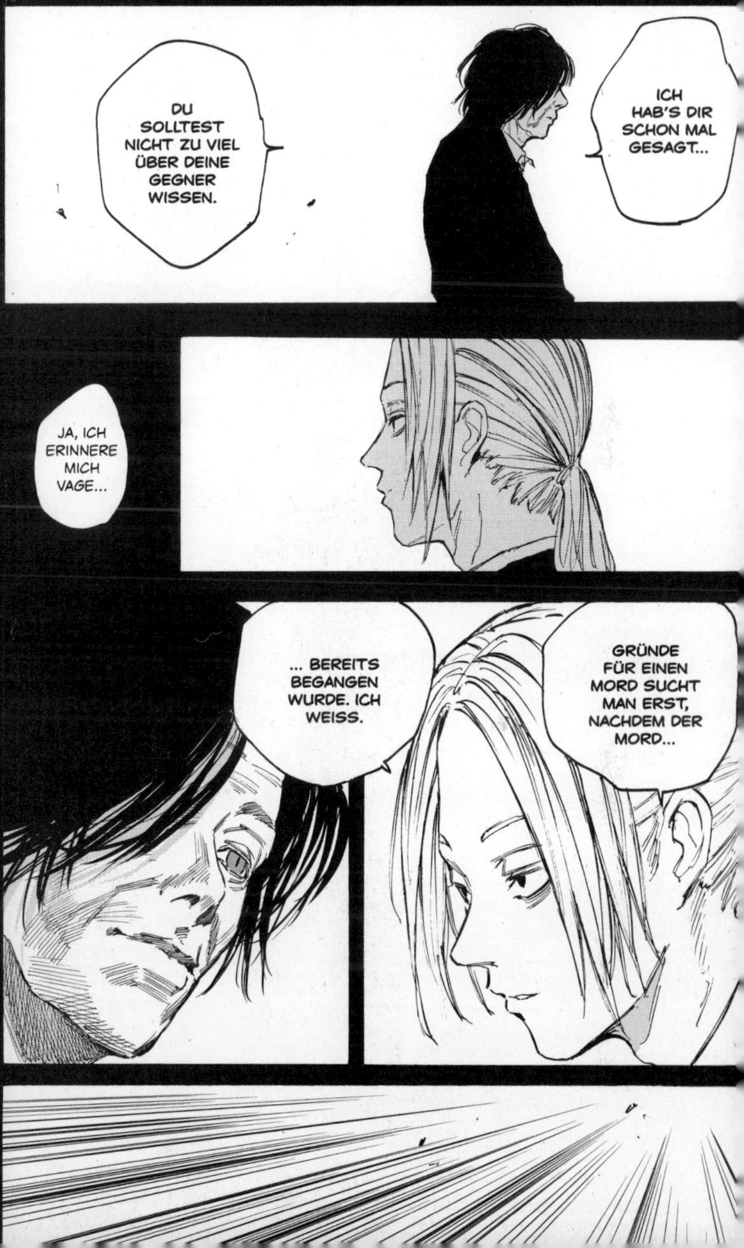
ICH HAB'S DIR SCHON MAL GESAGT...
DU SOLLTEST NICHT ZU VIEL ÜBER DEINE GEGNER WISSEN.
JA, ICH ERINNERE MICH VAGE...
GRÜNDE FÜR EINEN MORD SUCHT MAN ERST, NACHDEM DER MORD...
... BEREITS BEGANGEN WURDE. ICH WEISS.

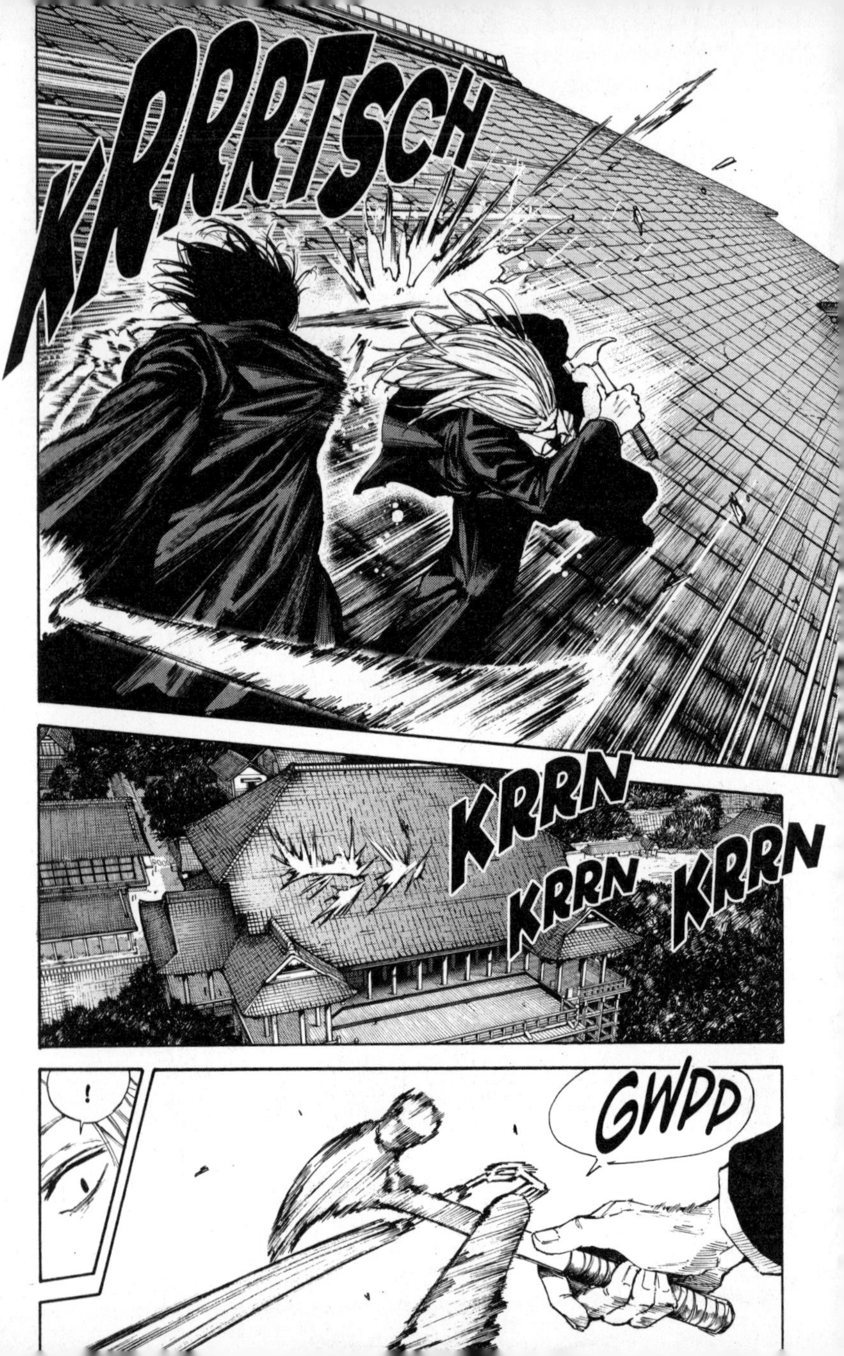
KRRRTSCH
KRRN
KRRN
KRRN
GWPD
!

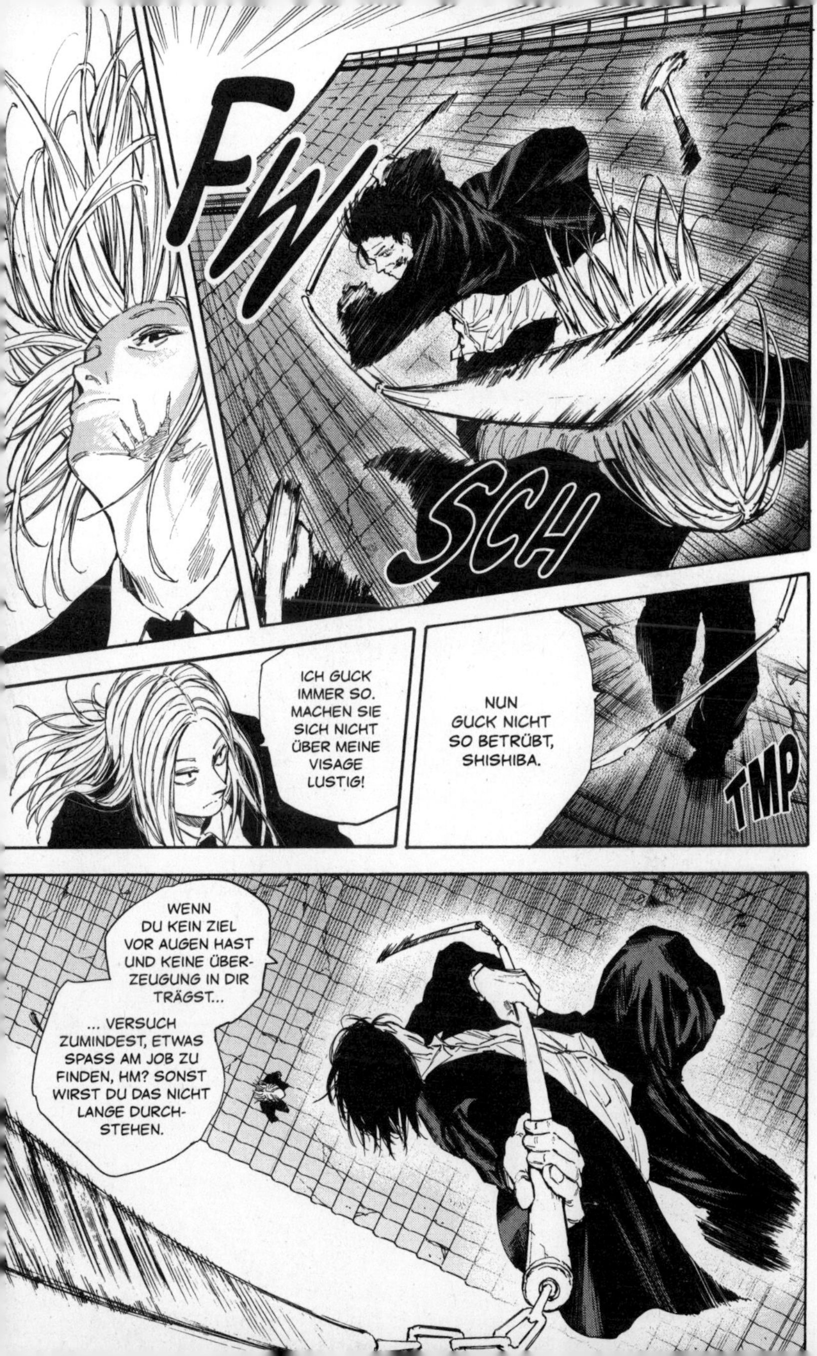
FW
SCH
NUN GUCK NICHT SO BETRÜBT, SHISHIBA.
TMP
ICH GUCK IMMER SO. MACHEN SIE SICH NICHT ÜBER MEINE VISAGE LUSTIG!
WENN DU KEIN ZIEL VOR AUGEN HAST UND KEINE ÜBER-ZEUGUNG IN DIR TRÄGST...
... VERSUCH ZUMINDEST, ETWAS SPASS AM JOB ZU FINDEN, HM? SONST WIRST DU DAS NICHT LANGE DURCH-STEHEN.

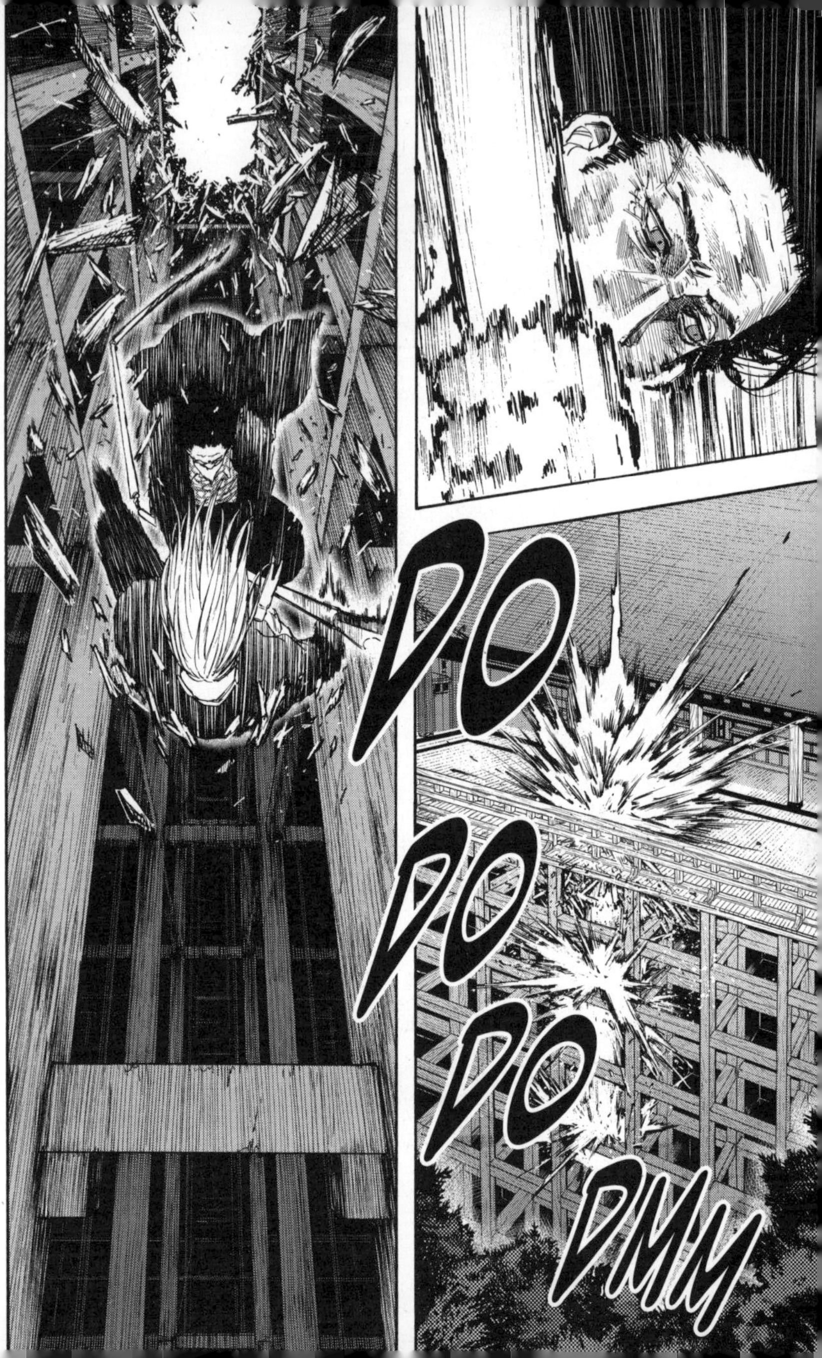
DO
DO
DO
DMM

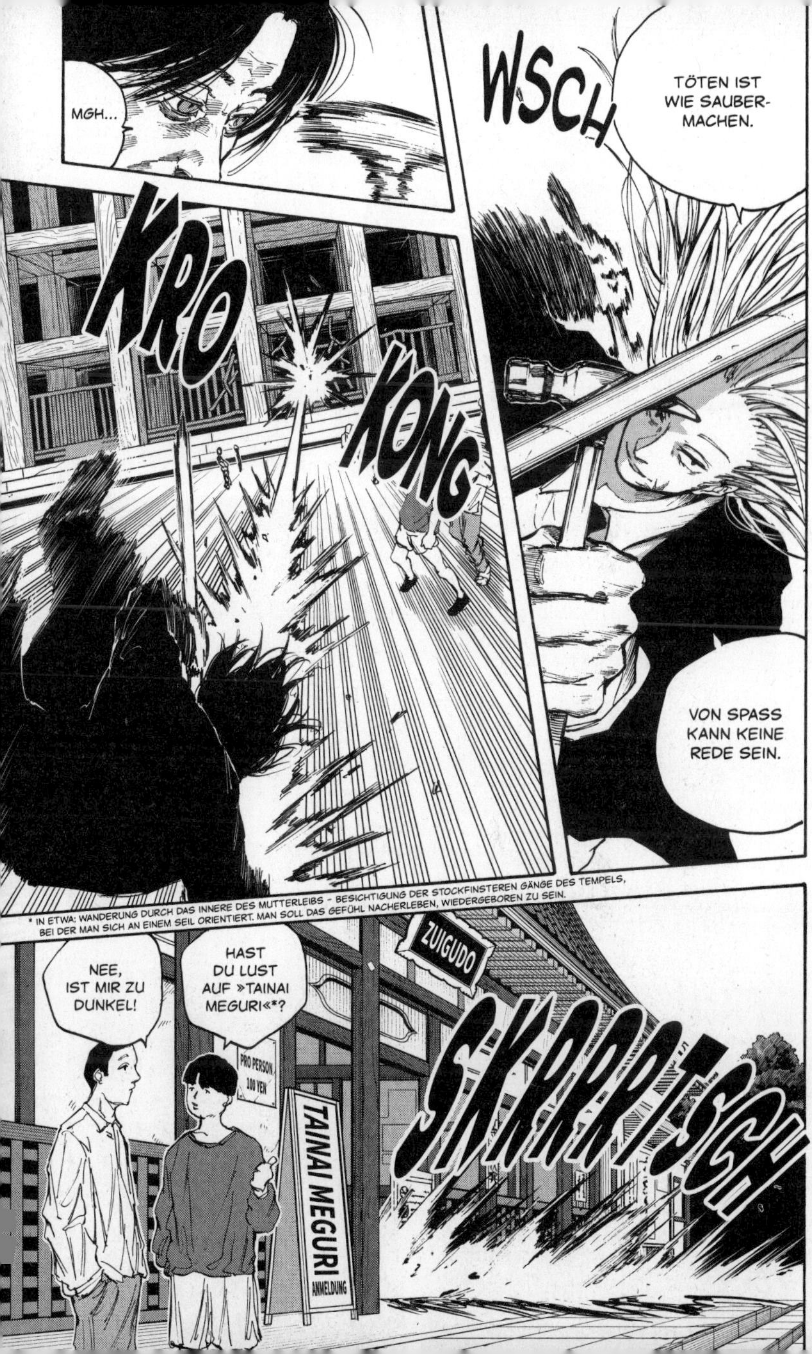

* IN ETWA: WANDERUNG DURCH DAS INNERE DES MUTTERLEIBS - BESICHTIGUNG DER STOCKFINSTEREN GÄNGE DES TEMPELS, BEI DER MAN SICH AN EINEM SEIL ORIENTIERT. MAN SOLL DAS GEFÜHL NACHERLEBEN, WIEDERGEBOREN ZU SEIN.

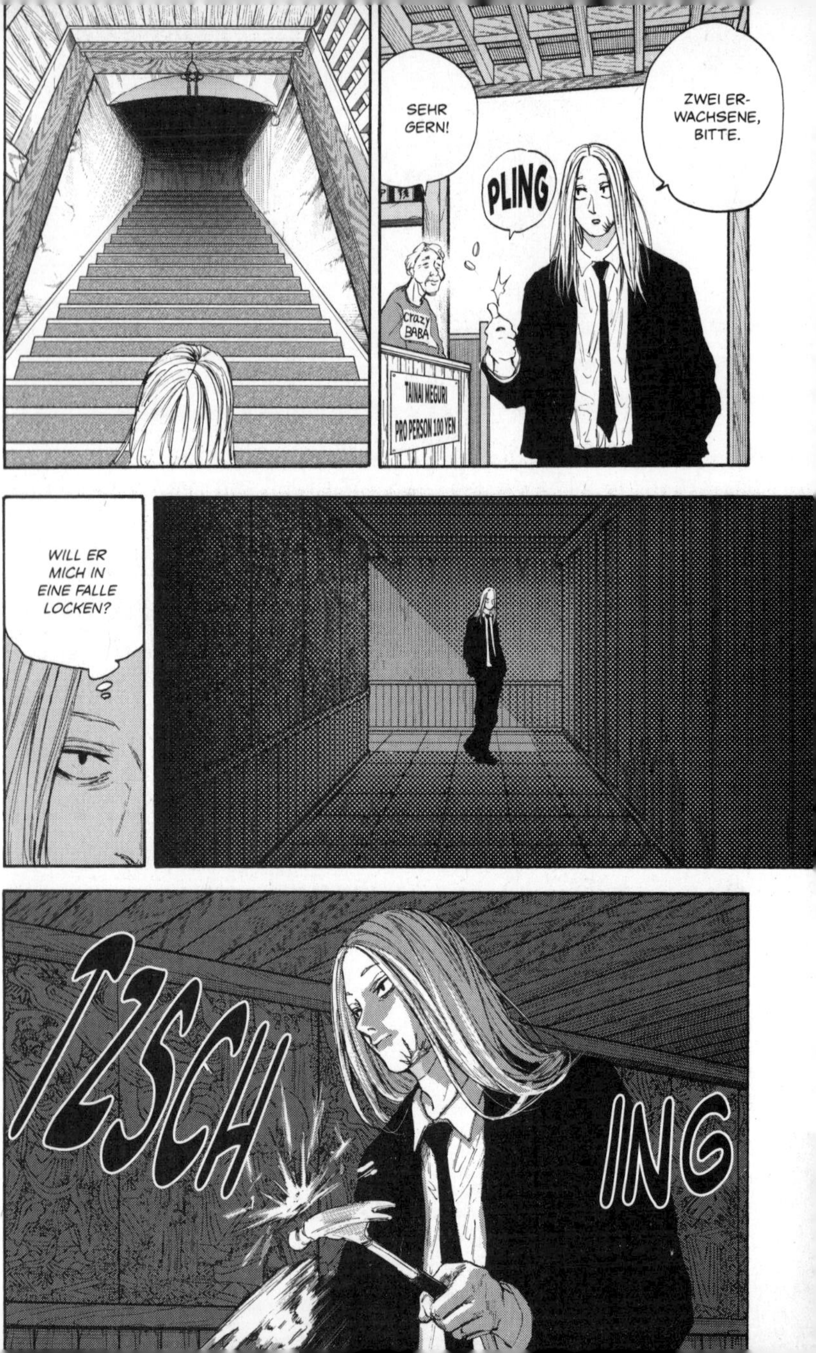
ZWEI ER-WACHSENE, BITTE.
PLING
SEHR GERN!
crazy BABA
TAINAI MEGURI
PRO PERSON 100 YEN
WILL ER MICH IN EINE FALLE LOCKEN?
TZSCH
ING

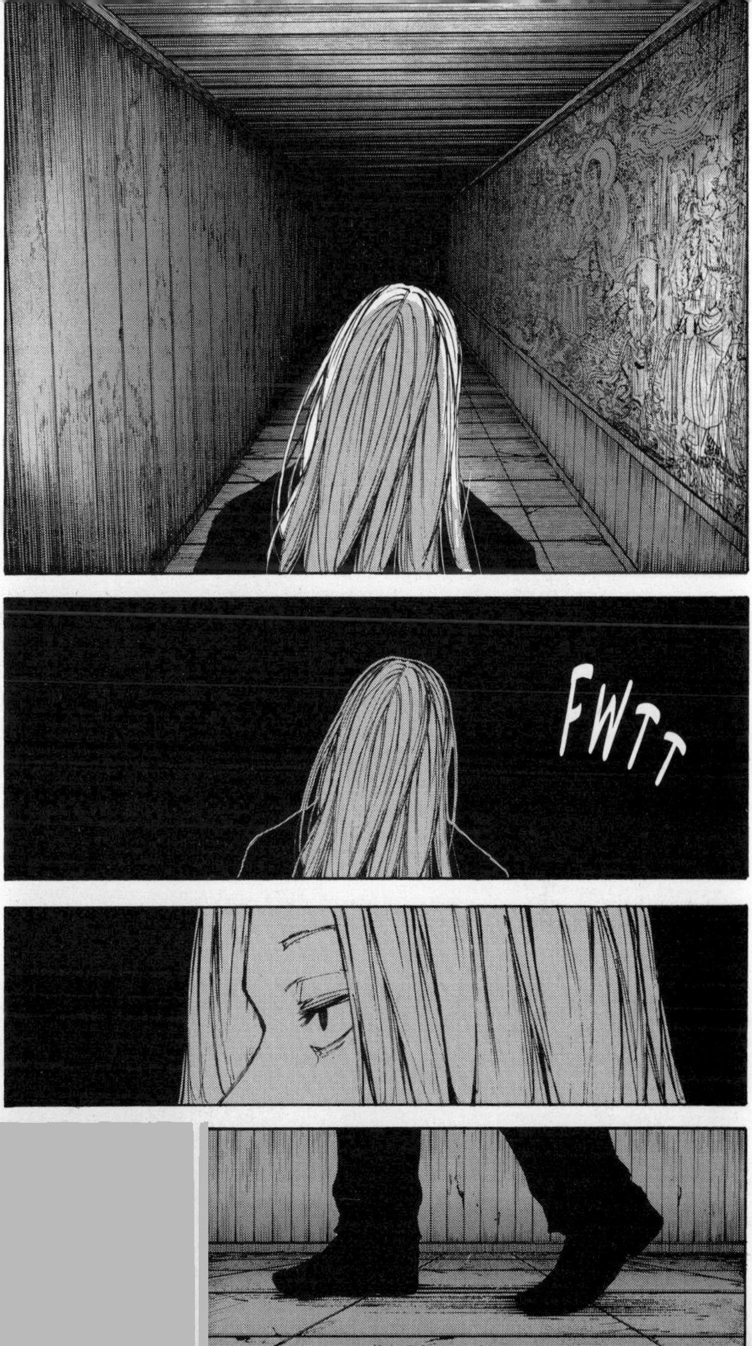
FWTT

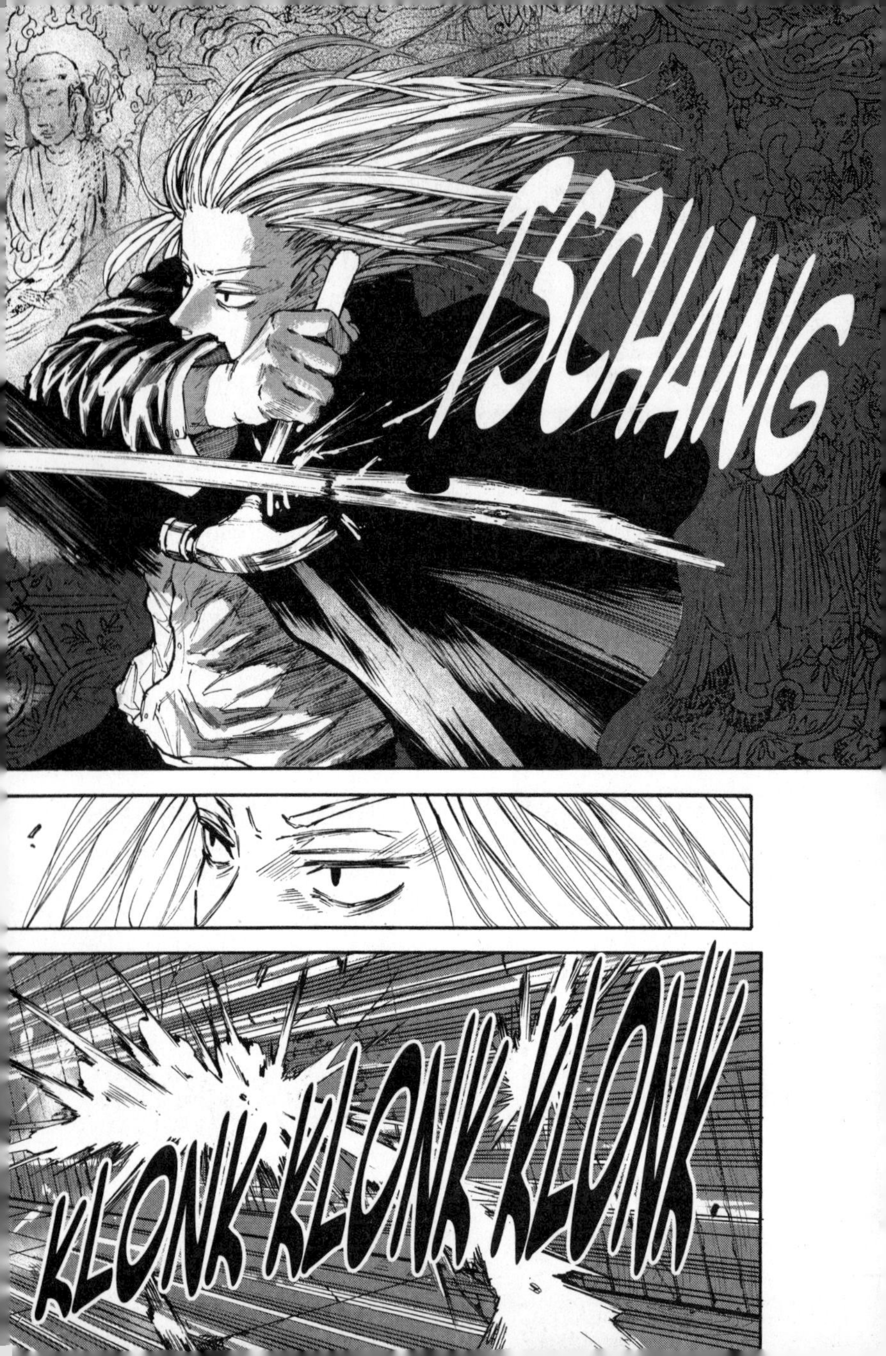
TSCHANG
!
KLONK KLONK KLONK

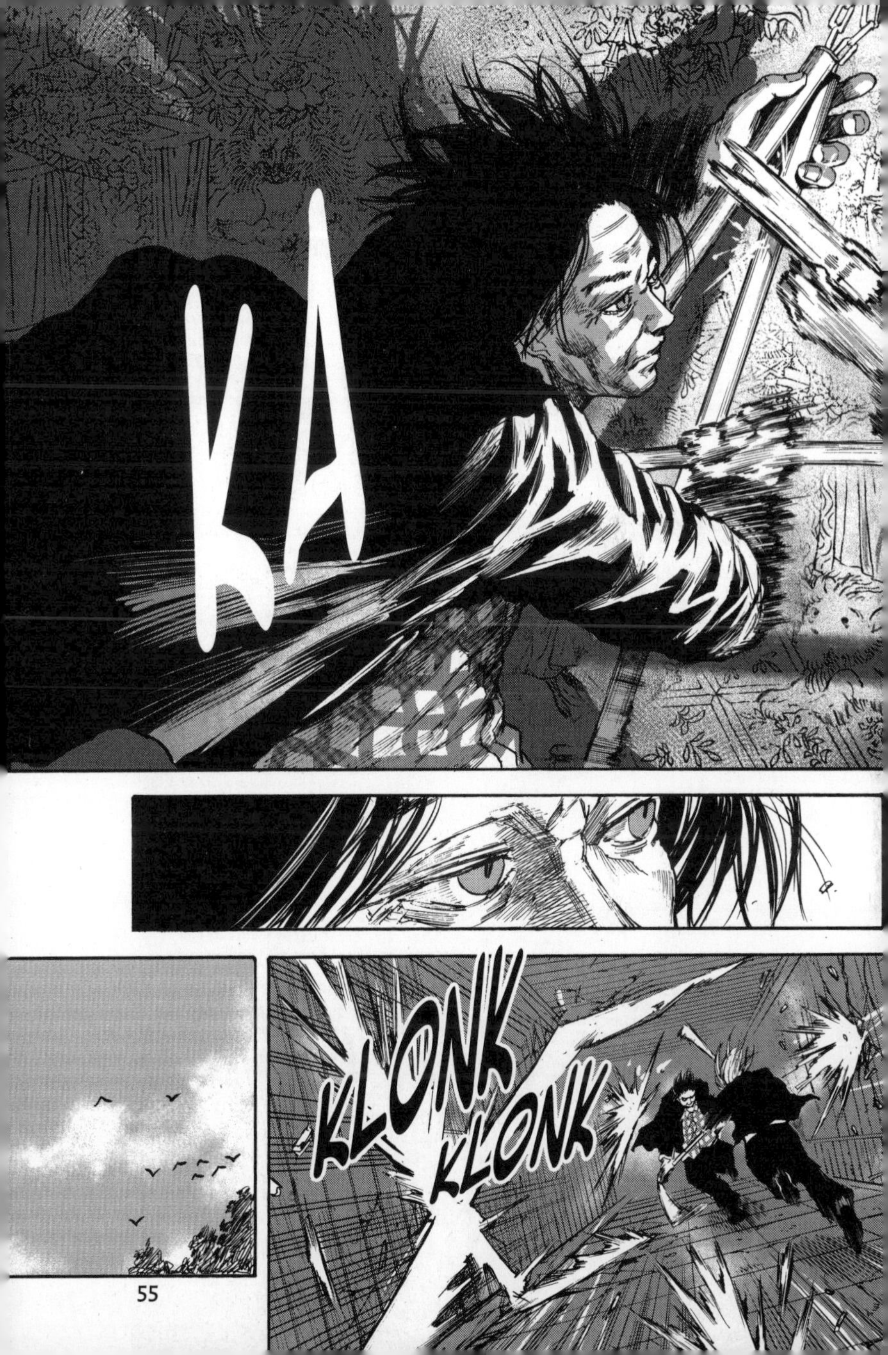
KA
KLONK
KLONK

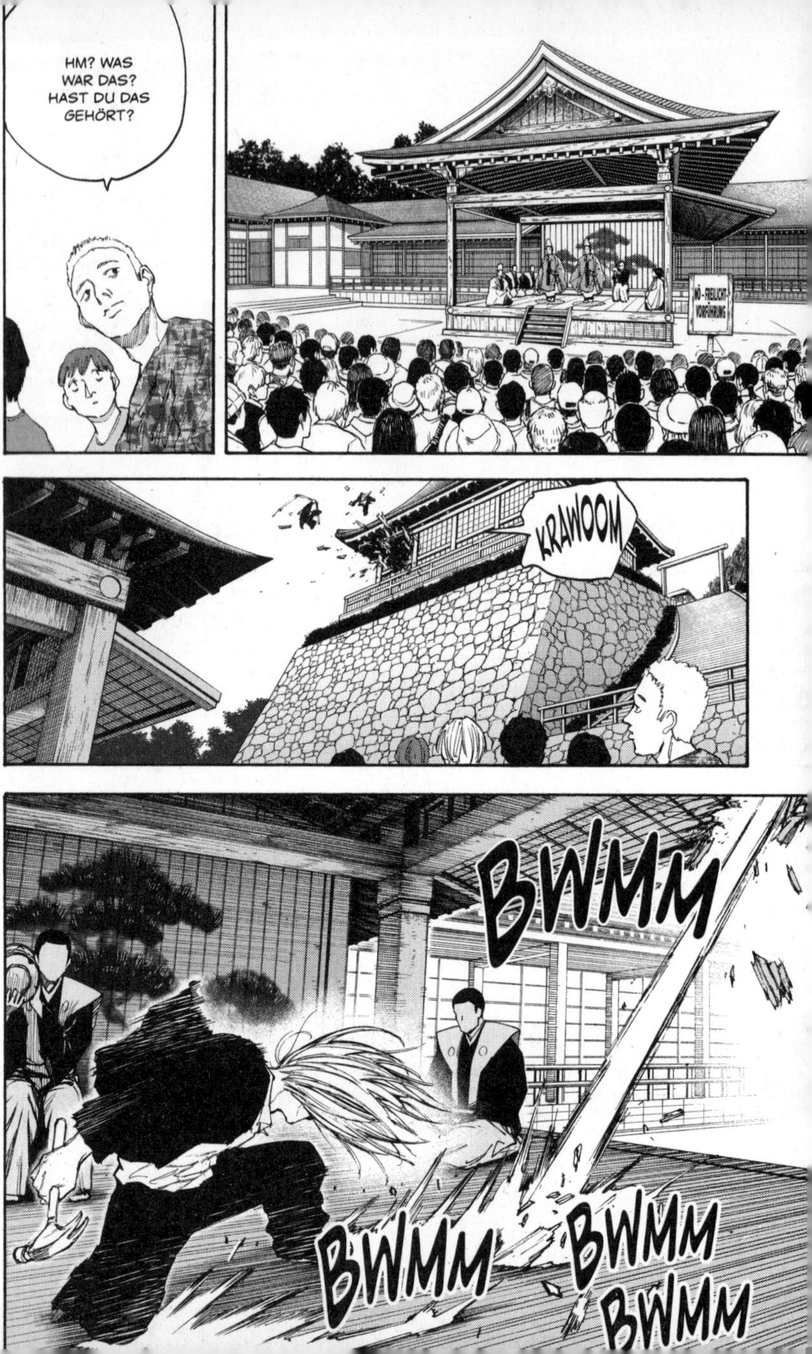
NŌ-FREILICHT-VORFÜHRUNG
HM? WAS WAR DAS? HAST DU DAS GEHÖRT?
KRAWOOM
BWMM
BWMM
BWMM
BWMM

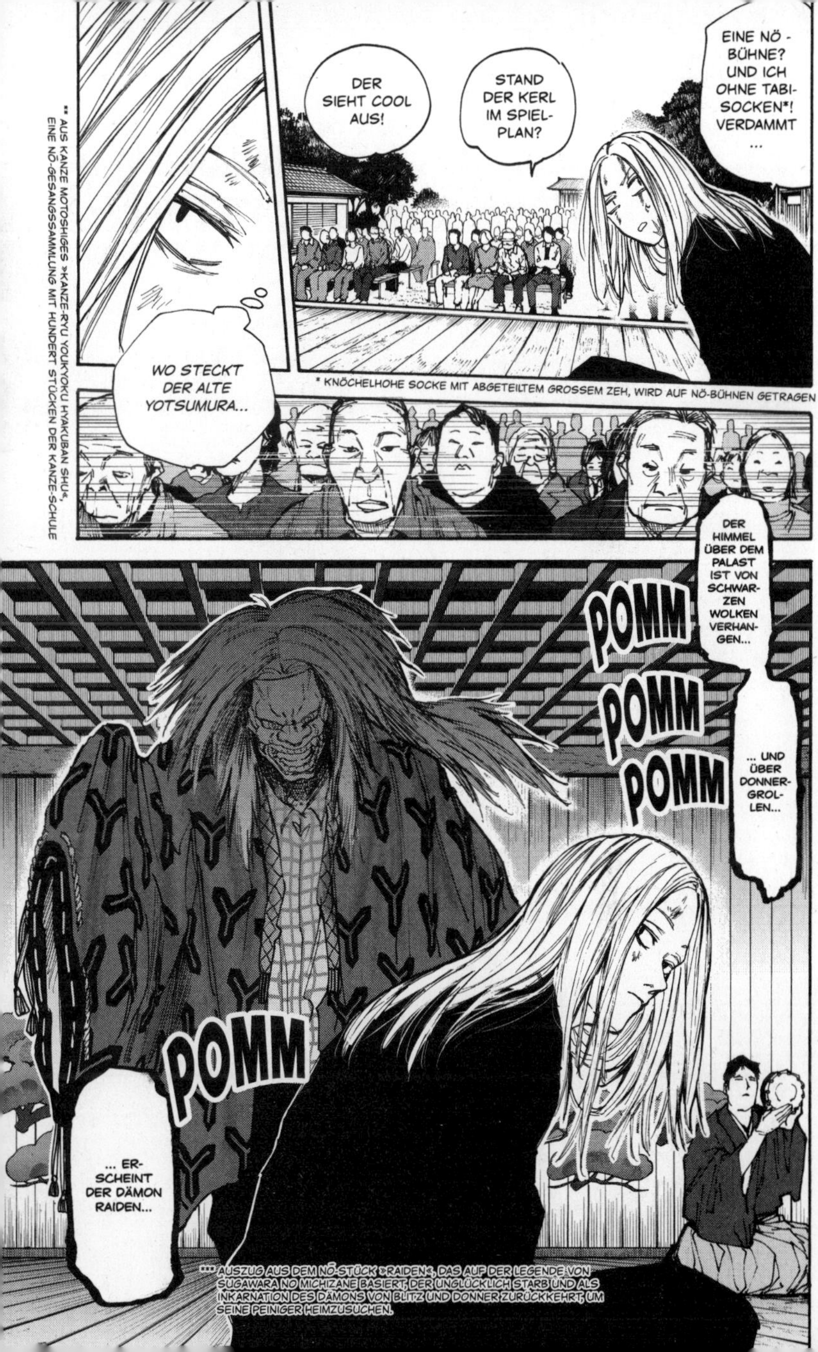

* KNÖCHELHOHE SOCKE MIT ABGETEILTEM GROSSEM ZEH, WIRD AUF NÖ-BÜHNEN GETRAGEN

** AUS KANZE MOTOSHIGES »KANZE-RYU YOUKYOKU HYAKUBAN SHU«, EINE NÖ-GESANGSSAMMLUNG MIT HUNDERT STÜCKEN DER KANZE-SCHULE

*** AUSZUG AUS DEM NÖ-STÜCK »RAIDEN«, DAS AUF DER LEGENDE VON SUGAWARA NO MICHIZANE BASIERT, DER UNGLÜCKLICH STARB UND ALS INKARNATION DES DÄMONS VON BLITZ UND DONNER ZURÜCKKEHRT, UM SEINE PEINIGER HEIMZUSUCHEN.

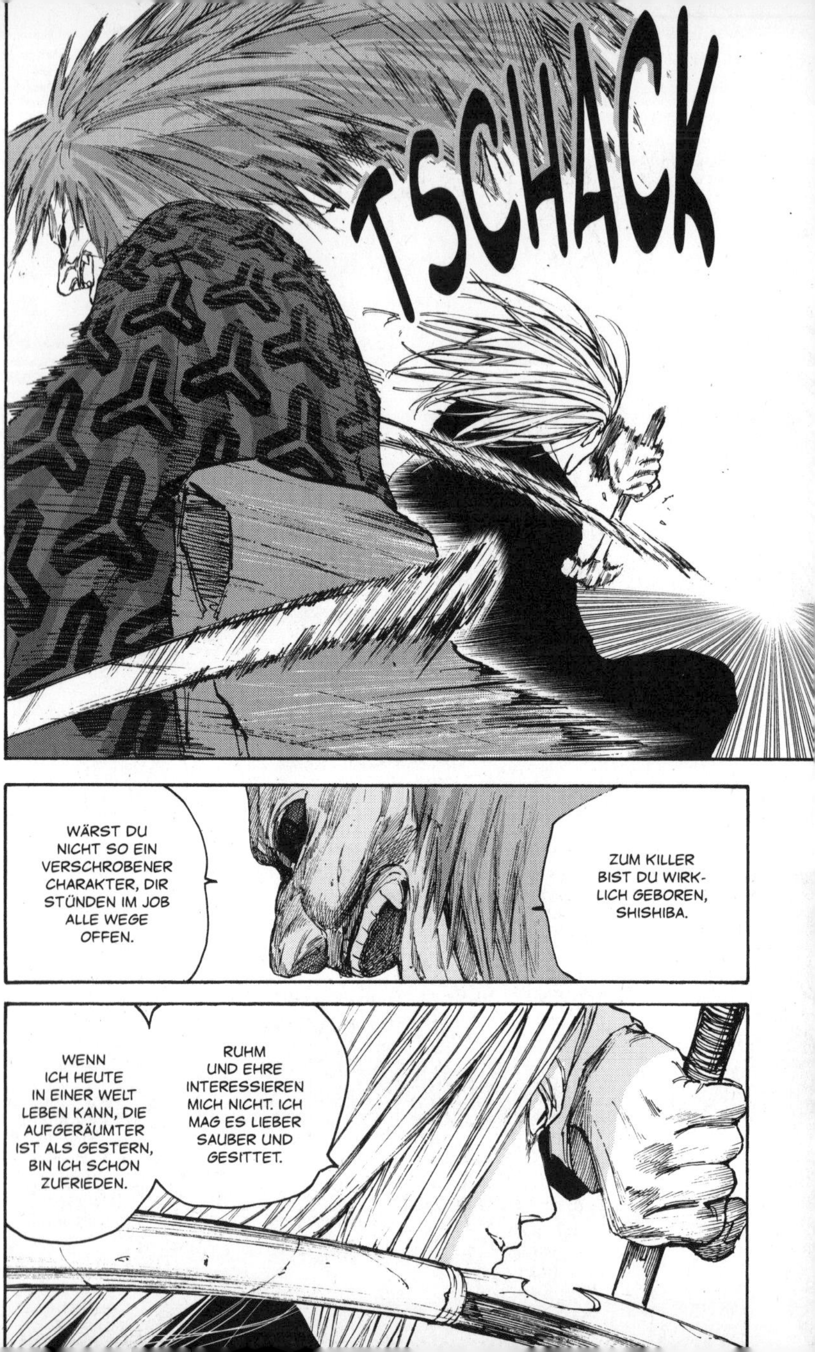
TSCHACK
ZUM KILLER BIST DU WIRK-LICH GEBOREN, SHISHIBA.
WÄRST DU NICHT SO EIN VERSCHROBENER CHARAKTER, DIR STÜNDEN IM JOB ALLE WEGE OFFEN.
RUHM UND EHRE INTERESSIEREN MICH NICHT. ICH MAG ES LIEBER SAUBER UND GESITTET.
WENN ICH HEUTE IN EINER WELT LEBEN KANN, DIE AUFGERÄUMTER IST ALS GESTERN, BIN ICH SCHON ZUFRIEDEN.

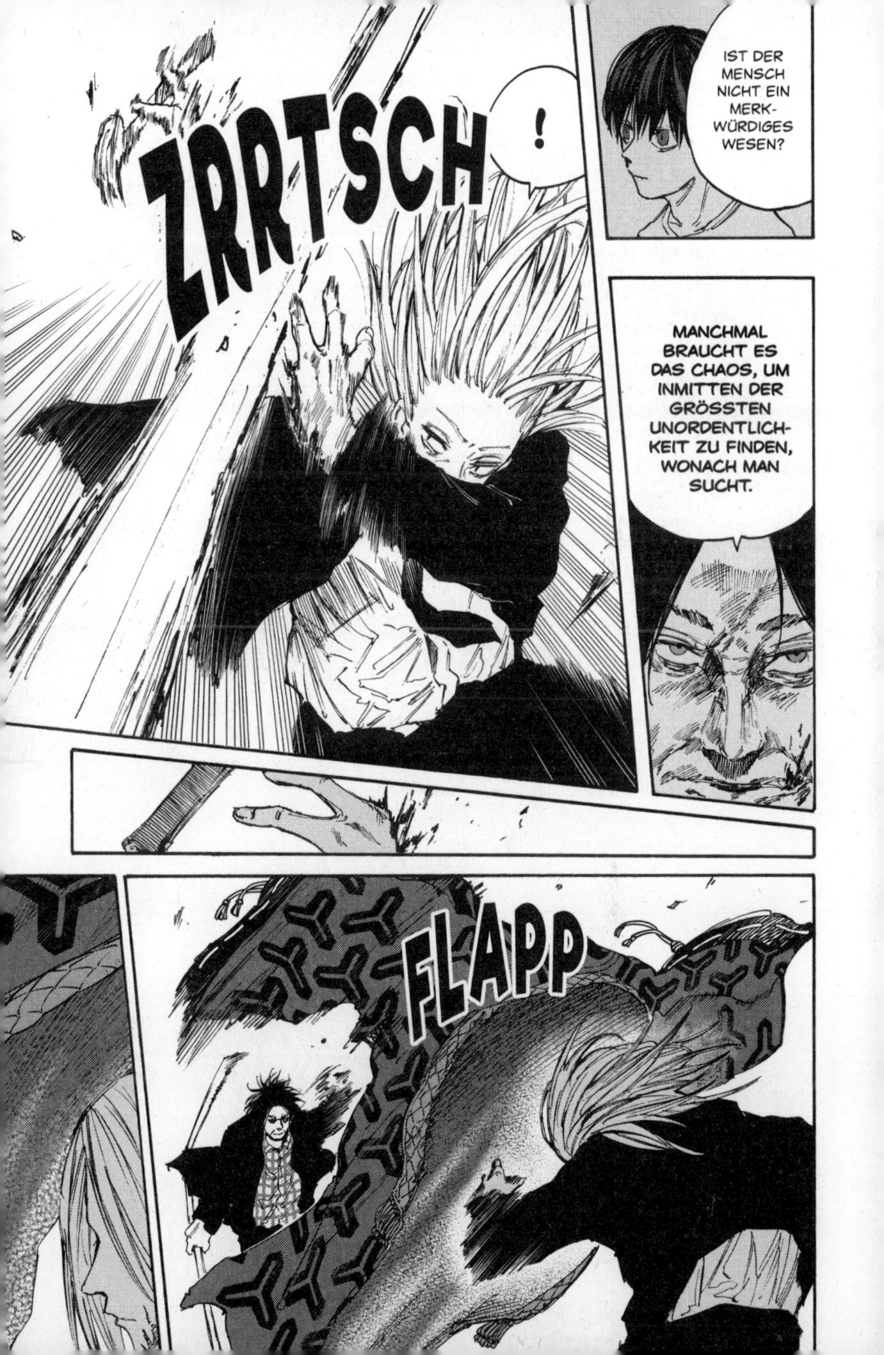
IST DER MENSCH NICHT EIN MERKWÜRDIGES WESEN?
!
ZRRTSCH
MANCHMAL BRAUCHT ES DAS CHAOS, UM INMITTEN DER GRÖSSTEN UNORDENTLICHKEIT ZU FINDEN, WONACH MAN SUCHT.
FLAPP

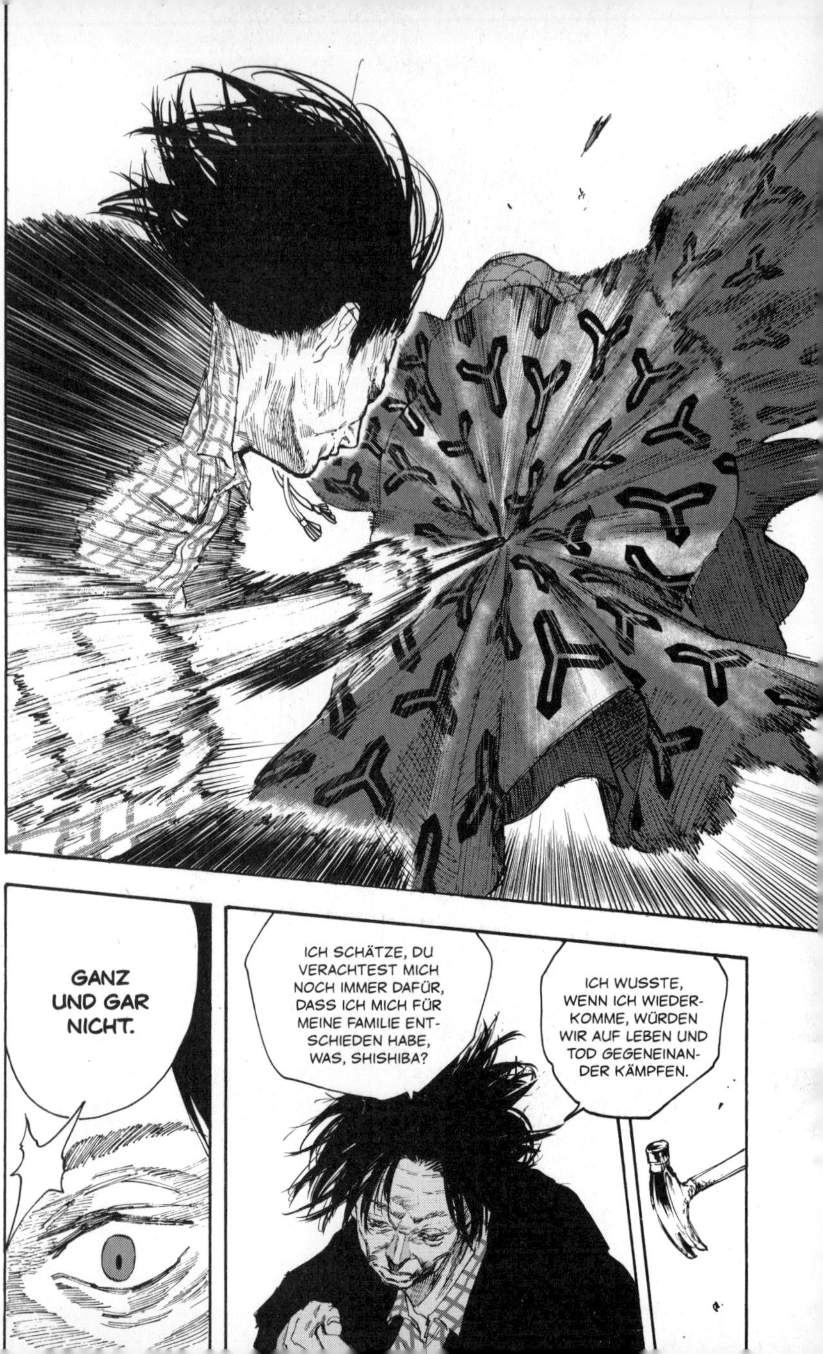
ICH WUSSTE, WENN ICH WIEDER-KOMME, WÜRDEN WIR AUF LEBEN UND TOD GEGENEINAN-DER KÄMPFEN.
ICH SCHÄTZE, DU VERACHTEST MICH NOCH IMMER DAFÜR, DASS ICH MICH FÜR MEINE FAMILIE ENT-SCHIEDEN HABE, WAS, SHISHIBA?
GANZ UND GAR NICHT.

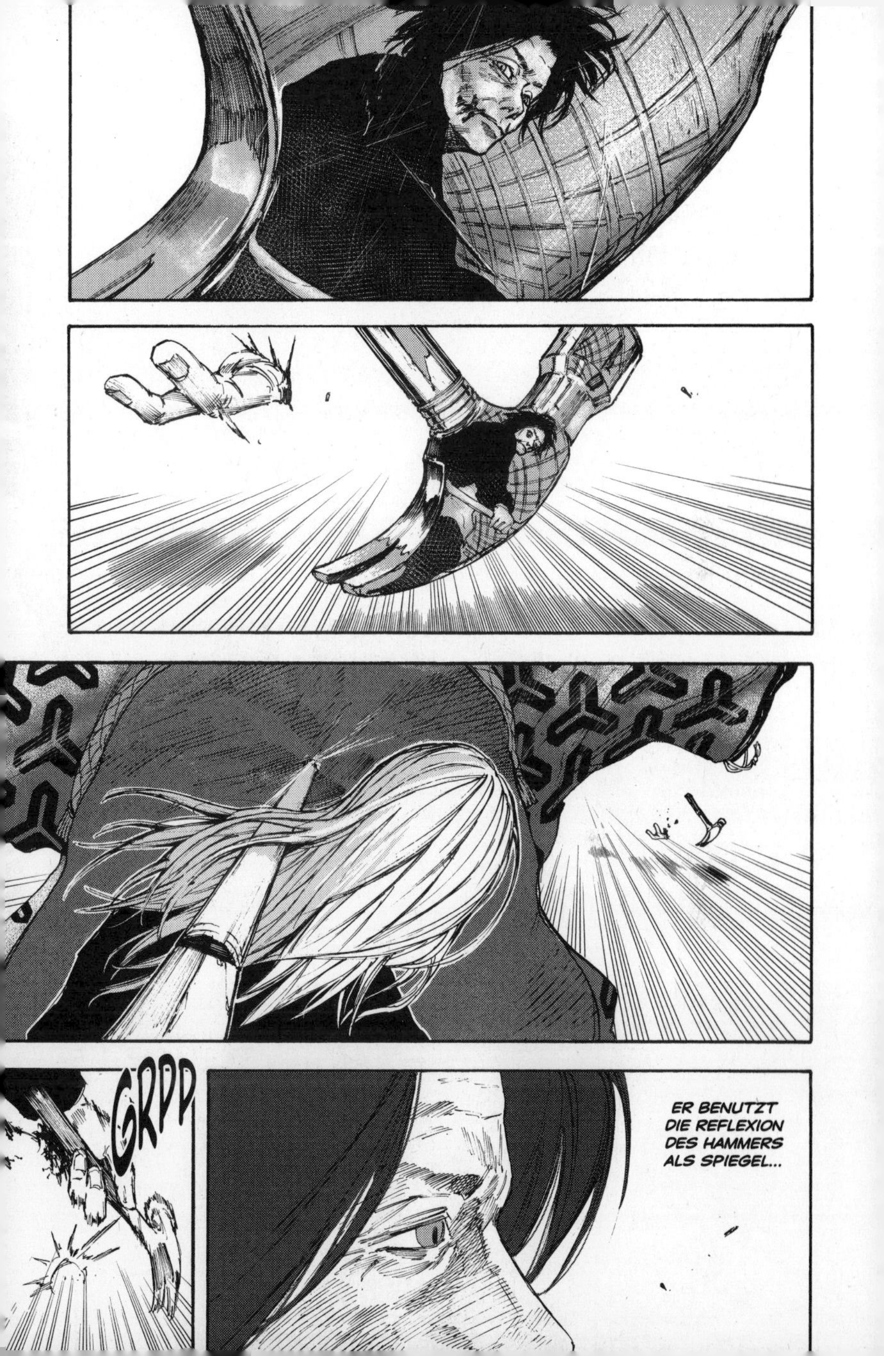
GRDD
ER BENUTZT
DIE REFLEXION
DES HAMMERS
ALS SPIEGEL...

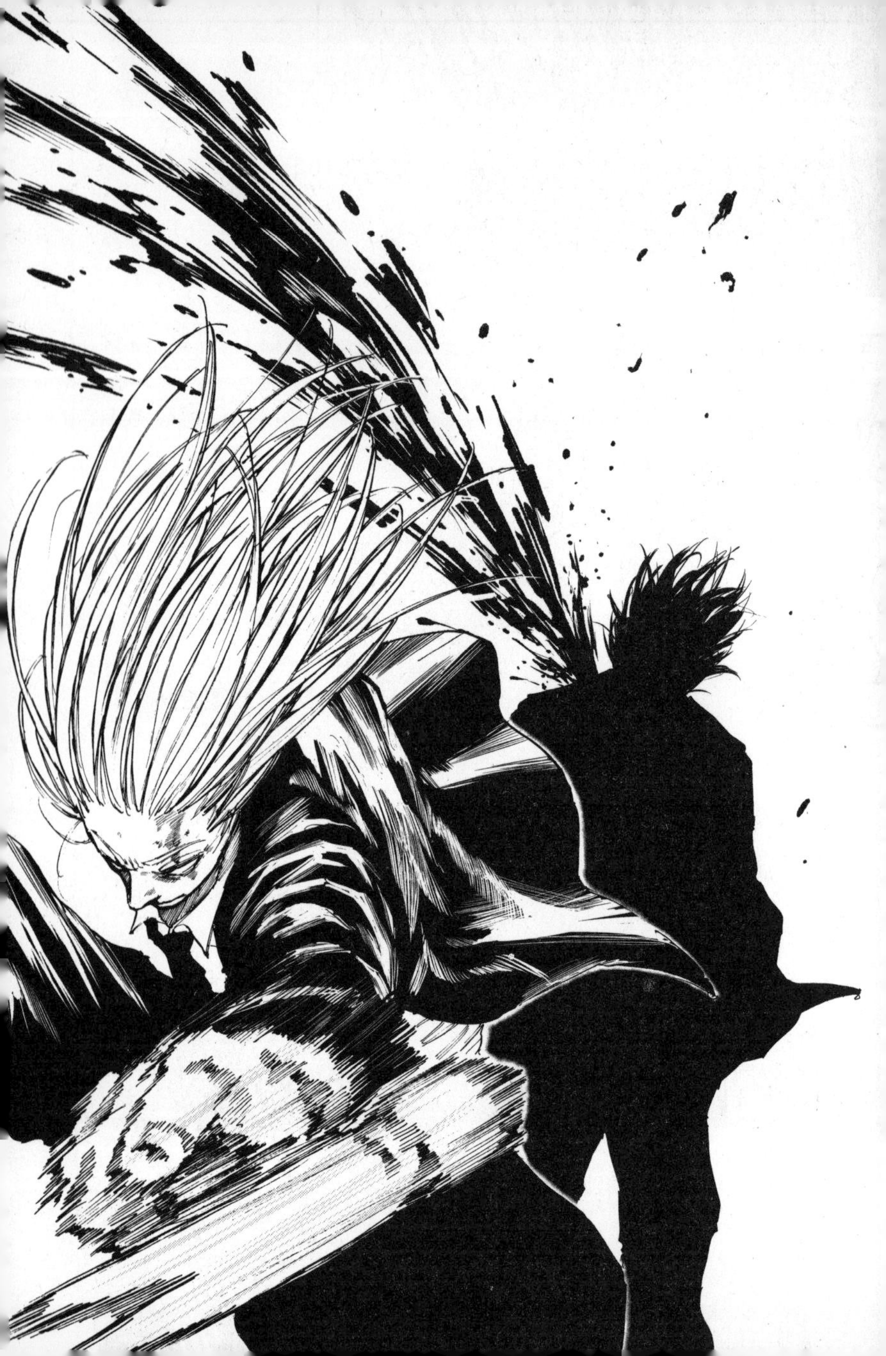

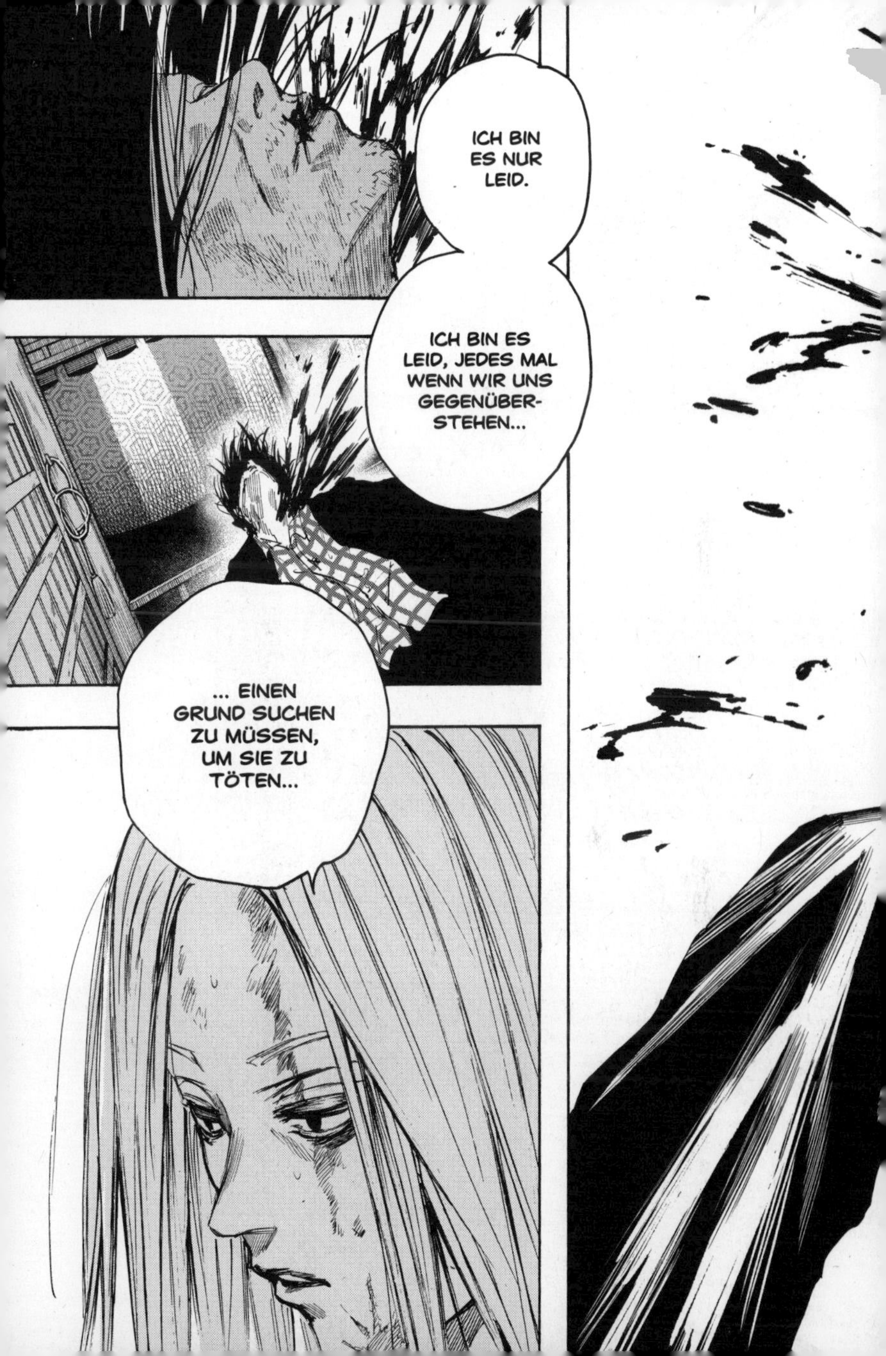
ICH BIN ES NUR LEID.
ICH BIN ES LEID, JEDES MAL WENN WIR UNS GEGENÜBER-STEHEN...
... EINEN GRUND SUCHEN ZU MÜSSEN, UM SIE ZU TÖTEN...

»DER FRIEDHOF DER HINTERGRÜNDE« ②

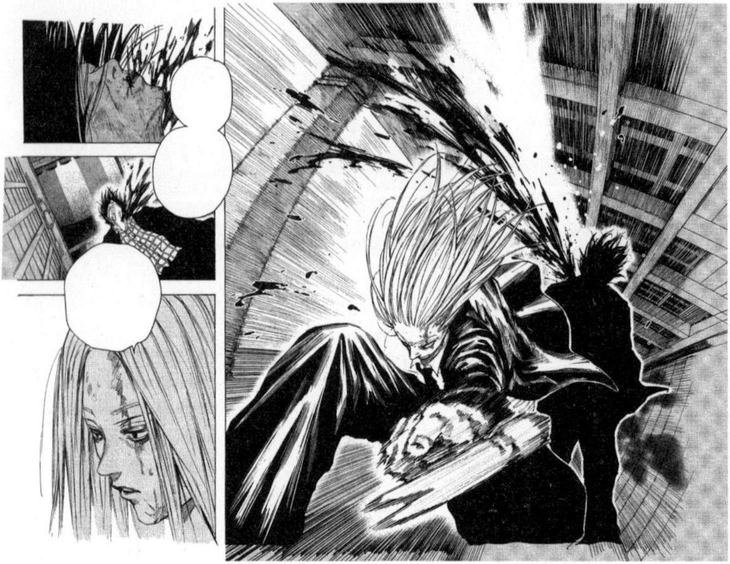

KAPITEL 100 – WAR EIGENTLICH ALS DOPPELSEITIGE SZENE KONZIPIERT.

ALS SETTING HABEN WIR HIER DIE FINALE KONFRONTATION ZWISCHEN SHISHIBA UND YOTSUMURA. WIR HABEN DEN HINTERGRUND IN DER STORY KOMPLETT RAUSGENOMMEN UND DAS IST AUCH KEIN FEHLER, SONDERN WAR BEWUSST SO GESETZT. DER GRUND, WESHALB ICH MICH DAFÜR ENTSCHIEDEN HATTE, WAR DER GEDANKE, DASS DIE GESAMTE SZENE AUF WEISS BESSER ZUR GELTUNG KÄME. DIE LESERINNEN UND LESER WERDEN JETZT BESTIMMT SAGEN: »EY, WIESO MACHST DU KEINE GROBEN SKIZZEN VORAB UND ÜBERPRÜFST, OB ES MIT ODER OHNE HINTERGRUND BESSER WIRKT?!«, UND ANFANGS HATTE ICH JA AUCH NOCH GEDACHT, DASS ES MIT HINTERGRUND VIELLEICHT SOGAR COOLER WÄRE. HERR ITO, ES TUT MIR WIRKLICH SEHR LEID, DASS ICH HIER VÖLLIG PLANLOS ANDERS ENTSCHIEDEN HABE! SIE WERDEN DAS BESTIMMT LESEN UND DENKEN: »OH, DIESER IRRE HAT'S SCHON WIEDER GETAN!«

AH JA, UND DAS WAR ÜBRIGENS AUCH GANZ KURZ UND KNAPP VOR DER DEADLINE.

ABER WAS ICH NOCH HINZUFÜGEN MUSS: HERR ITO IST EIN UNGLAUBLICH SANFTER UND LIEBENSWÜRDIGER MENSCH. ALSO BITTE NICHT FALSCH VERSTEHEN.

SUZUKI

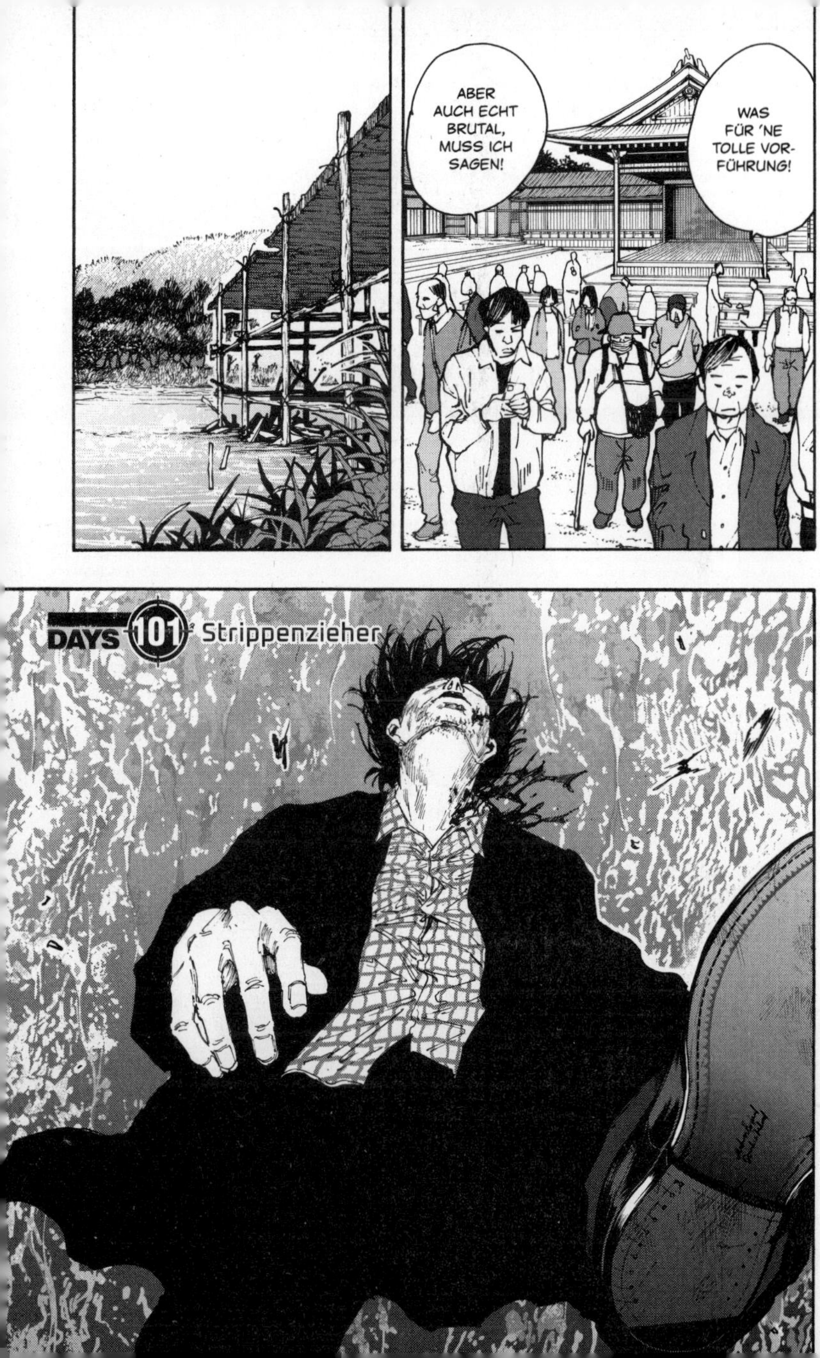
WAS FÜR 'NE TOLLE VOR-FÜHRUNG!
ABER AUCH ECHT BRUTAL, MUSS ICH SAGEN!
DAYS 101 Strippenzieher

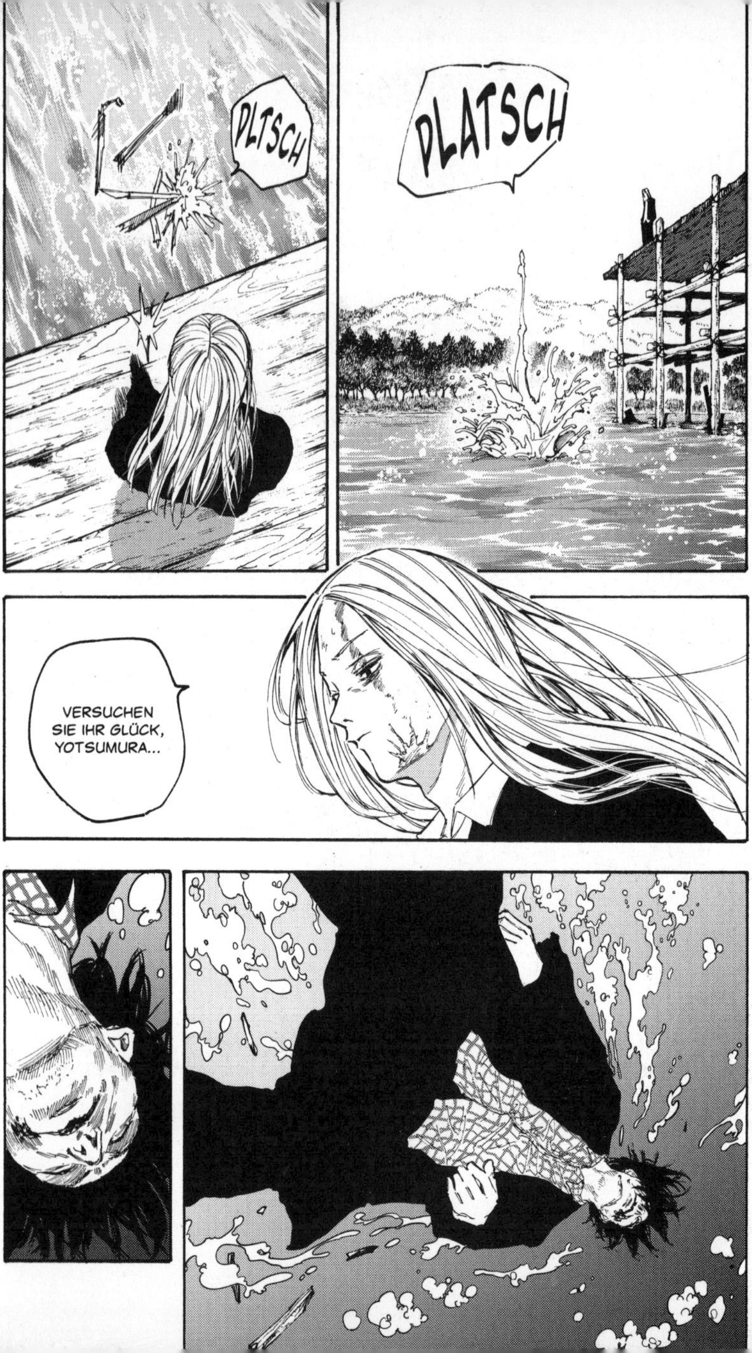
PLATSCH
PLTSCH
VERSUCHEN SIE IHR GLÜCK, YOTSUMURA...

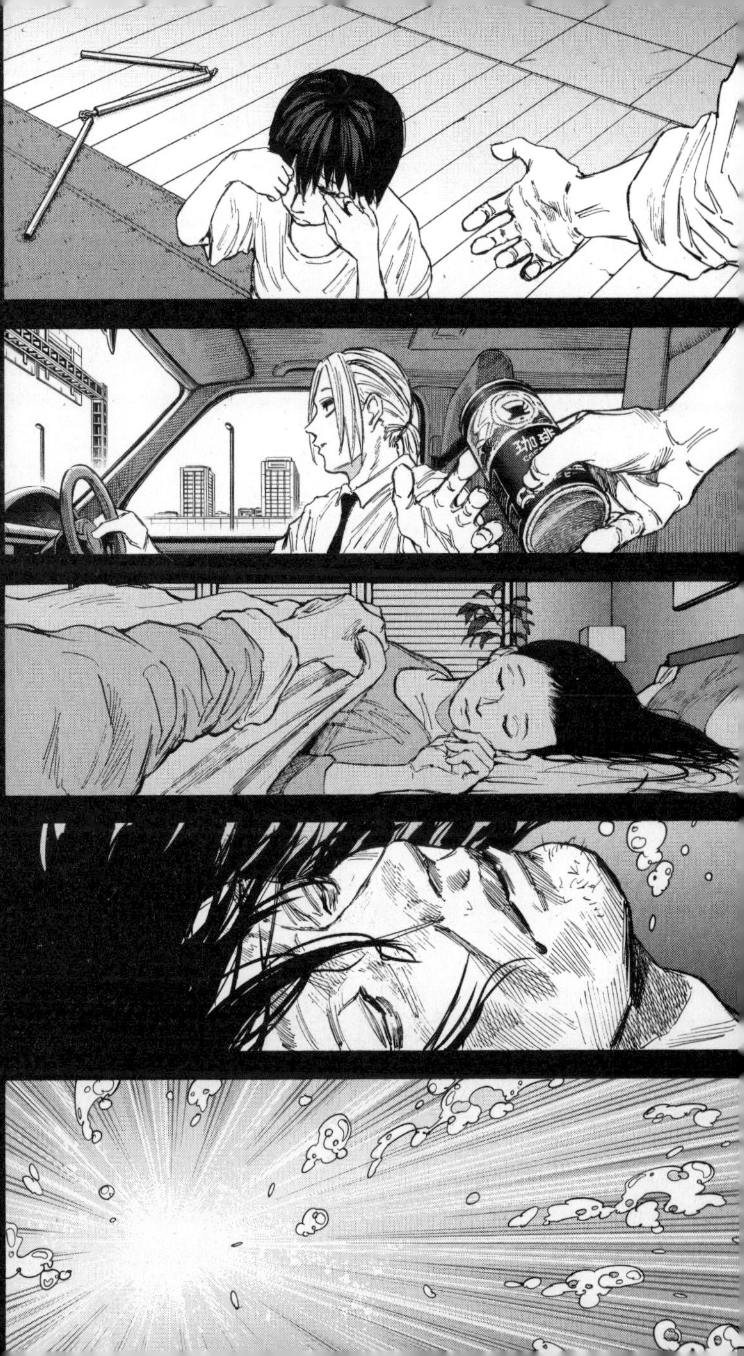

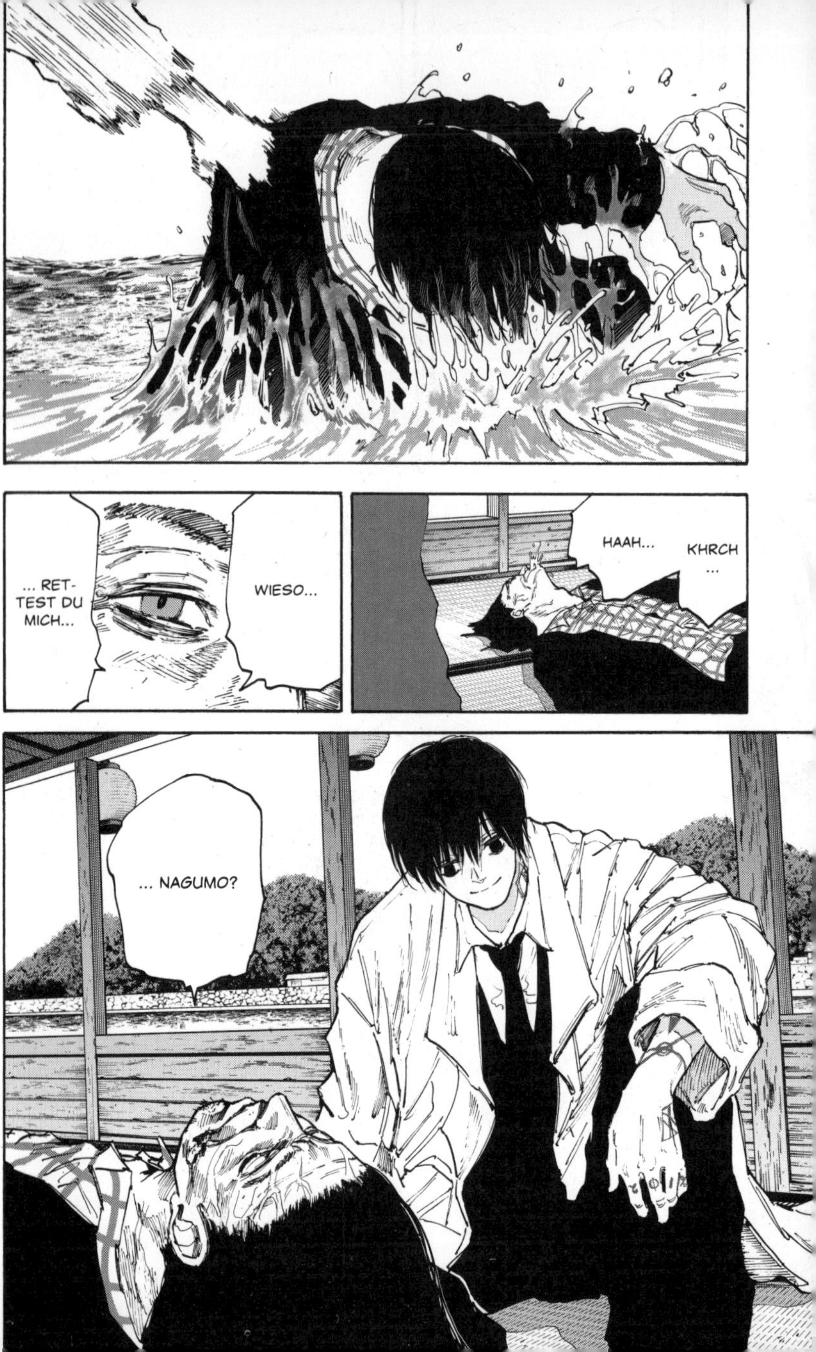
HAAH...
KHRCH ...
WIESO...
... RET-TEST DU MICH...
... NAGUMO?

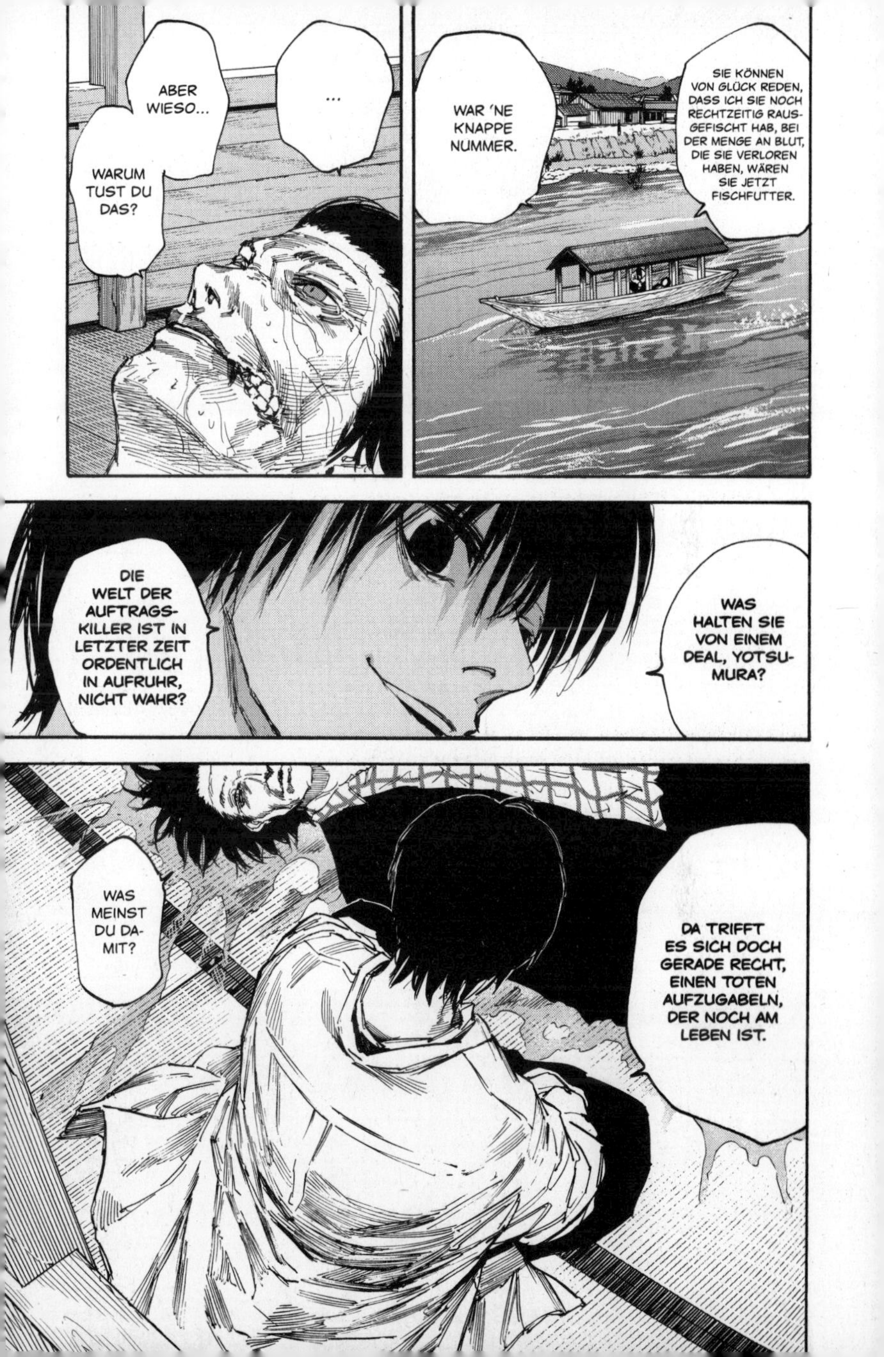
SIE KÖNNEN VON GLÜCK REDEN, DASS ICH SIE NOCH RECHTZEITIG RAUSGEFISCHT HAB, BEI DER MENGE AN BLUT, DIE SIE VERLOREN HABEN, WÄREN SIE JETZT FISCHFUTTER.
WAR 'NE KNAPPE NUMMER.
...
ABER WIESO...
WARUM TUST DU DAS?
WAS HALTEN SIE VON EINEM DEAL, YOTSUMURA?
DIE WELT DER AUFTRAGSKILLER IST IN LETZTER ZEIT ORDENTLICH IN AUFRUHR, NICHT WAHR?
DA TRIFFT ES SICH DOCH GERADE RECHT, EINEN TOTEN AUFZUGABELN, DER NOCH AM LEBEN IST.
WAS MEINST DU DAMIT?

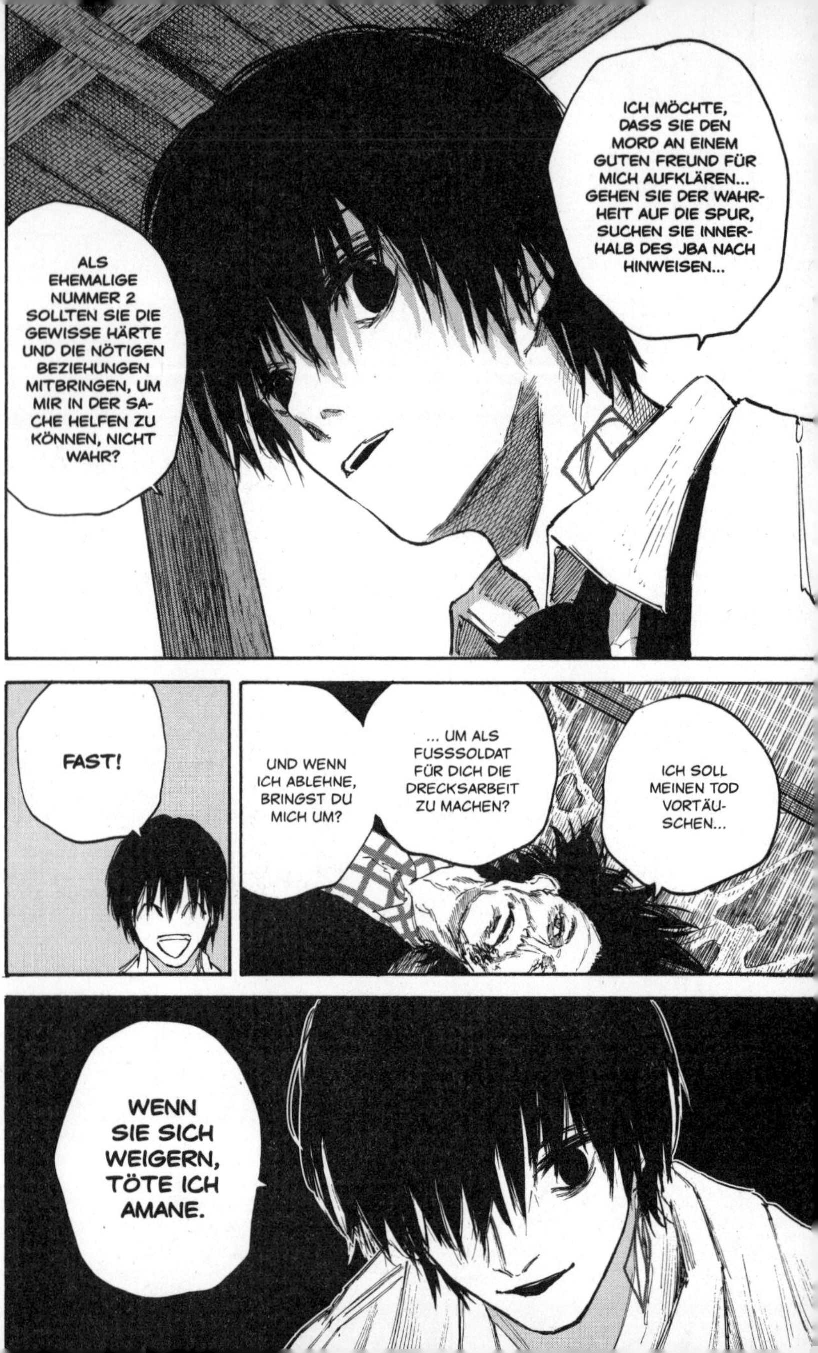
ICH MÖCHTE, DASS SIE DEN MORD AN EINEM GUTEN FREUND FÜR MICH AUFKLÄREN... GEHEN SIE DER WAHRHEIT AUF DIE SPUR, SUCHEN SIE INNERHALB DES JBA NACH HINWEISEN...
ALS EHEMALIGE NUMMER 2 SOLLTEN SIE DIE GEWISSE HÄRTE UND DIE NÖTIGEN BEZIEHUNGEN MITBRINGEN, UM MIR IN DER SACHE HELFEN ZU KÖNNEN, NICHT WAHR?
ICH SOLL MEINEN TOD VORTÄUSCHEN...
... UM ALS FUSSSOLDAT FÜR DICH DIE DRECKSARBEIT ZU MACHEN?
UND WENN ICH ABLEHNE, BRINGST DU MICH UM?
FAST!
WENN SIE SICH WEIGERN, TÖTE ICH AMANE.

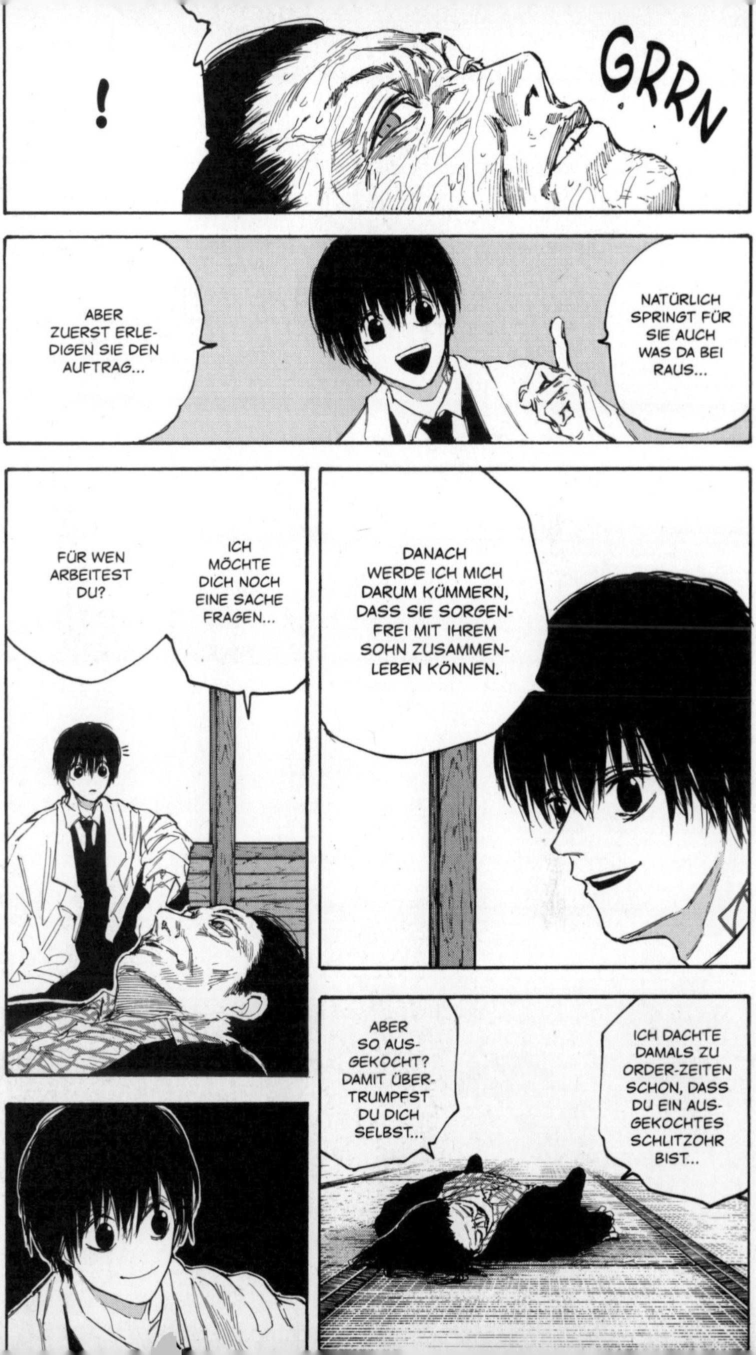
GRRN
!
NATÜRLICH SPRINGT FÜR SIE AUCH WAS DA BEI RAUS...
ABER ZUERST ERLE-DIGEN SIE DEN AUFTRAG...
DANACH WERDE ICH MICH DARUM KÜMMERN, DASS SIE SORGEN-FREI MIT IHREM SOHN ZUSAMMEN-LEBEN KÖNNEN.
ICH MÖCHTE DICH NOCH EINE SACHE FRAGEN...
FÜR WEN ARBEITEST DU?
ICH DACHTE DAMALS ZU ORDER-ZEITEN SCHON, DASS DU EIN AUS-GEKOCHTES SCHLITZOHR BIST...
ABER SO AUS-GEKOCHT? DAMIT ÜBER-TRUMPFST DU DICH SELBST...

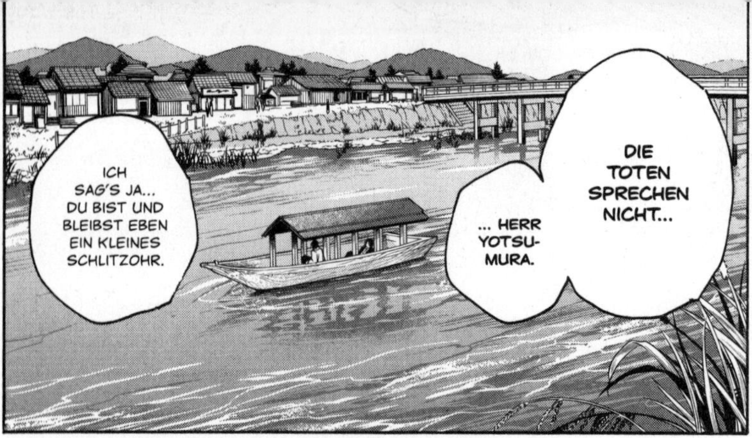

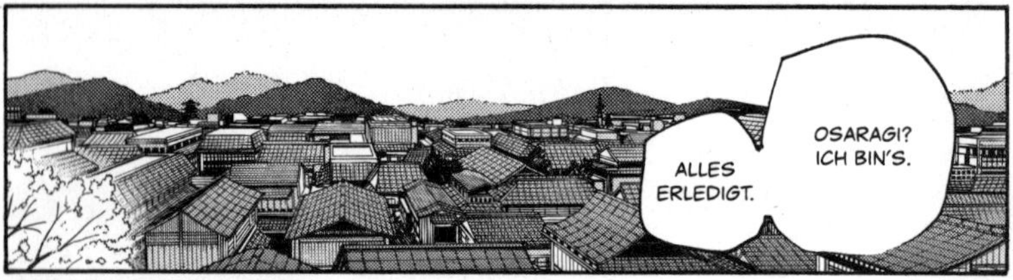

* BERG IM NORDWESTEN VON KYOTO

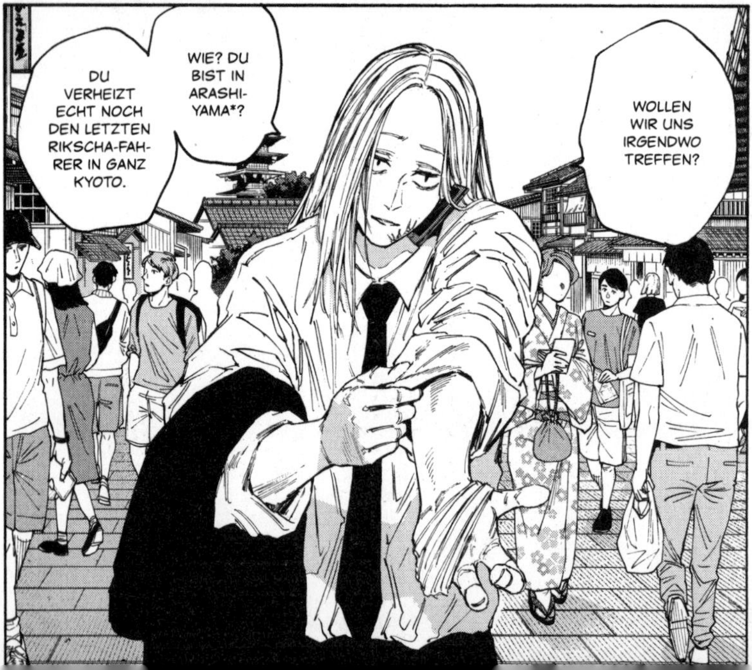

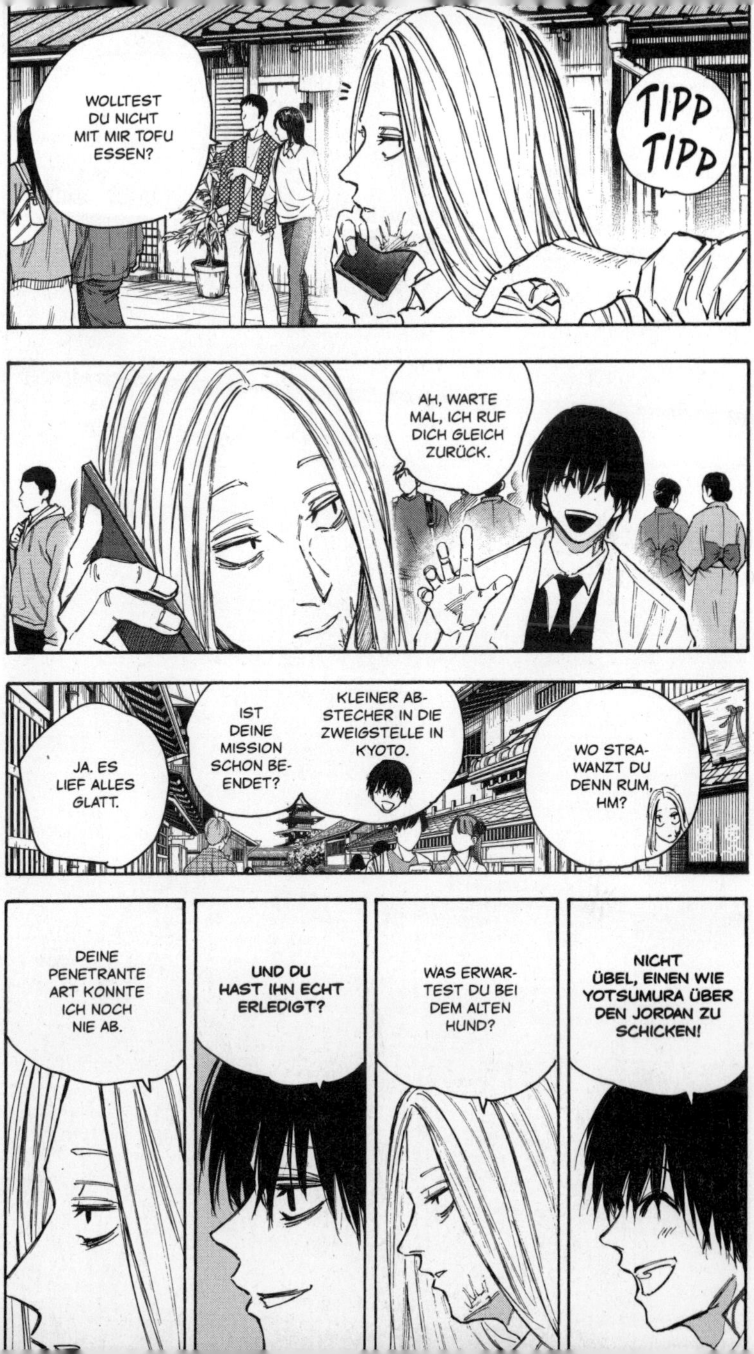
TIPP TIPP
WOLLTEST DU NICHT MIT MIR TOFU ESSEN?
AH, WARTE MAL, ICH RUF DICH GLEICH ZURÜCK.
WO STRA-WANZT DU DENN RUM, HM?
KLEINER AB-STECHER IN DIE ZWEIGSTELLE IN KYOTO.
IST DEINE MISSION SCHON BE-ENDET?
JA. ES LIEF ALLES GLATT.
NICHT ÜBEL, EINEN WIE YOTSUMURA ÜBER DEN JORDAN ZU SCHICKEN!
WAS ERWAR-TEST DU BEI DEM ALTEN HUND?
UND DU HAST IHN ECHT ERLEDIGT?
DEINE PENETRANTE ART KONNTE ICH NOCH NIE AB.

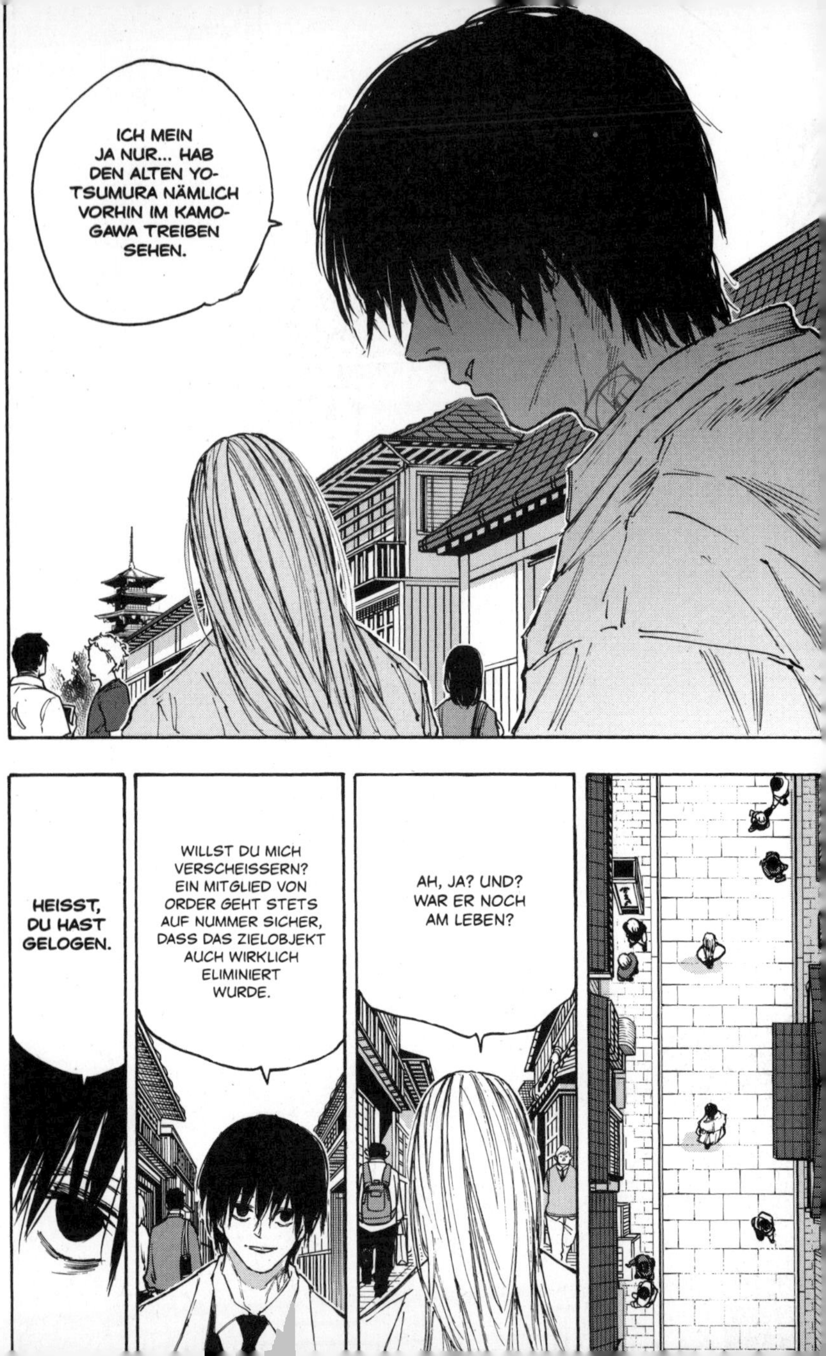
ICH MEIN JA NUR... HAB DEN ALTEN YOTSUMURA NÄMLICH VORHIN IM KAMOGAWA TREIBEN SEHEN.
AH, JA? UND? WAR ER NOCH AM LEBEN?
WILLST DU MICH VERSCHEISSERN? EIN MITGLIED VON ORDER GEHT STETS AUF NUMMER SICHER, DASS DAS ZIELOBJEKT AUCH WIRKLICH ELIMINIERT WURDE.
HEISST, DU HAST GELOGEN.

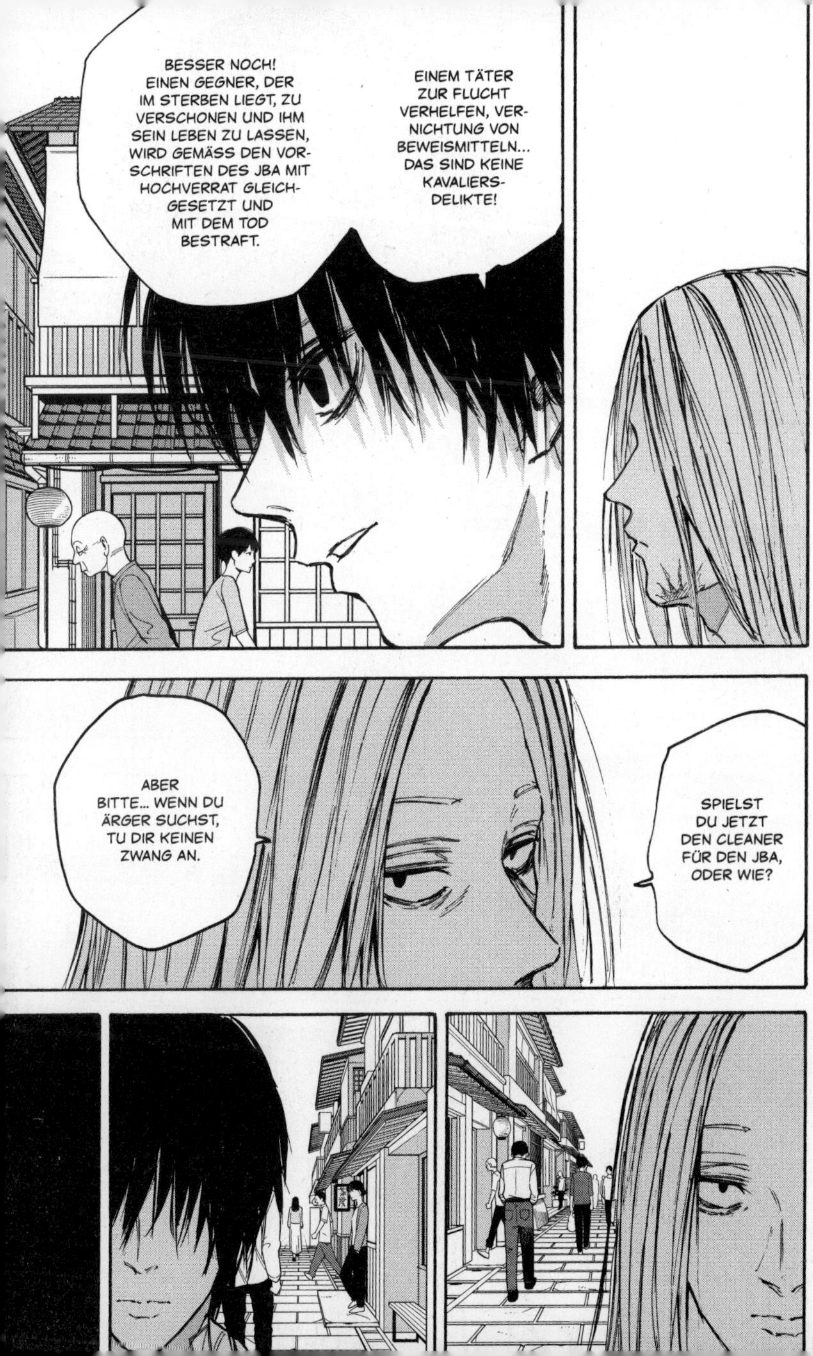
EINEM TÄTER ZUR FLUCHT VERHELFEN, VERNICHTUNG VON BEWEISMITTELN... DAS SIND KEINE KAVALIERSDELIKTE!
BESSER NOCH! EINEN GEGNER, DER IM STERBEN LIEGT, ZU VERSCHONEN UND IHM SEIN LEBEN ZU LASSEN, WIRD GEMÄSS DEN VORSCHRIFTEN DES JBA MIT HOCHVERRAT GLEICHGESETZT UND MIT DEM TOD BESTRAFT.
SPIELST DU JETZT DEN CLEANER FÜR DEN JBA, ODER WIE?
ABER BITTE... WENN DU ÄRGER SUCHST, TU DIR KEINEN ZWANG AN.

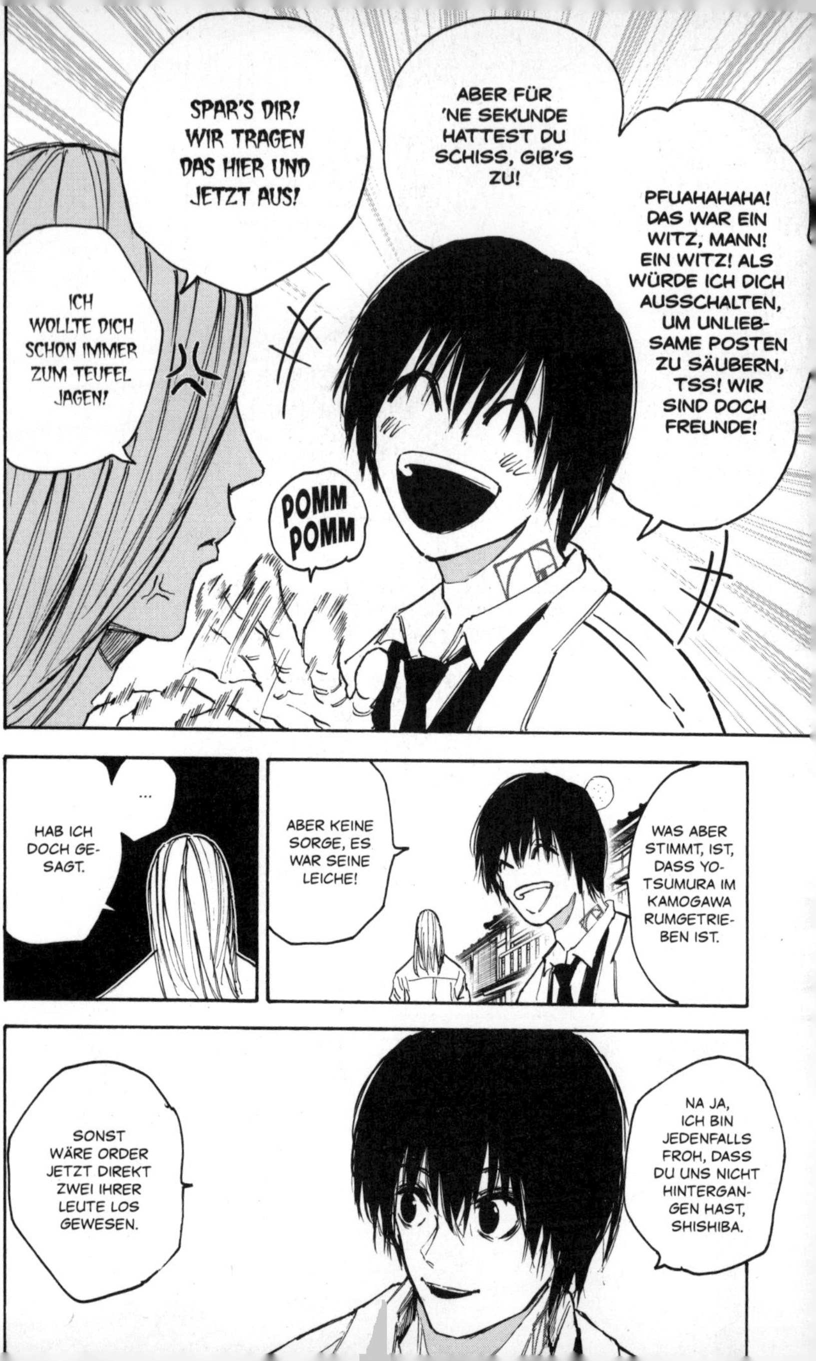
PFUAHAHAHA! DAS WAR EIN WITZ, MANN! EIN WITZ! ALS WÜRDE ICH DICH AUSSCHALTEN, UM UNLIEB-SAME POSTEN ZU SÄUBERN, TSS! WIR SIND DOCH FREUNDE!
ABER FÜR 'NE SEKUNDE HATTEST DU SCHISS, GIB'S ZU!
POMM POMM
SPAR'S DIR! WIR TRAGEN DAS HIER UND JETZT AUS!
ICH WOLLTE DICH SCHON IMMER ZUM TEUFEL JAGEN!
WAS ABER STIMMT, IST, DASS YO-TSUMURA IM KAMOGAWA RUMGETRIE-BEN IST.
ABER KEINE SORGE, ES WAR SEINE LEICHE!
...
HAB ICH DOCH GE-SAGT.
NA JA, ICH BIN JEDENFALLS FROH, DASS DU UNS NICHT HINTERGAN-GEN HAST, SHISHIBA.
SONST WÄRE ORDER JETZT DIREKT ZWEI IHRER LEUTE LOS GEWESEN.

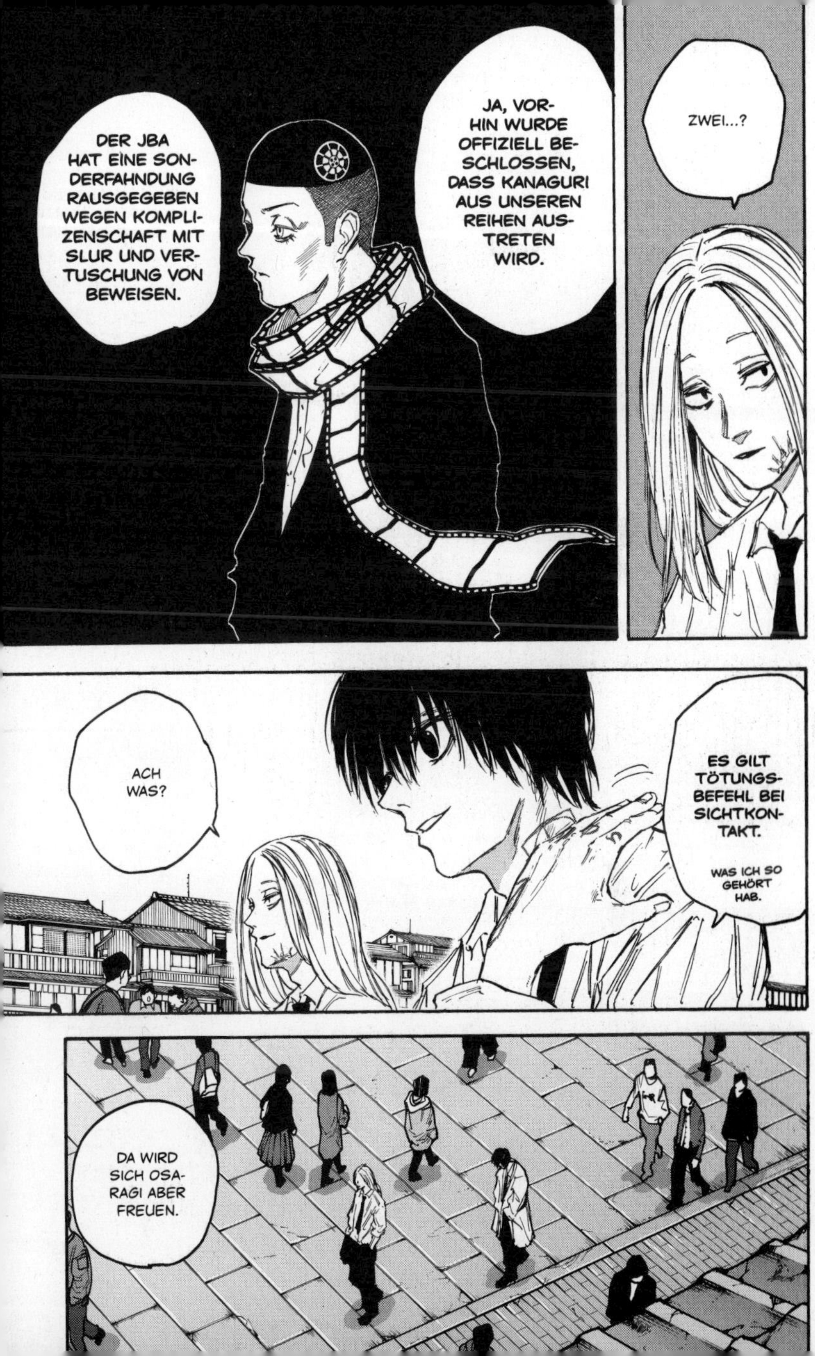
ZWEI...?
JA, VORHIN WURDE OFFIZIELL BESCHLOSSEN, DASS KANAGURI AUS UNSEREN REIHEN AUSTRETEN WIRD.
DER JBA HAT EINE SONDERFAHNDUNG RAUSGEGEBEN WEGEN KOMPLIZENSCHAFT MIT SLUR UND VERTUSCHUNG VON BEWEISEN.
ES GILT TÖTUNGSBEFEHL BEI SICHTKONTAKT.
WAS ICH SO GEHÖRT HAB.
ACH WAS?
DA WIRD SICH OSARAGI ABER FREUEN.

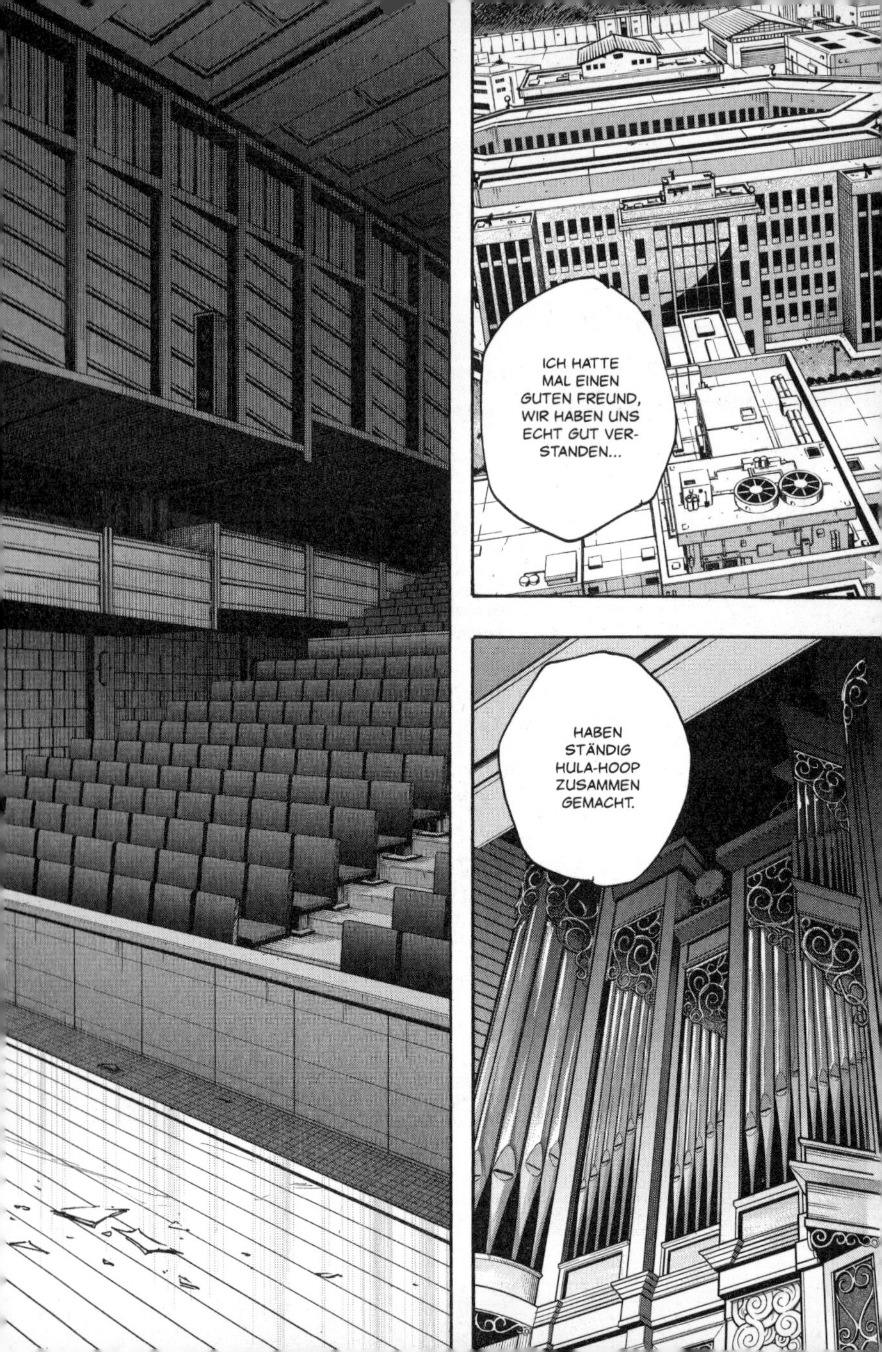
ICH HATTE MAL EINEN GUTEN FREUND, WIR HABEN UNS ECHT GUT VER-STANDEN…
HABEN STÄNDIG HULA-HOOP ZUSAMMEN GEMACHT.

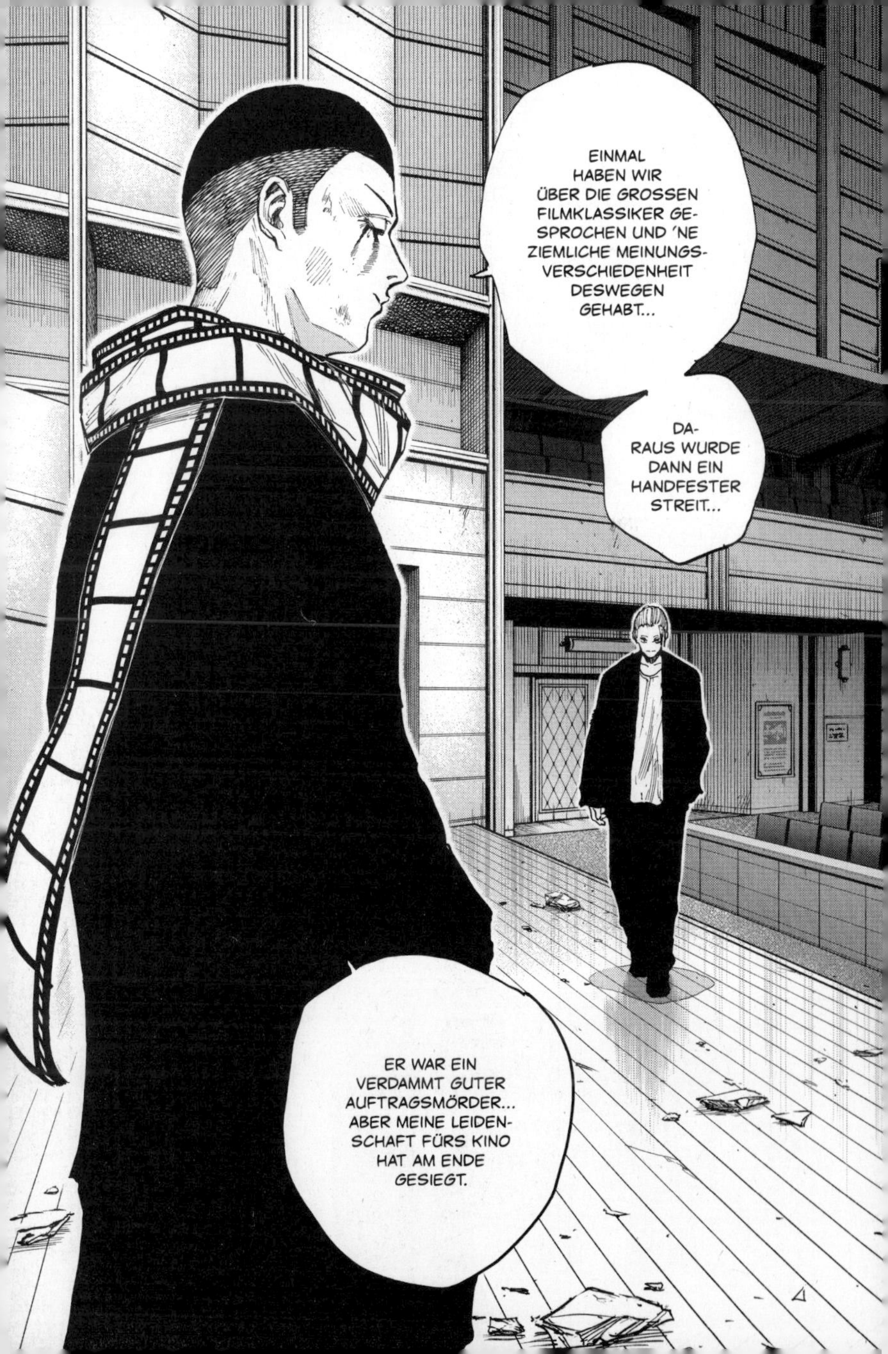
EINMAL HABEN WIR ÜBER DIE GROSSEN FILMKLASSIKER GESPROCHEN UND 'NE ZIEMLICHE MEINUNGSVERSCHIEDENHEIT DESWEGEN GEHABT...
DARAUS WURDE DANN EIN HANDFESTER STREIT...
ER WAR EIN VERDAMMT GUTER AUFTRAGSMÖRDER... ABER MEINE LEIDENSCHAFT FÜRS KINO HAT AM ENDE GESIEGT.

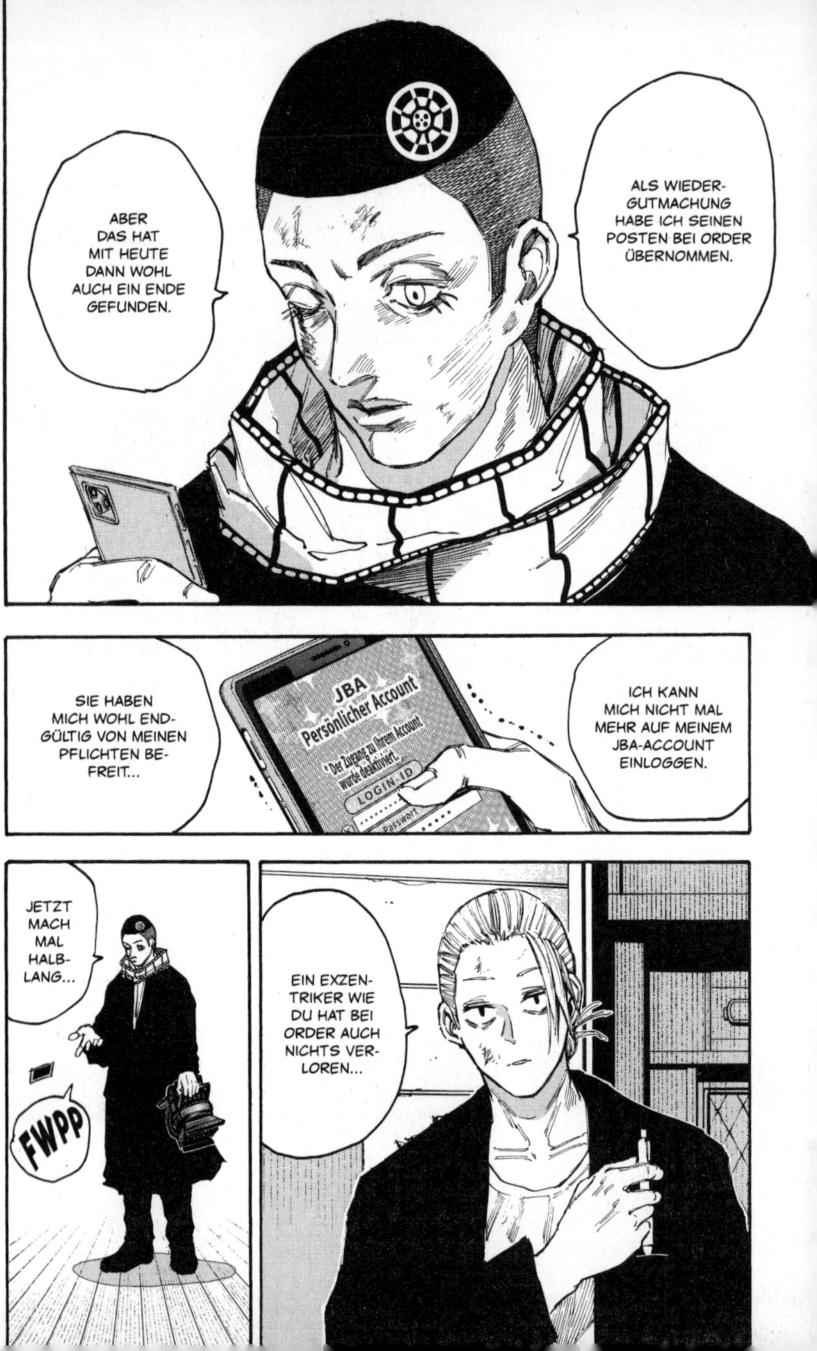
ALS WIEDER-GUTMACHUNG HABE ICH SEINEN POSTEN BEI ORDER ÜBERNOMMEN.
ABER DAS HAT MIT HEUTE DANN WOHL AUCH EIN ENDE GEFUNDEN.
ICH KANN MICH NICHT MAL MEHR AUF MEINEM JBA-ACCOUNT EINLOGGEN.
JBA
Persönlicher Account
* Der Zugang zu Ihrem Account wurde deaktiviert.
LOGIN-ID
Passwort
SIE HABEN MICH WOHL END-GÜLTIG VON MEINEN PFLICHTEN BE-FREIT...
EIN EXZEN-TRIKER WIE DU HAT BEI ORDER AUCH NICHTS VER-LOREN...
JETZT MACH MAL HALB-LANG...
FWPP

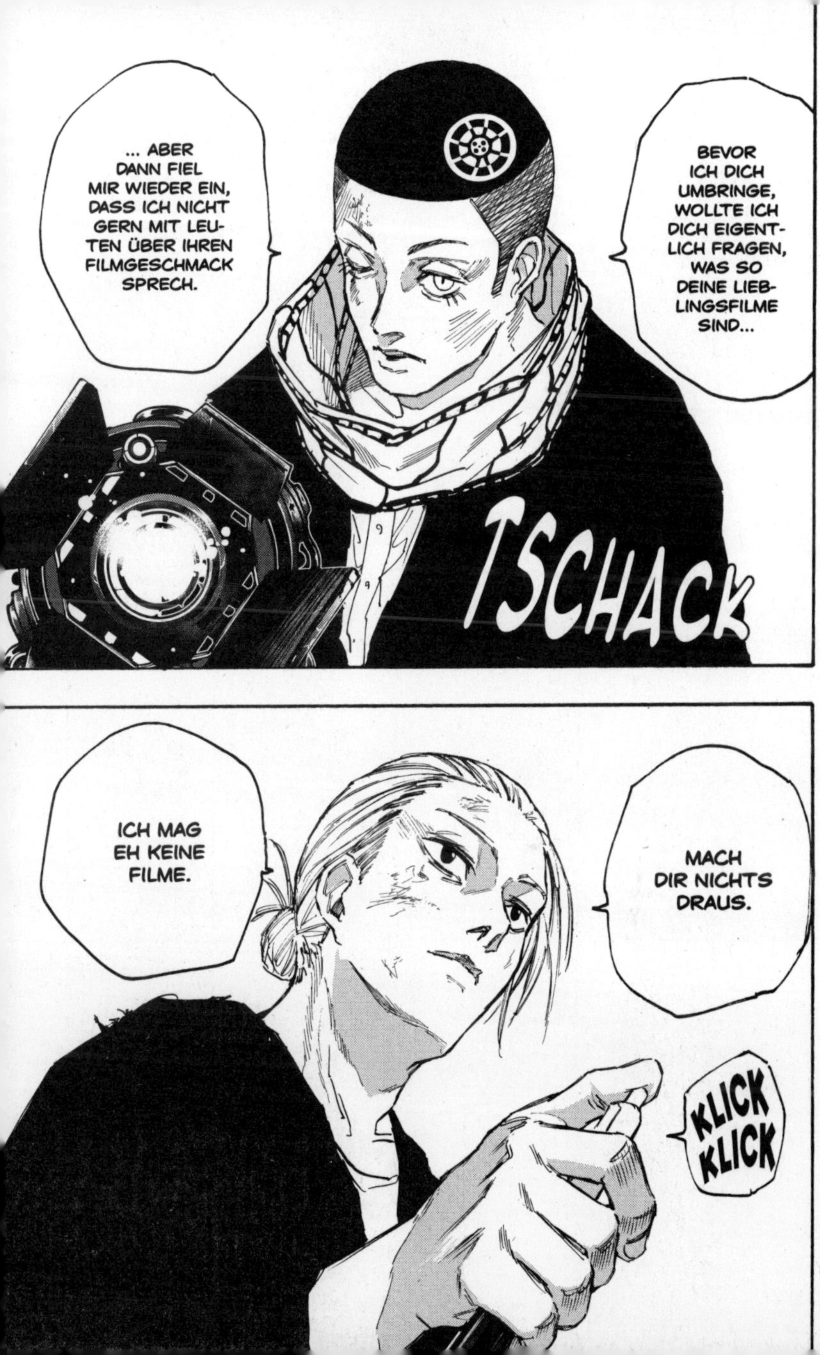
BEVOR ICH DICH UMBRINGE, WOLLTE ICH DICH EIGENTLICH FRAGEN, WAS SO DEINE LIEBLINGSFILME SIND...
... ABER DANN FIEL MIR WIEDER EIN, DASS ICH NICHT GERN MIT LEUTEN ÜBER IHREN FILMGESCHMACK SPRECH.
TSCHACK
MACH DIR NICHTS DRAUS.
ICH MAG EH KEINE FILME.
KLICK KLICK

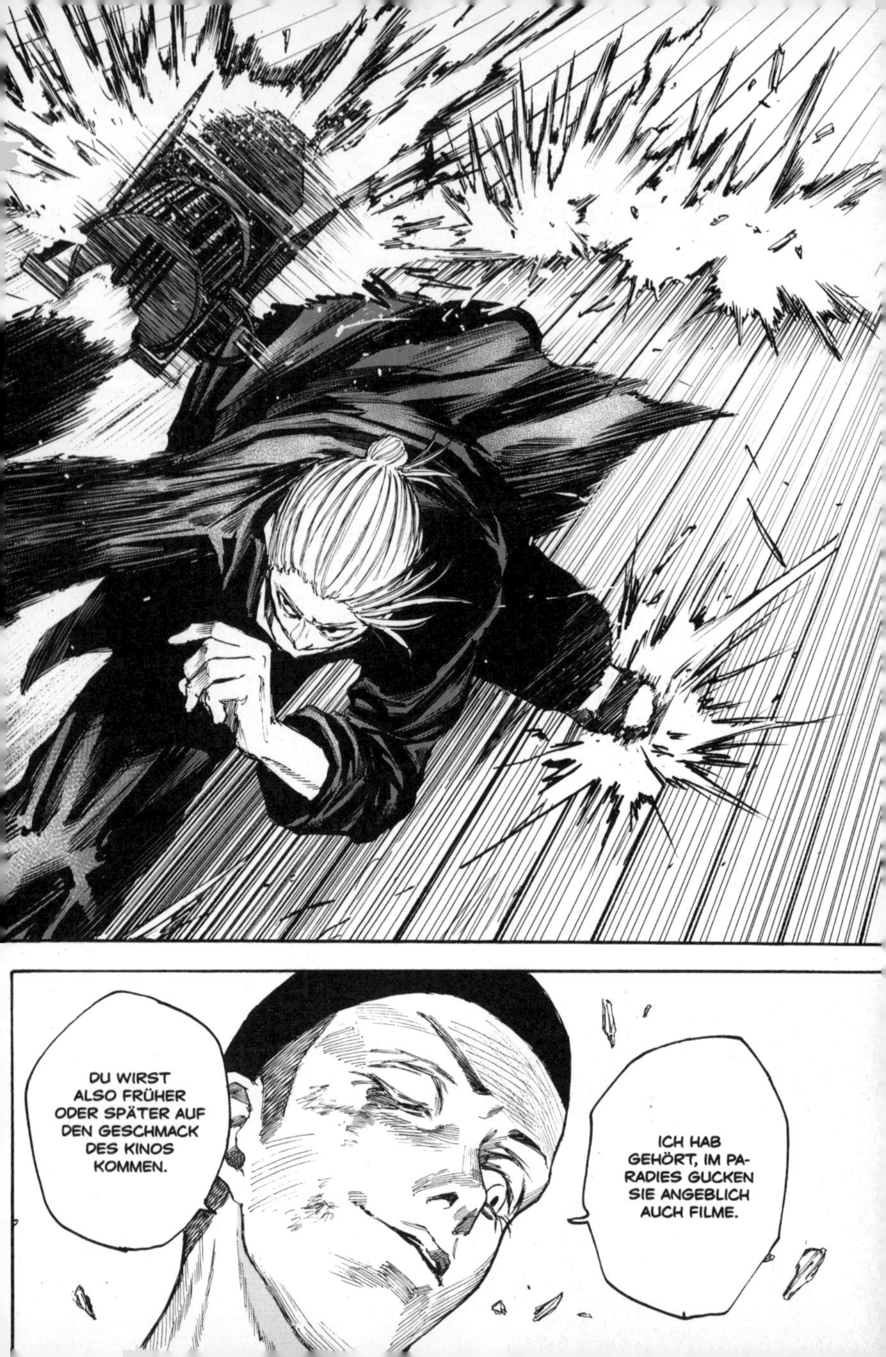
ICH HAB GEHÖRT, IM PARADIES GUCKEN SIE ANGEBLICH AUCH FILME.
DU WIRST ALSO FRÜHER ODER SPÄTER AUF DEN GESCHMACK DES KINOS KOMMEN.

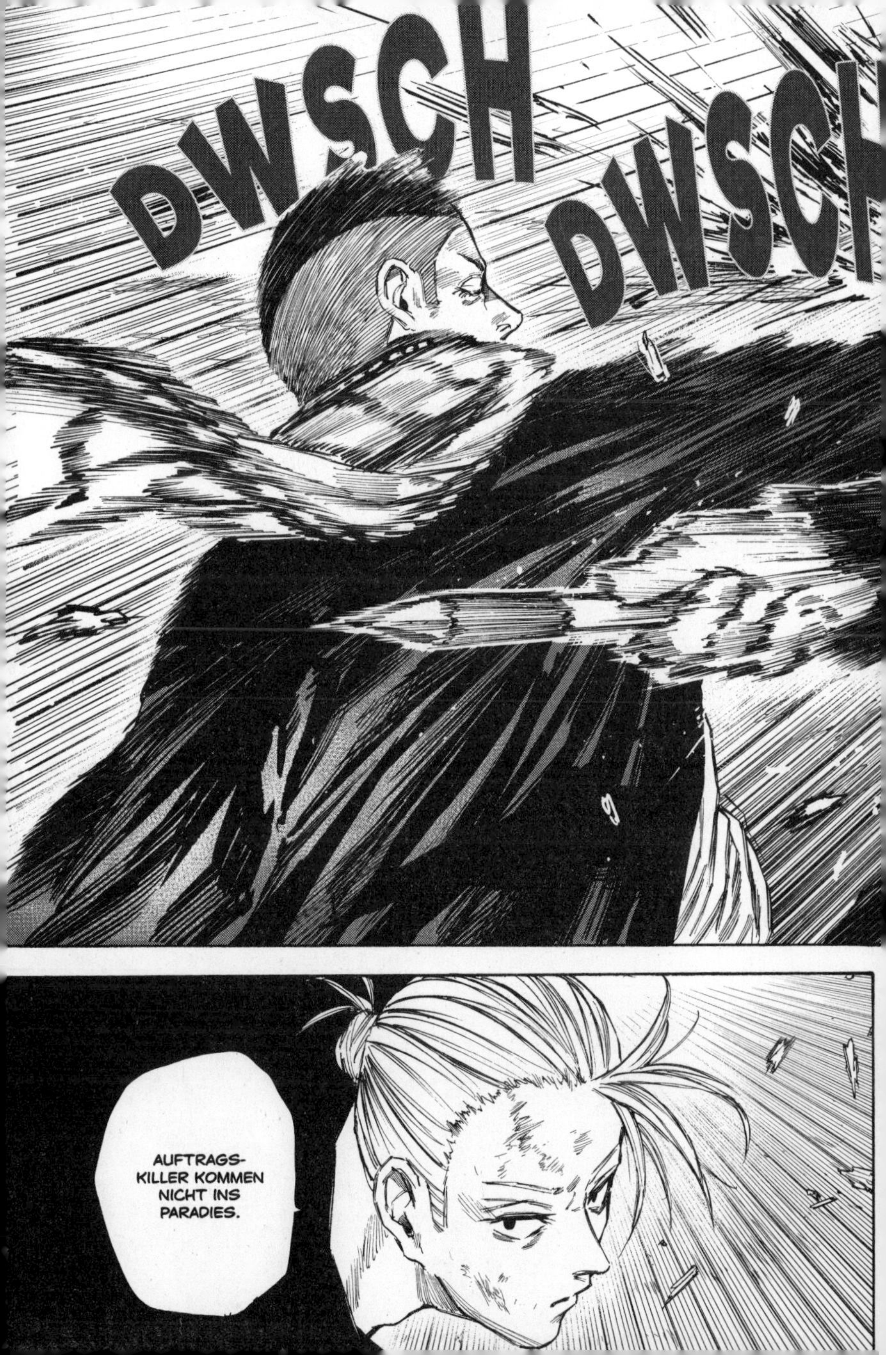
DWSCH
DWSCH
AUFTRAGS-KILLER KOMMEN NICHT INS PARADIES.

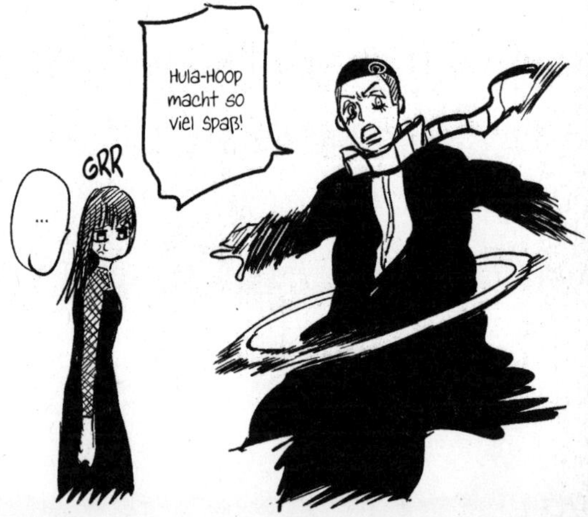
Hula-Hoop macht so viel Spaß!
GRR
...

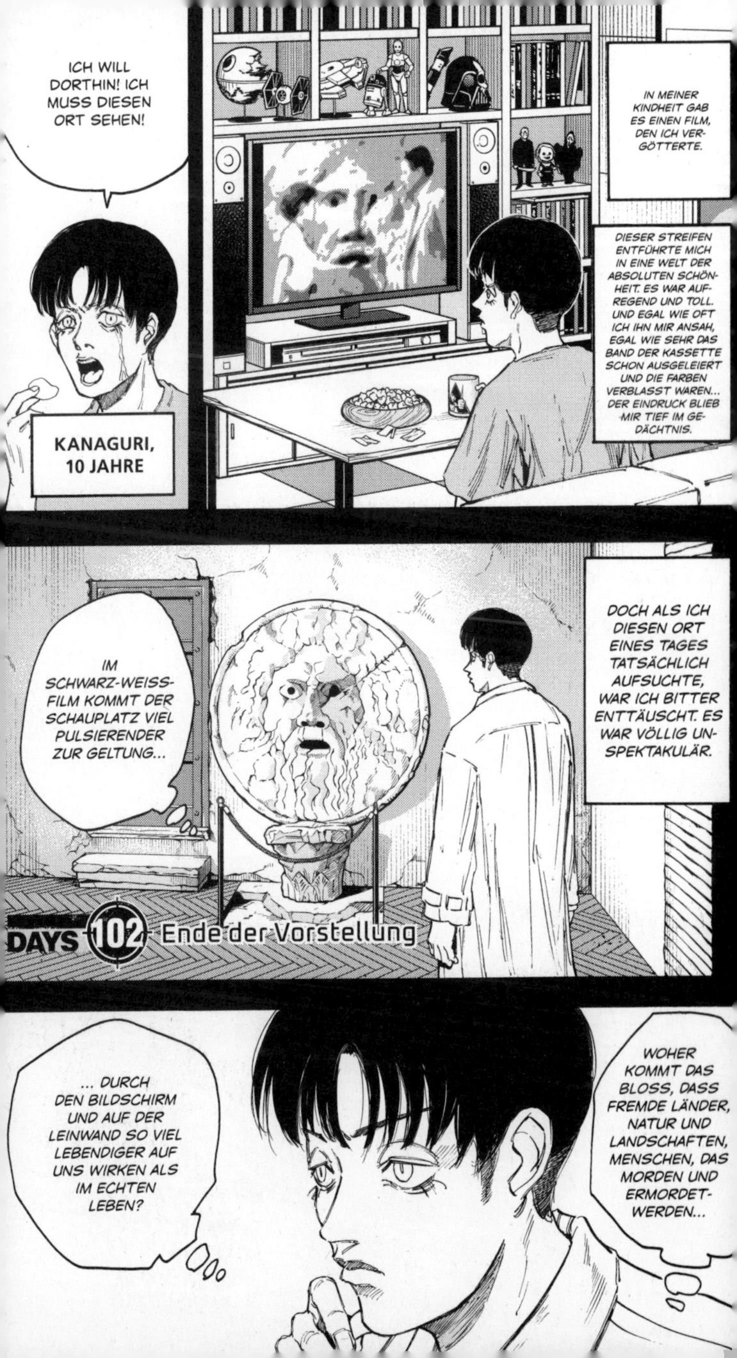

IN MEINER KINDHEIT GAB ES EINEN FILM, DEN ICH VERGÖTTERTE.
DIESER STREIFEN ENTFÜHRTE MICH IN EINE WELT DER ABSOLUTEN SCHÖNHEIT. ES WAR AUFREGEND UND TOLL. UND EGAL WIE OFT ICH IHN MIR ANSAH, EGAL WIE SEHR DAS BAND DER KASSETTE SCHON AUSGELEIERT UND DIE FARBEN VERBLASST WAREN... DER EINDRUCK BLIEB MIR TIEF IM GEDÄCHTNIS.
ICH WILL DORTHIN! ICH MUSS DIESEN ORT SEHEN!
KANAGURI, 10 JAHRE
DOCH ALS ICH DIESEN ORT EINES TAGES TATSÄCHLICH AUFSUCHTE, WAR ICH BITTER ENTTÄUSCHT. ES WAR VÖLLIG UNSPEKTAKULÄR.
IM SCHWARZ-WEISS-FILM KOMMT DER SCHAUPLATZ VIEL PULSIERENDER ZUR GELTUNG...
DAYS 102 Ende der Vorstellung
WOHER KOMMT DAS BLOSS, DASS FREMDE LÄNDER, NATUR UND LANDSCHAFTEN, MENSCHEN, DAS MORDEN UND ERMORDET-WERDEN...
... DURCH DEN BILDSCHIRM UND AUF DER LEINWAND SO VIEL LEBENDIGER AUF UNS WIRKEN ALS IM ECHTEN LEBEN?

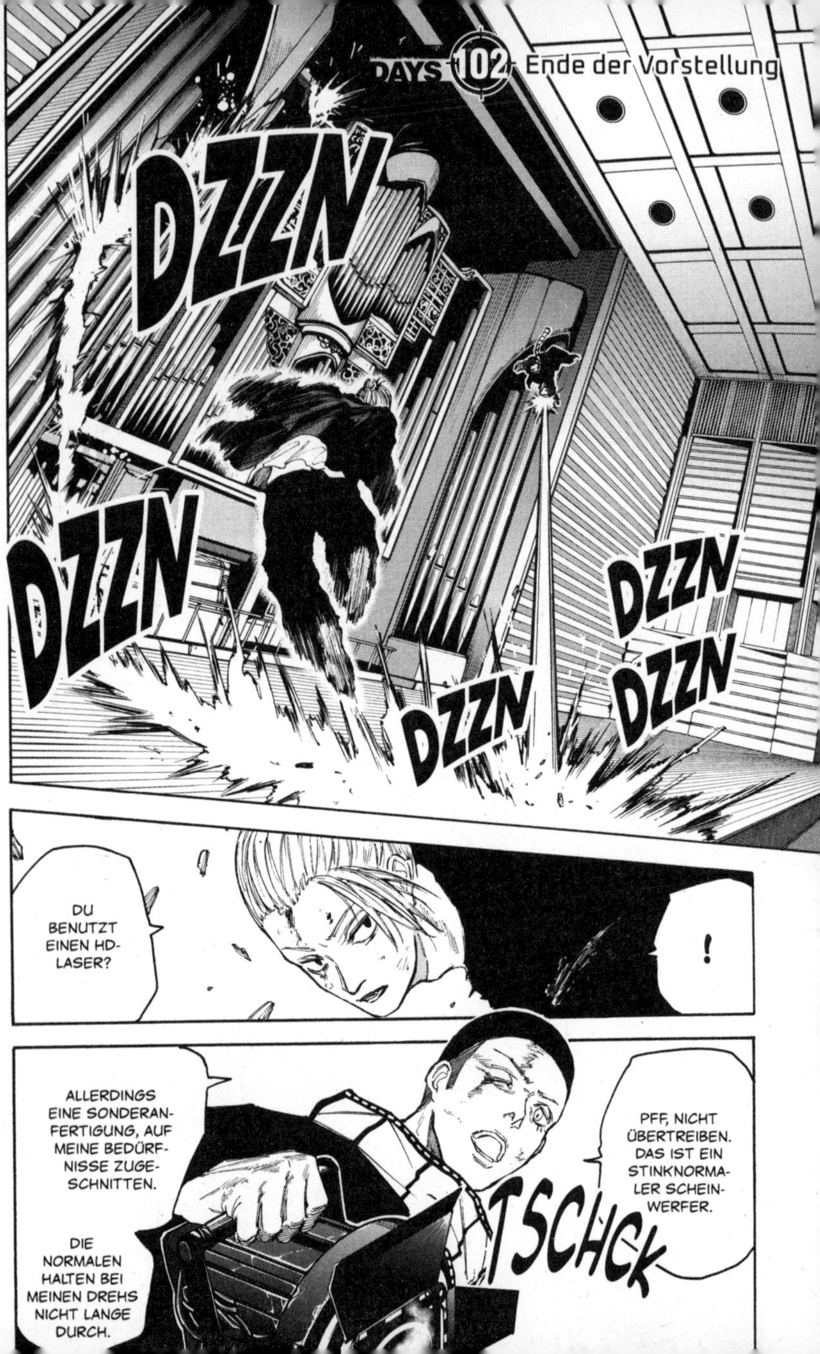
DAYS 102 Ende der Vorstellung
DZZN
DZZN
DZZN
DZZN
DZZN
!
DU BENUTZT EINEN HD-LASER?
PFF, NICHT ÜBERTREIBEN. DAS IST EIN STINKNORMALER SCHEINWERFER.
TSCHCK
ALLERDINGS EINE SONDERANFERTIGUNG, AUF MEINE BEDÜRFNISSE ZUGESCHNITTEN.
DIE NORMALEN HALTEN BEI MEINEN DREHS NICHT LANGE DURCH.

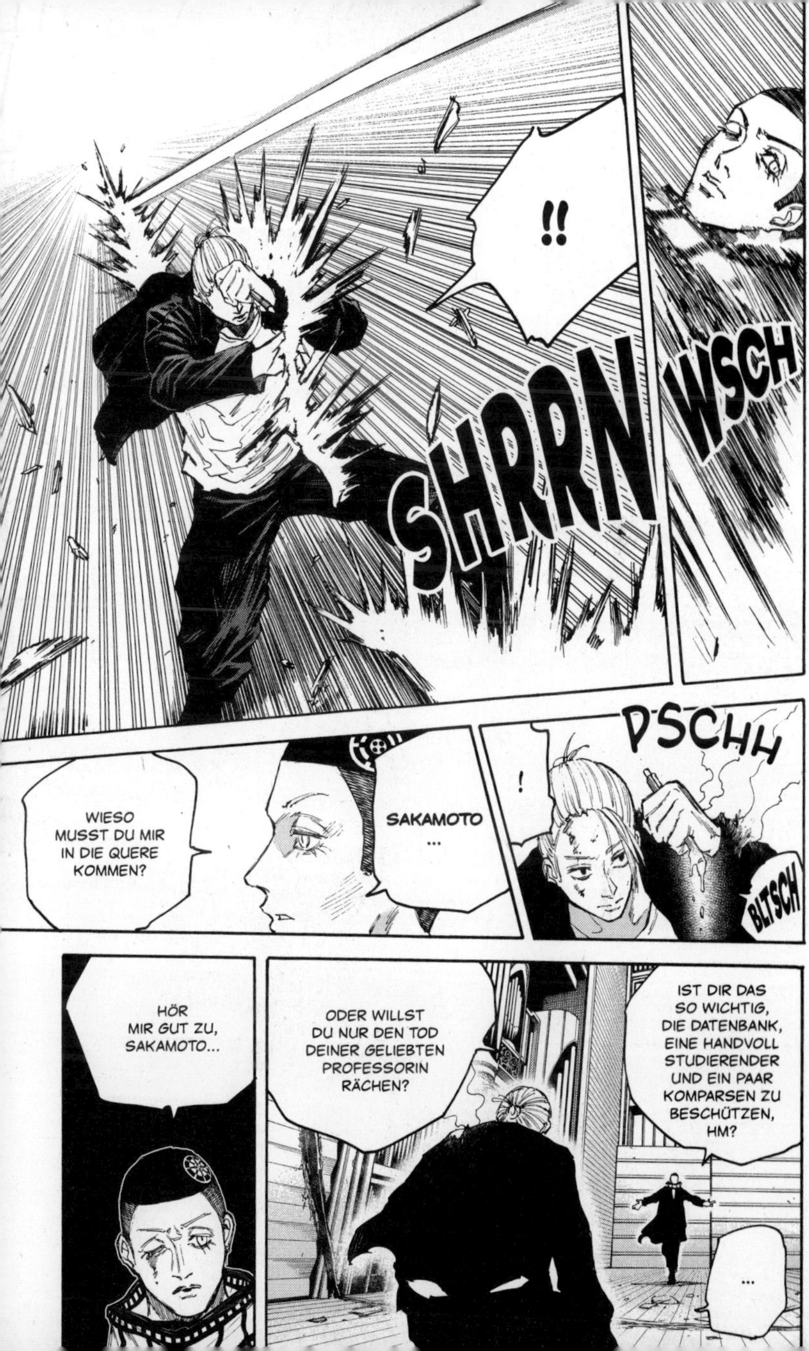
WSCH
!!
SHRRN
DSCHH
!
BLTSCH
SAKAMOTO ...
WIESO MUSST DU MIR IN DIE QUERE KOMMEN?
IST DIR DAS SO WICHTIG, DIE DATENBANK, EINE HANDVOLL STUDIERENDER UND EIN PAAR KOMPARSEN ZU BESCHÜTZEN, HM?
ODER WILLST DU NUR DEN TOD DEINER GELIEBTEN PROFESSORIN RÄCHEN?
...
HÖR MIR GUT ZU, SAKAMOTO...

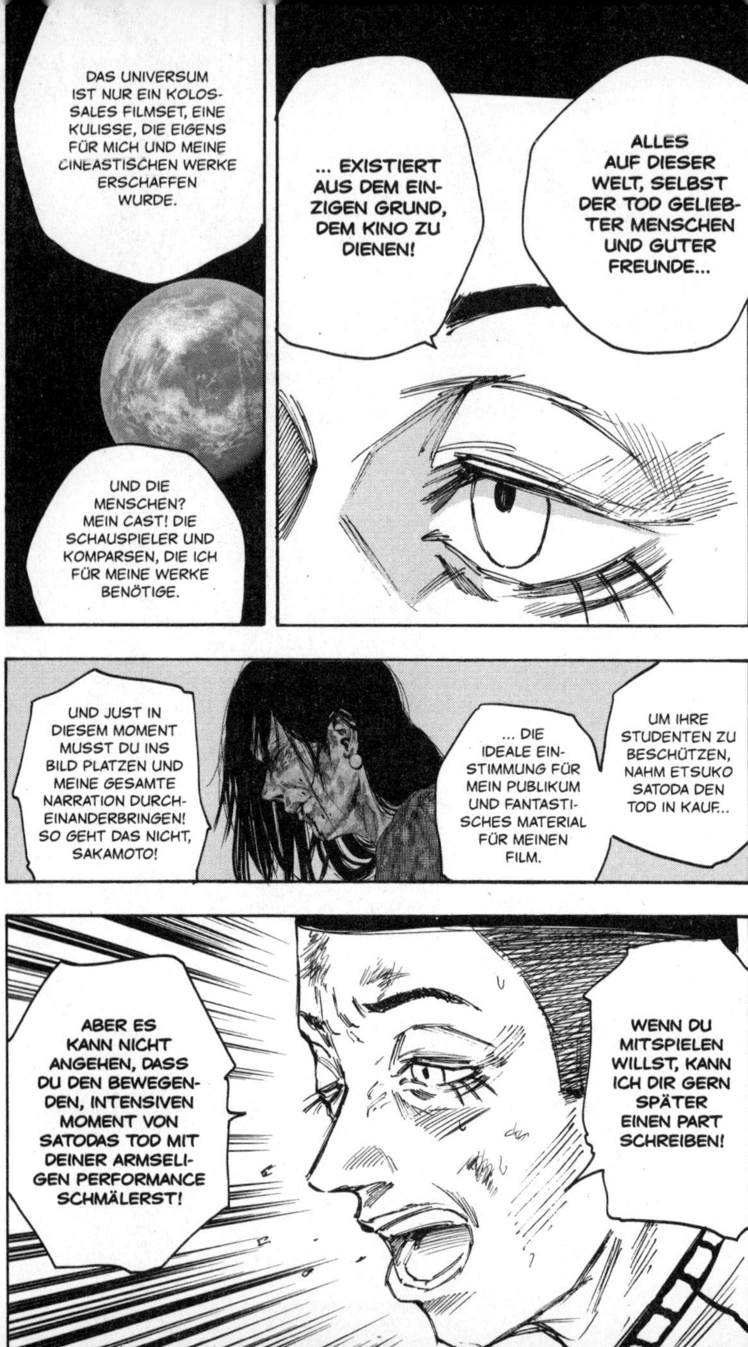
ALLES AUF DIESER WELT, SELBST DER TOD GELIEBTER MENSCHEN UND GUTER FREUNDE...
... EXISTIERT AUS DEM EINZIGEN GRUND, DEM KINO ZU DIENEN!
DAS UNIVERSUM IST NUR EIN KOLOSSALES FILMSET, EINE KULISSE, DIE EIGENS FÜR MICH UND MEINE CINEASTISCHEN WERKE ERSCHAFFEN WURDE.
UND DIE MENSCHEN? MEIN CAST! DIE SCHAUSPIELER UND KOMPARSEN, DIE ICH FÜR MEINE WERKE BENÖTIGE.
UM IHRE STUDENTEN ZU BESCHÜTZEN, NAHM ETSUKO SATODA DEN TOD IN KAUF...
... DIE IDEALE EINSTIMMUNG FÜR MEIN PUBLIKUM UND FANTASTISCHES MATERIAL FÜR MEINEN FILM.
UND JUST IN DIESEM MOMENT MUSST DU INS BILD PLATZEN UND MEINE GESAMTE NARRATION DURCHEINANDERBRINGEN! SO GEHT DAS NICHT, SAKAMOTO!
WENN DU MITSPIELEN WILLST, KANN ICH DIR GERN SPÄTER EINEN PART SCHREIBEN!
ABER ES KANN NICHT ANGEHEN, DASS DU DEN BEWEGENDEN, INTENSIVEN MOMENT VON SATODAS TOD MIT DEINER ARMSELIGEN PERFORMANCE SCHMÄLERST!

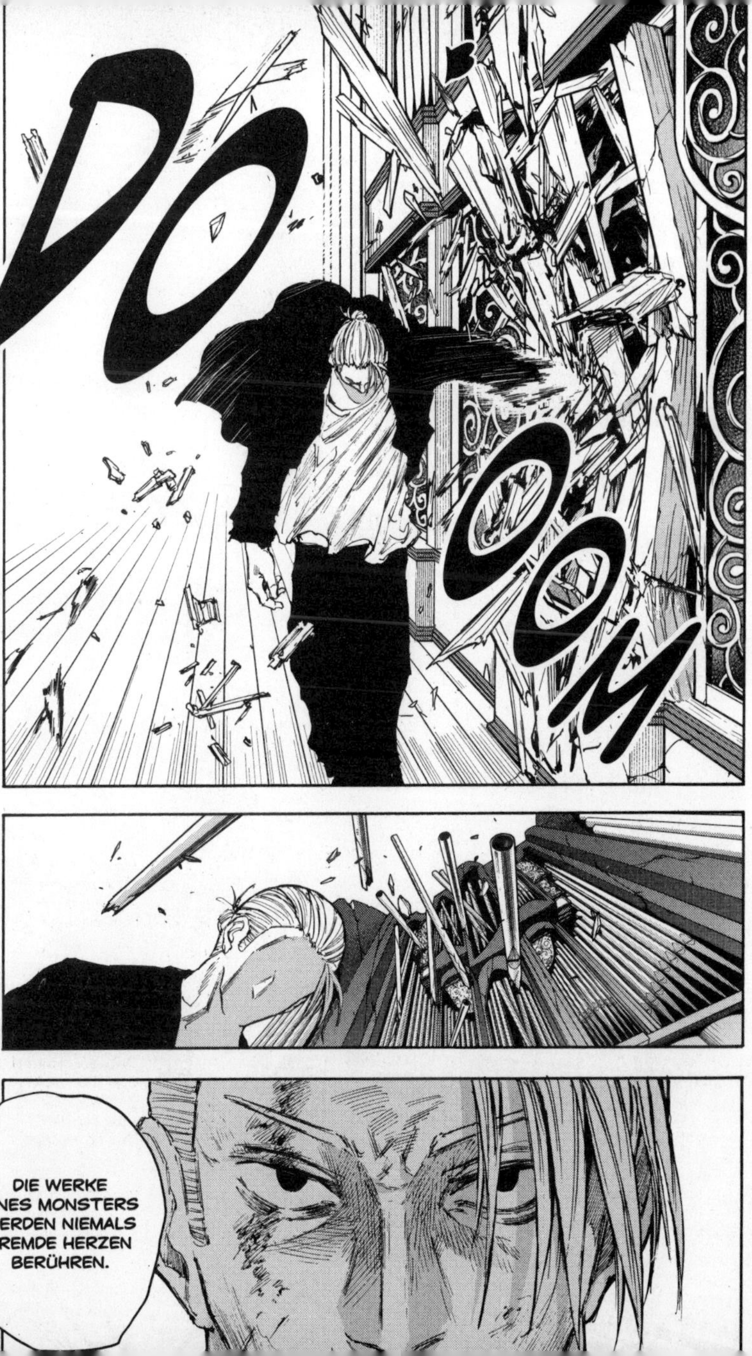
DO
OOOM
DIE WERKE EINES MONSTERS WERDEN NIEMALS FREMDE HERZEN BERÜHREN.

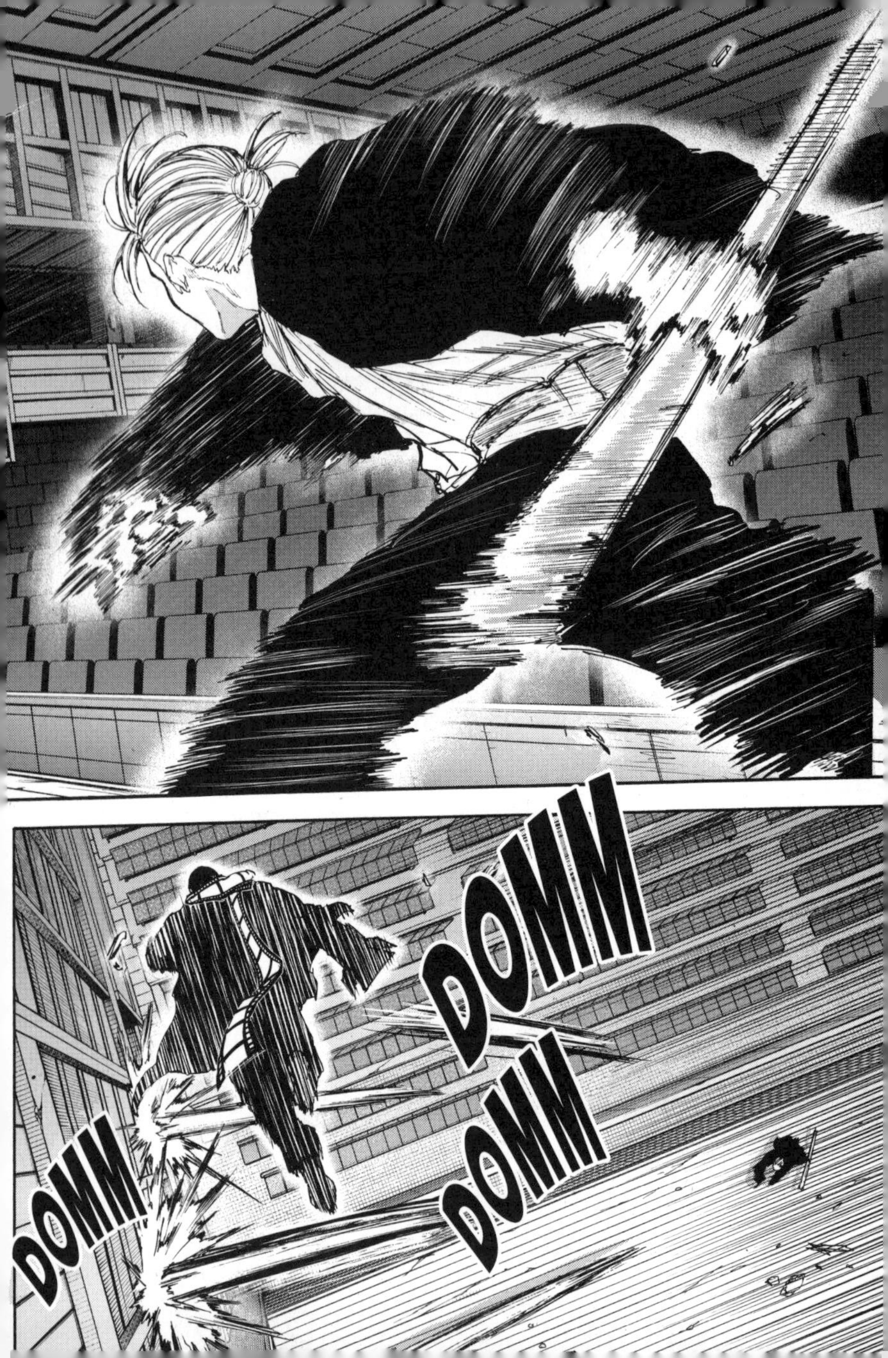
DOMM
DOMM
DOMM

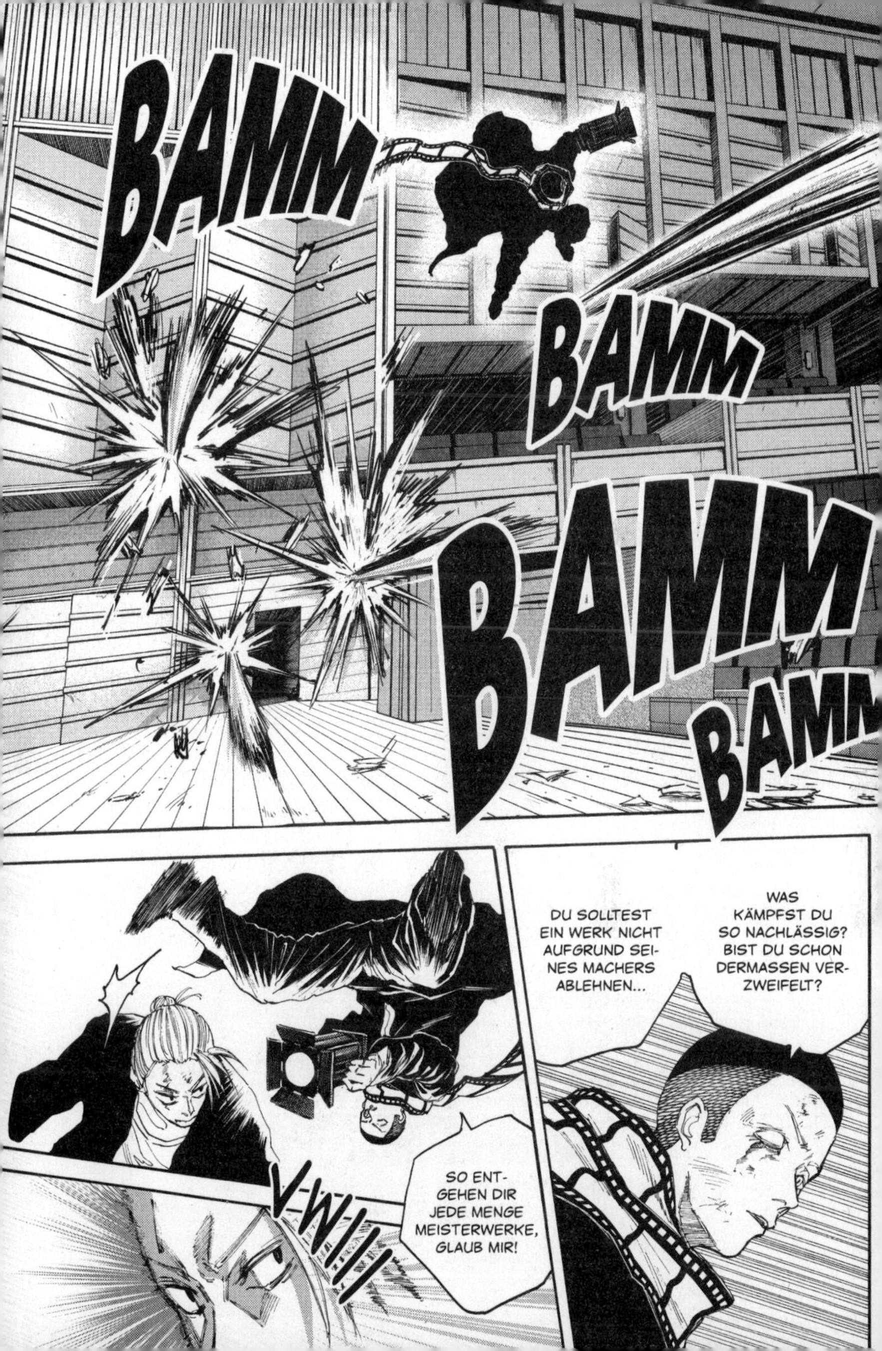
BAMM
BAMM
BAMM
BAMM
WAS KÄMPFST DU SO NACHLÄSSIG? BIST DU SCHON DERMASSEN VERZWEIFELT?
DU SOLLTEST EIN WERK NICHT AUFGRUND SEINES MACHERS ABLEHNEN...
SO ENTGEHEN DIR JEDE MENGE MEISTERWERKE, GLAUB MIR!
VWIII

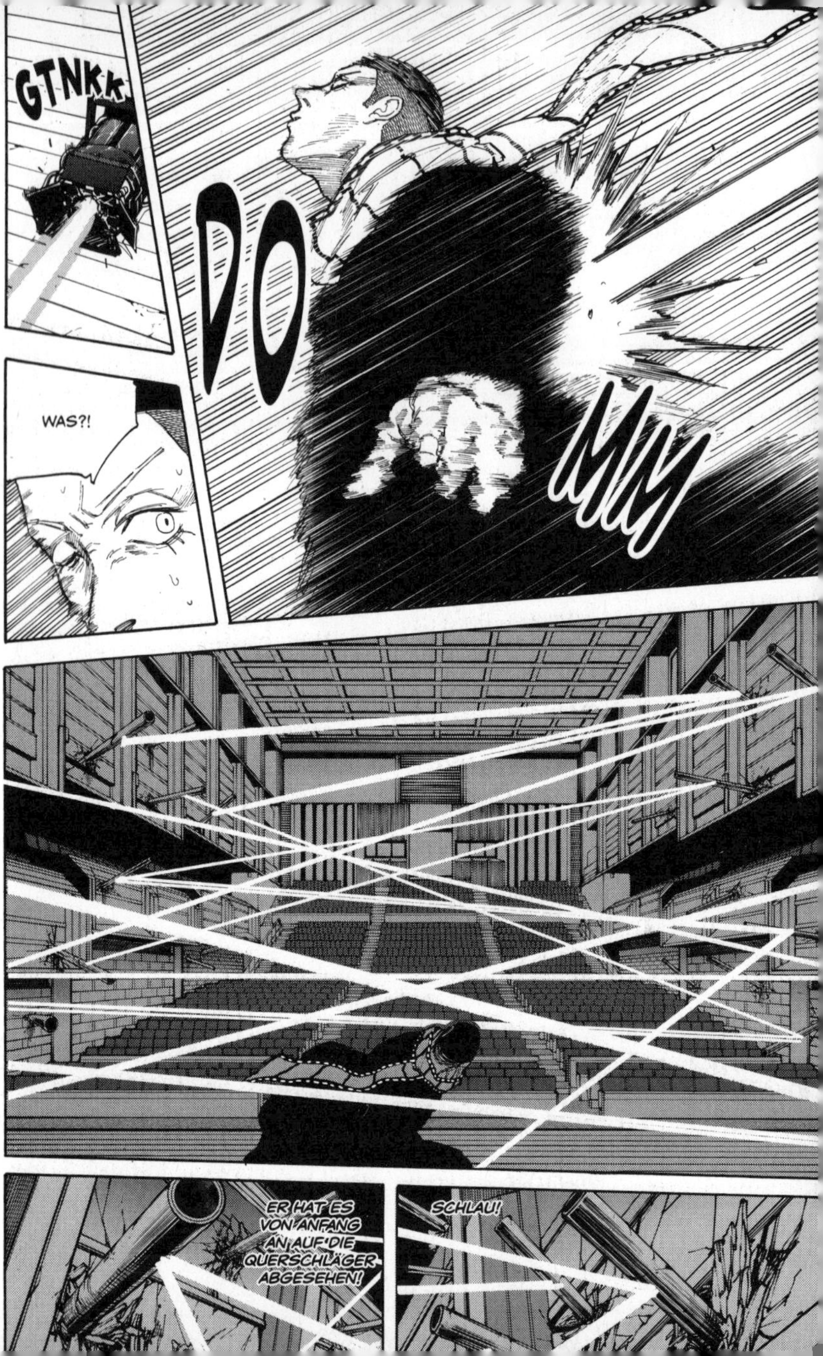
GTNKK
DO
MM
WAS?!
ER HAT ES VON ANFANG AN AUF DIE QUERSCHLÄGER ABGESEHEN!
SCHLAU!

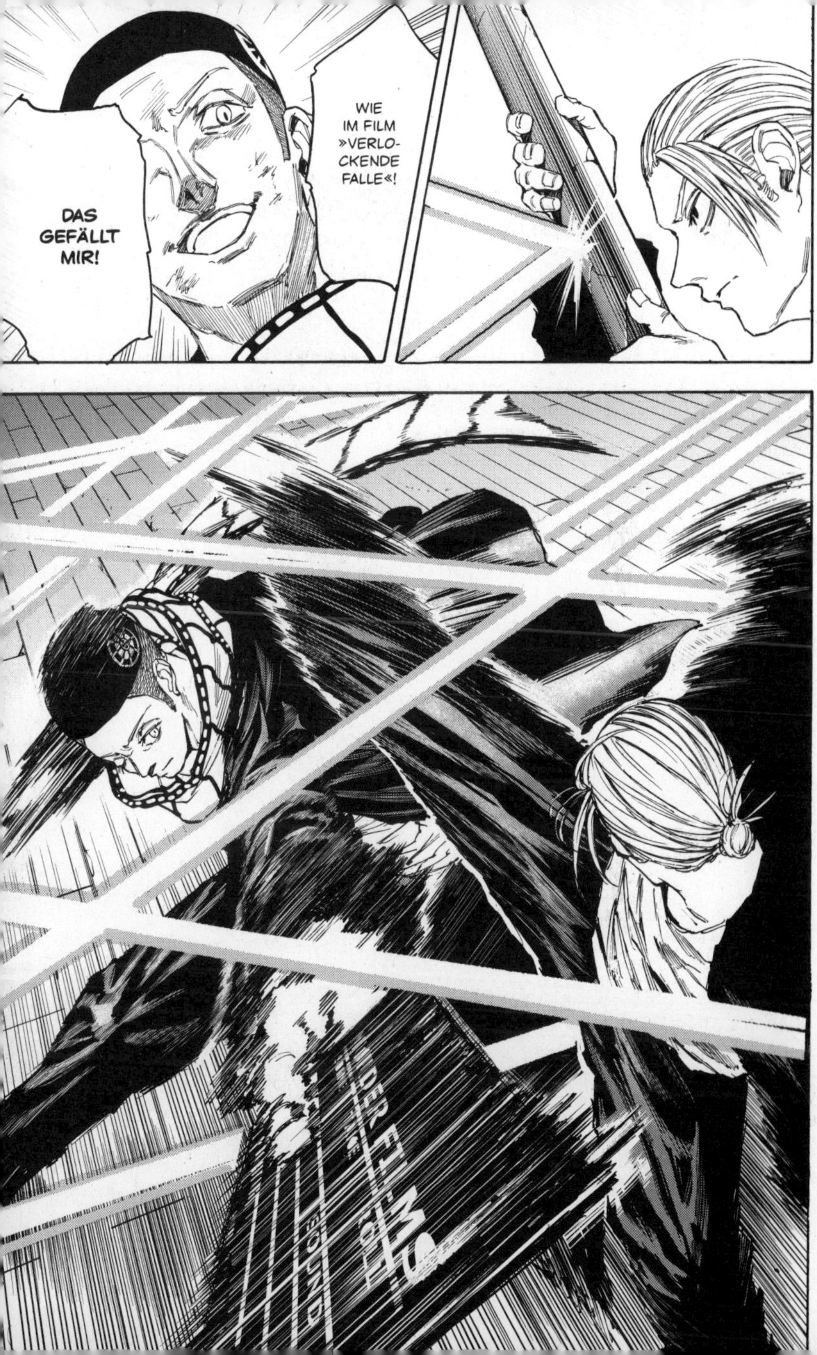
WIE IM FILM »VERLOCKENDE FALLE«!
DAS GEFÄLLT MIR!

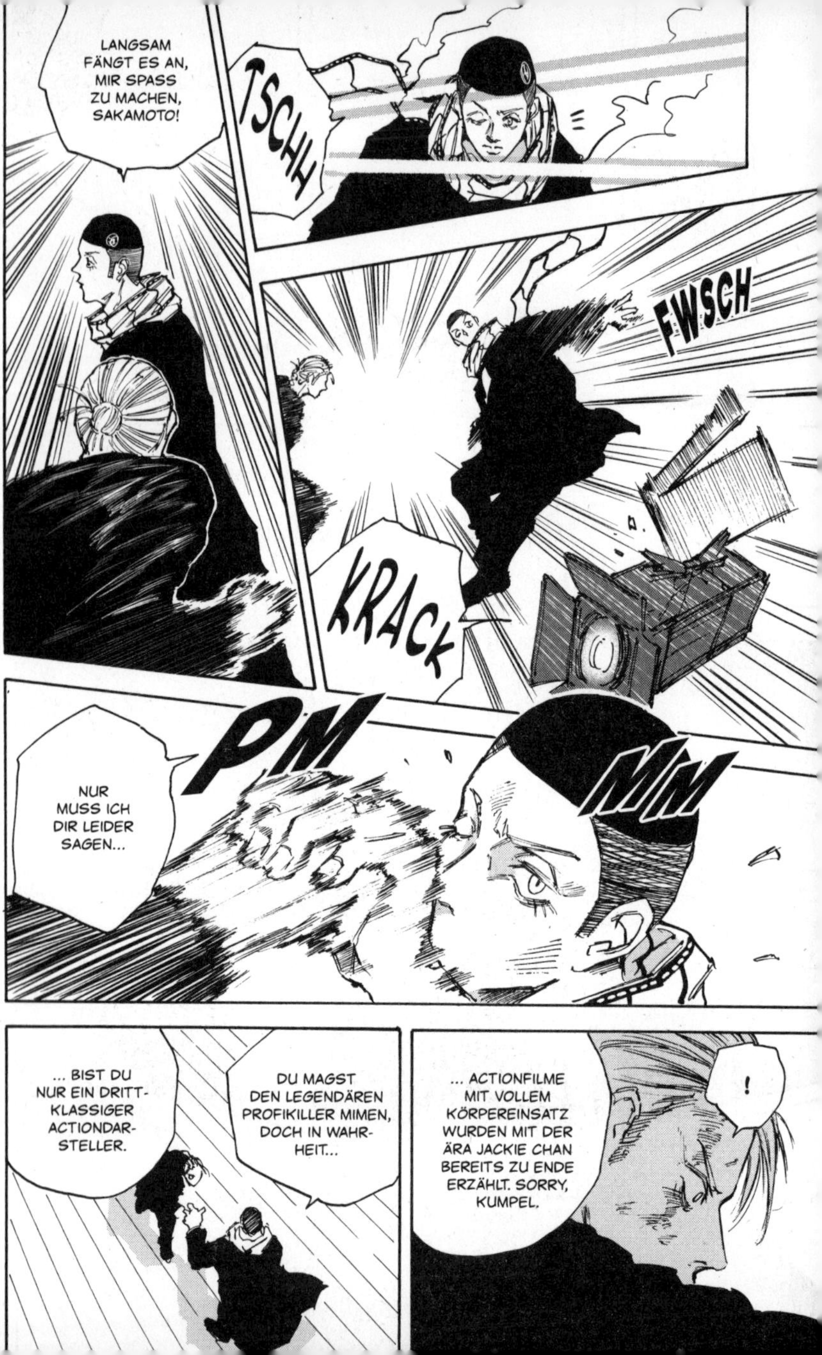
TSCHH
FWSCH
KRACK
LANGSAM FÄNGT ES AN, MIR SPASS ZU MACHEN, SAKAMOTO!
PM
MM
NUR MUSS ICH DIR LEIDER SAGEN...
DU MAGST DEN LEGENDÄREN PROFIKILLER MIMEN, DOCH IN WAHRHEIT...
... BIST DU NUR EIN DRITT-KLASSIGER ACTIONDAR-STELLER.
... ACTIONFILME MIT VOLLEM KÖRPEREINSATZ WURDEN MIT DER ÄRA JACKIE CHAN BEREITS ZU ENDE ERZÄHLT. SORRY, KUMPEL.
!

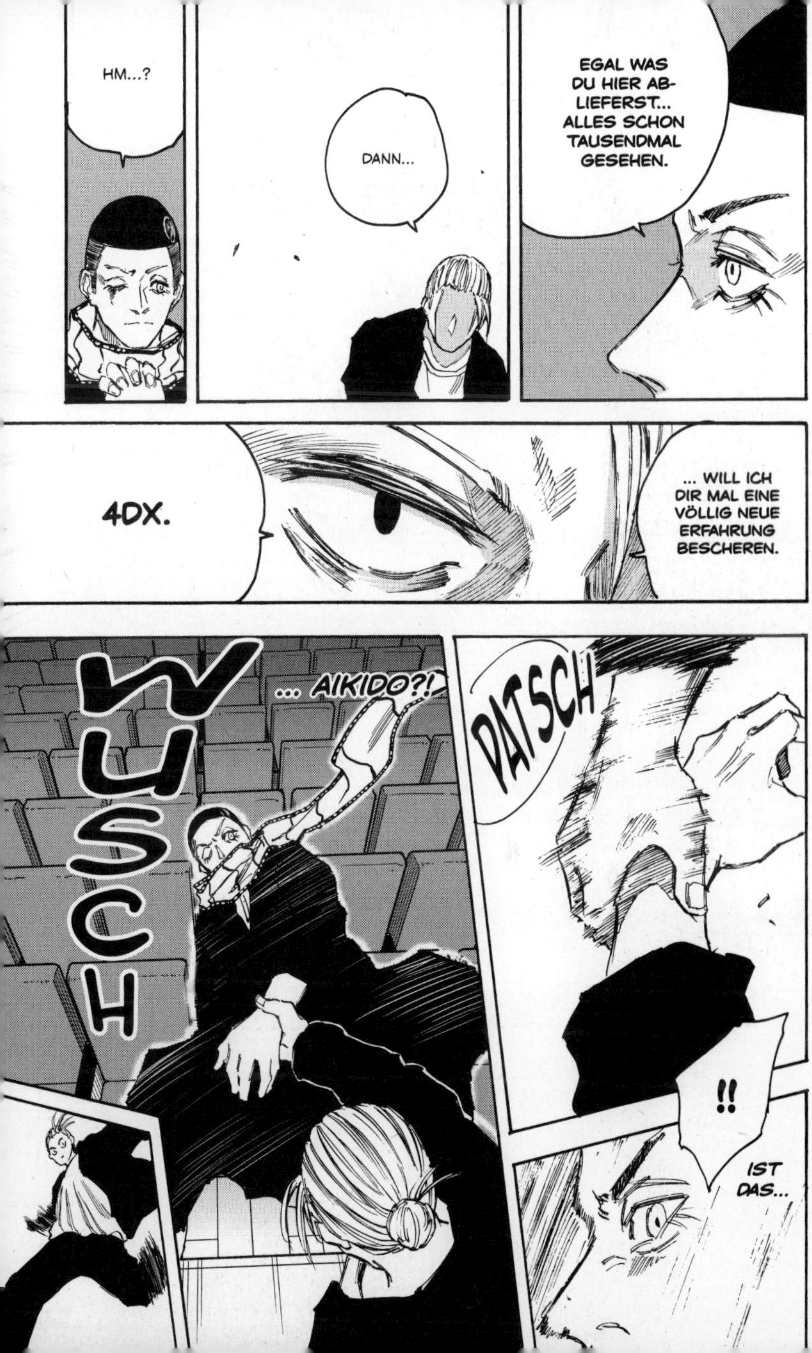
EGAL WAS DU HIER ABLIEFERST... ALLES SCHON TAUSENDMAL GESEHEN.
DANN...
HM...?
... WILL ICH DIR MAL EINE VÖLLIG NEUE ERFAHRUNG BESCHEREN.
4DX.
DATSCH
!!
IST DAS...
WUSCH
... AIKIDO?!

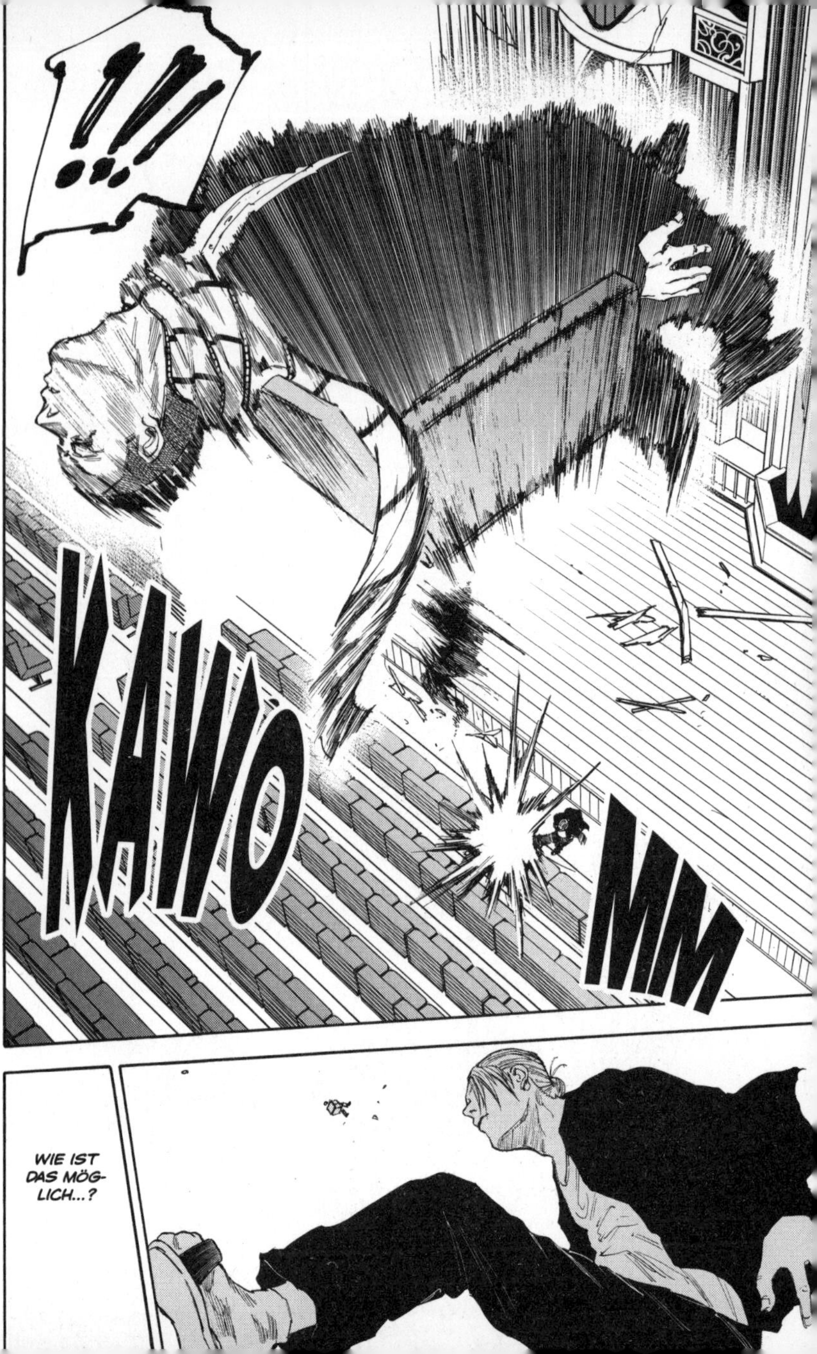
!!
KAWOMM
WIE IST DAS MÖGLICH...?

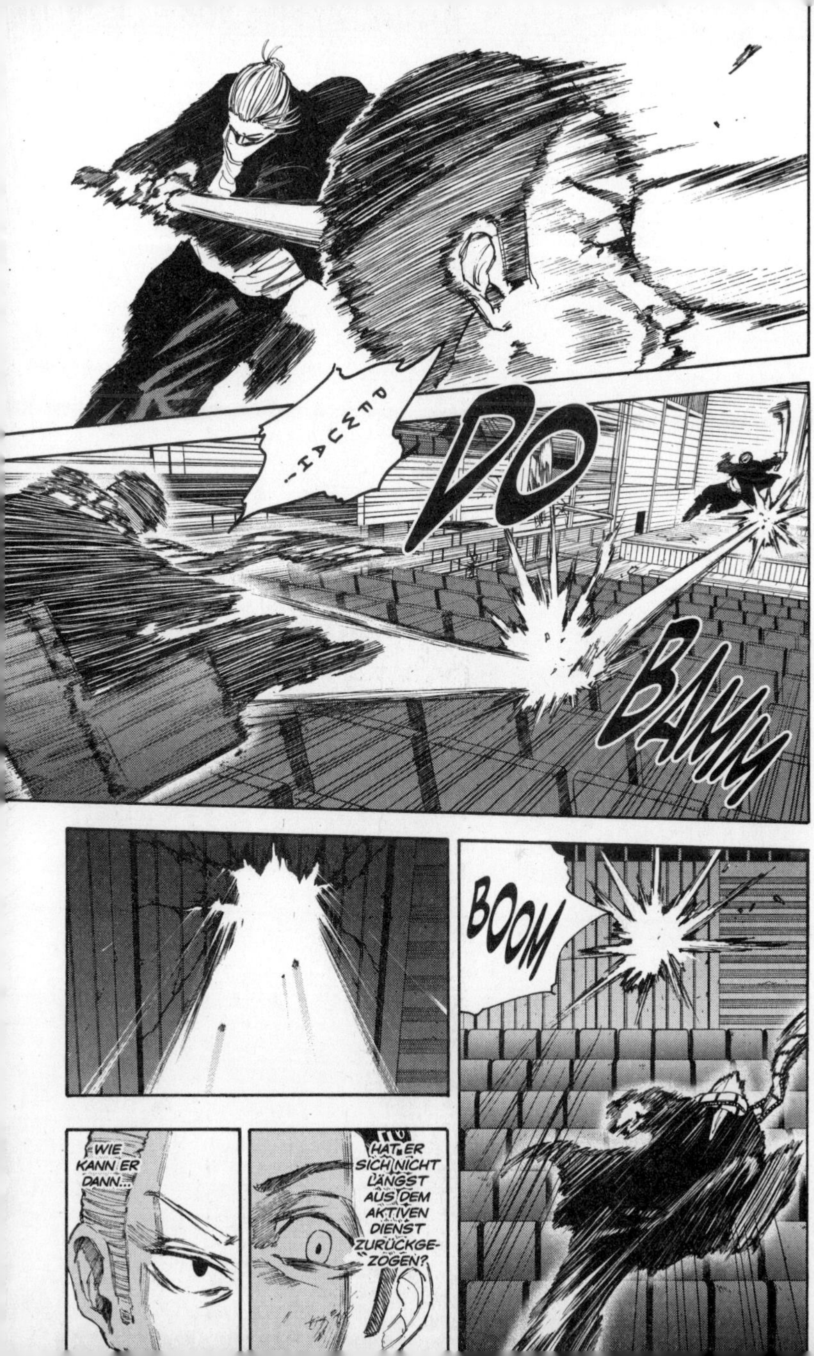

DO
BAMM
BOOM
HAT ER SICH NICHT LÄNGST AUS DEM AKTIVEN DIENST ZURÜCKGEZOGEN?
WIE KANN ER DANN...

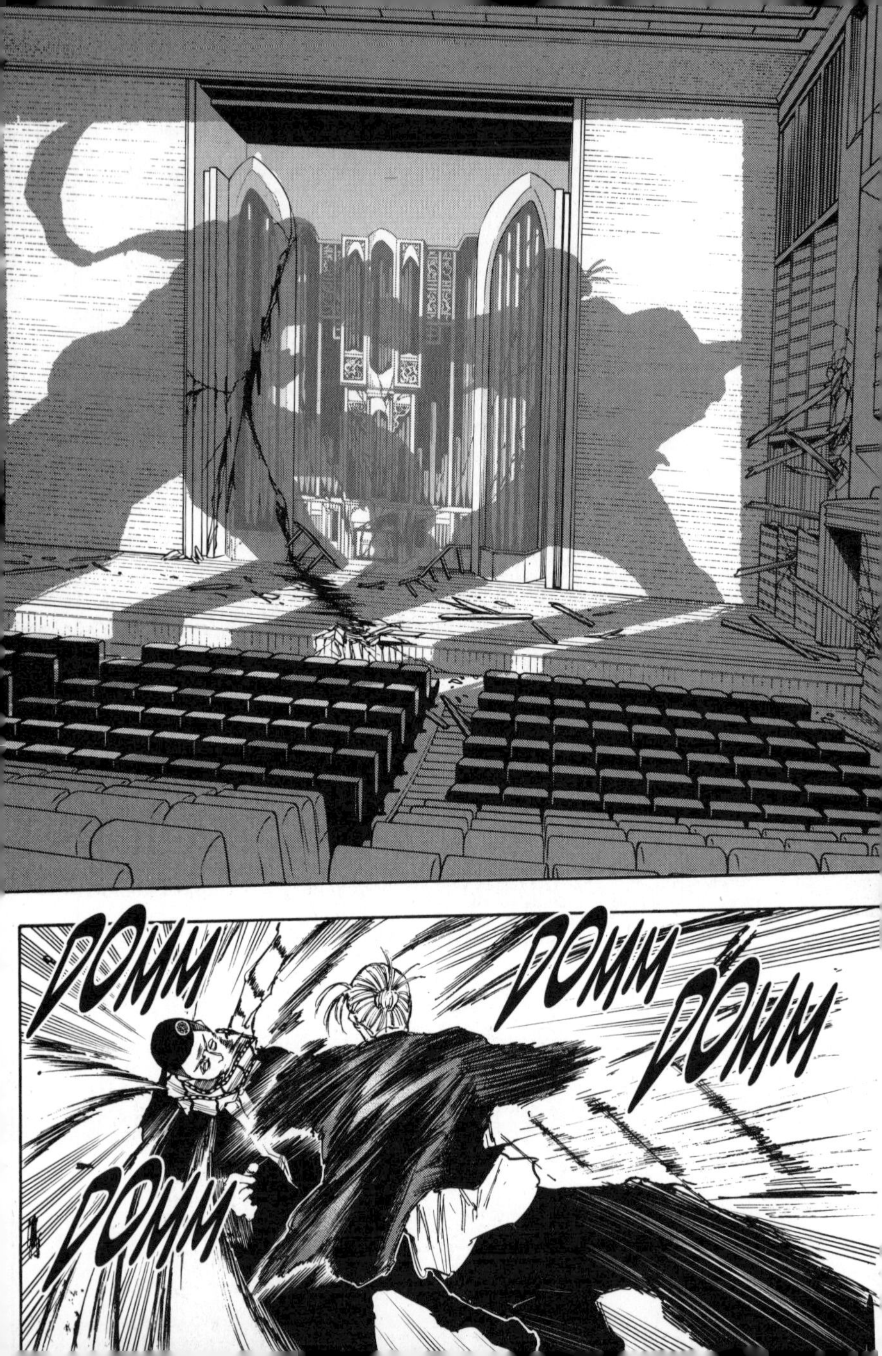
DOMM
DOMM
DOMM
DOMM

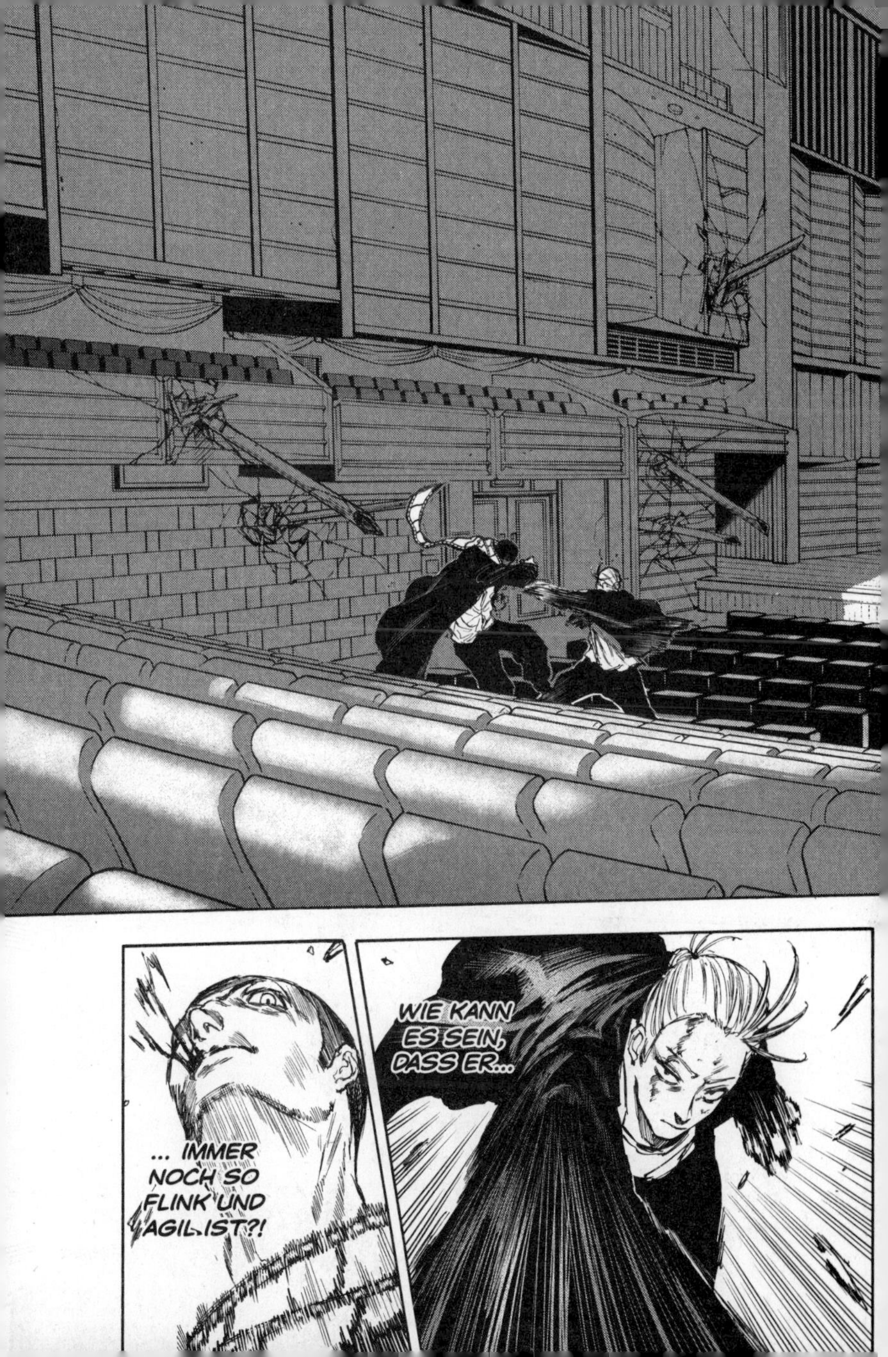
WIE KANN ES SEIN, DASS ER...
... IMMER NOCH SO FLINK UND AGIL IST?!

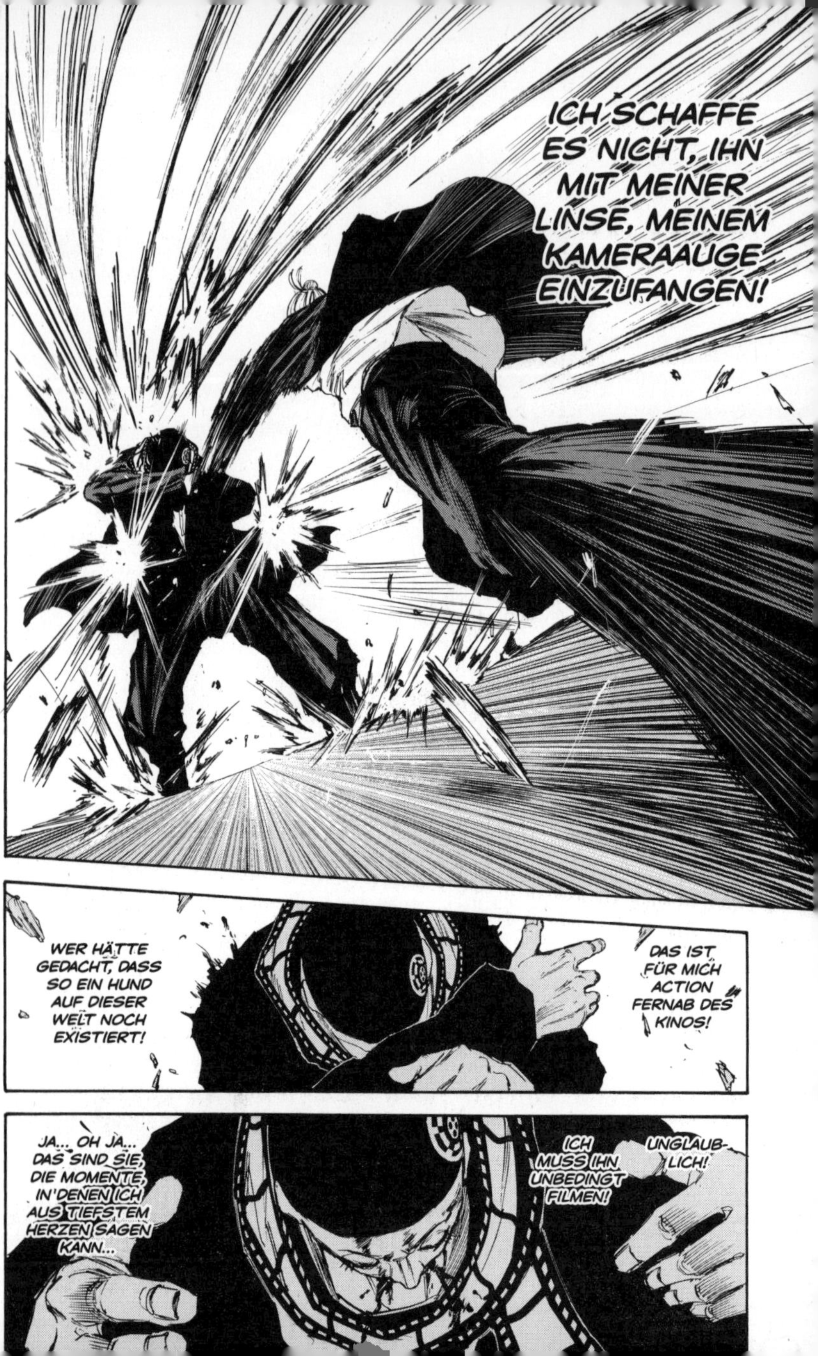
ICH SCHAFFE ES NICHT, IHN MIT MEINER LINSE, MEINEM KAMERAAUGE EINZUFANGEN!
DAS IST FÜR MICH ACTION FERNAB DES KINOS!
WER HÄTTE GEDACHT, DASS SO EIN HUND AUF DIESER WELT NOCH EXISTIERT!
UNGLAUB-LICH!
ICH MUSS IHN UNBEDINGT FILMEN!
JA... OH JA... DAS SIND SIE, DIE MOMENTE, IN DENEN ICH AUS TIEFSTEM HERZEN SAGEN KANN...

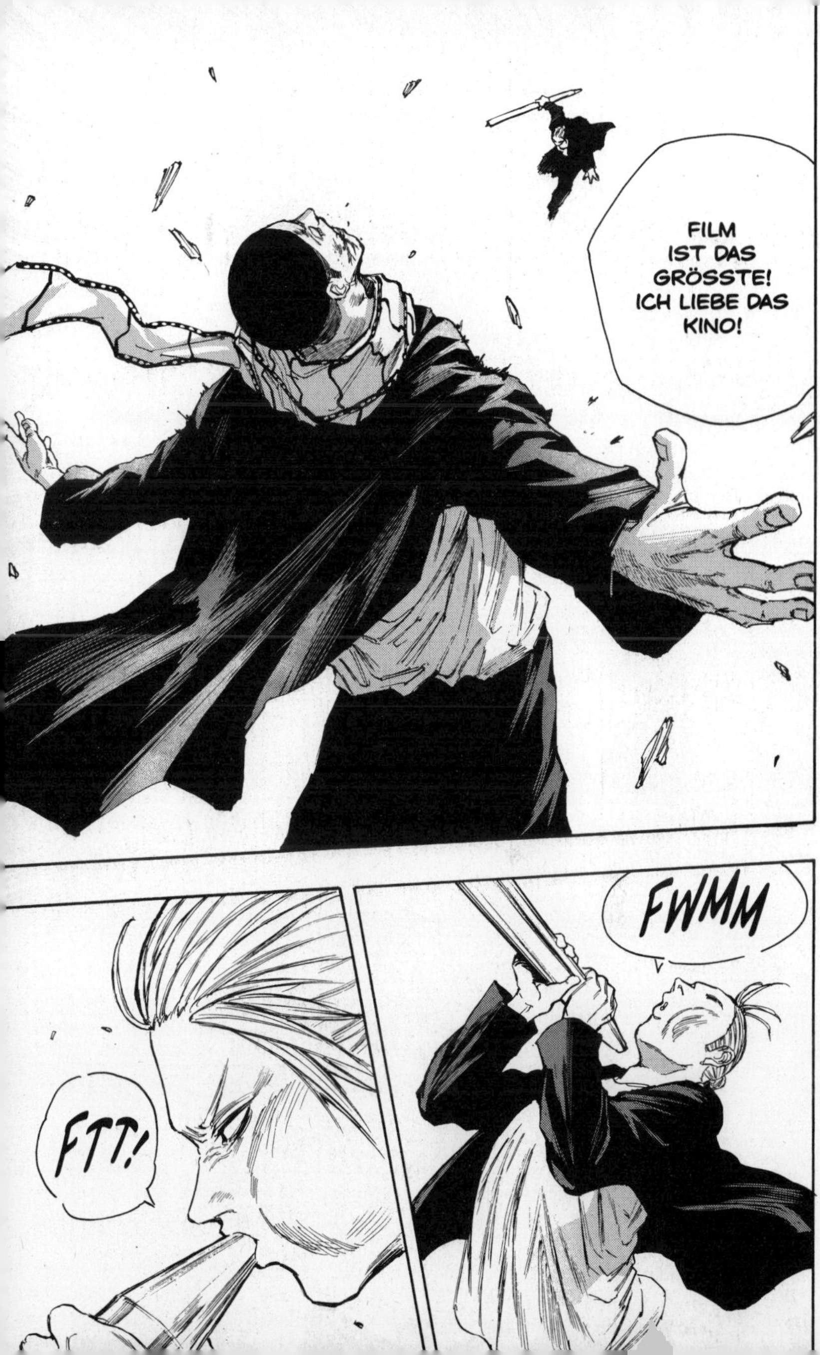
FILM IST DAS GRÖSSTE! ICH LIEBE DAS KINO!
FWMM
FTT!

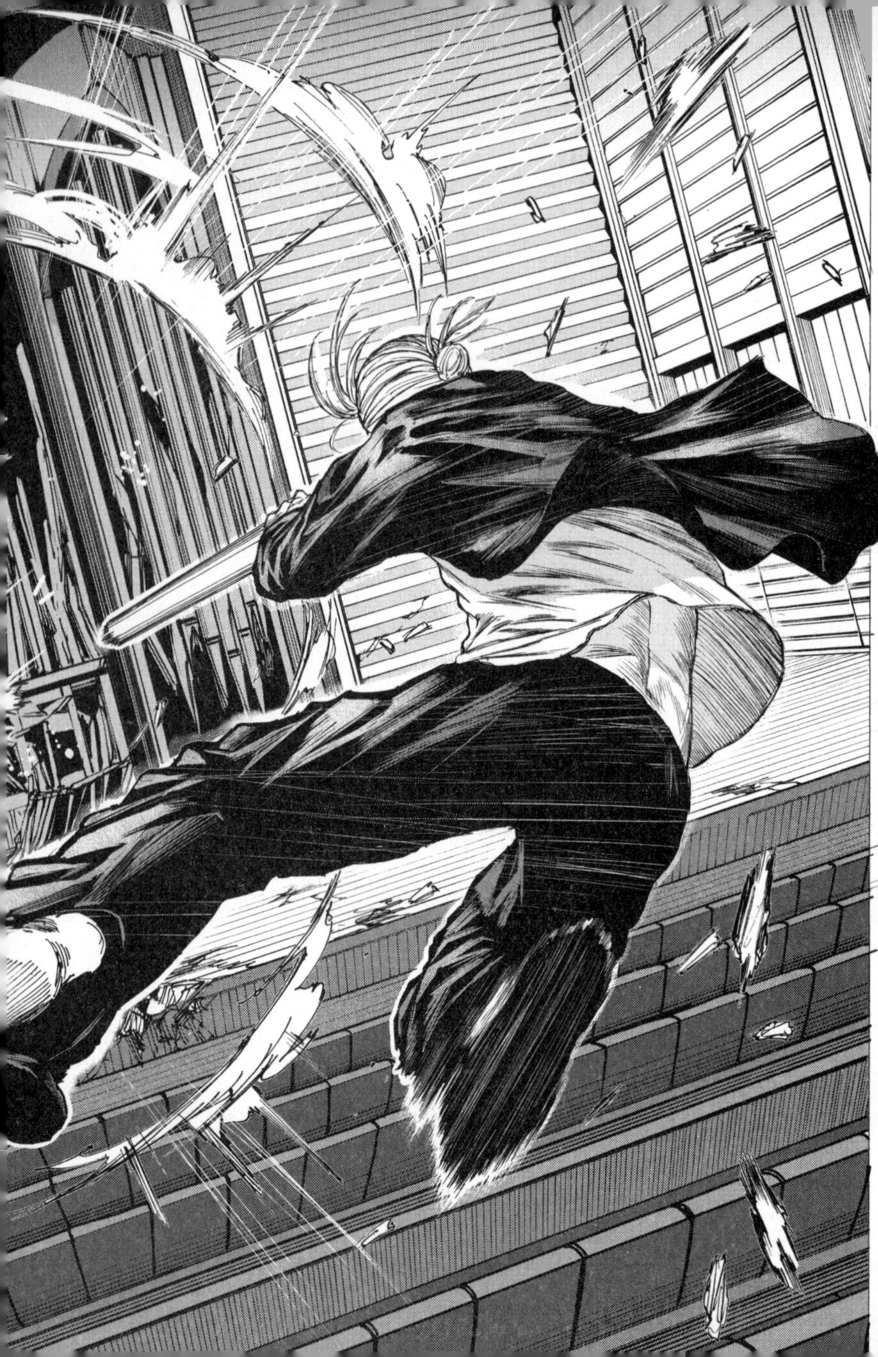

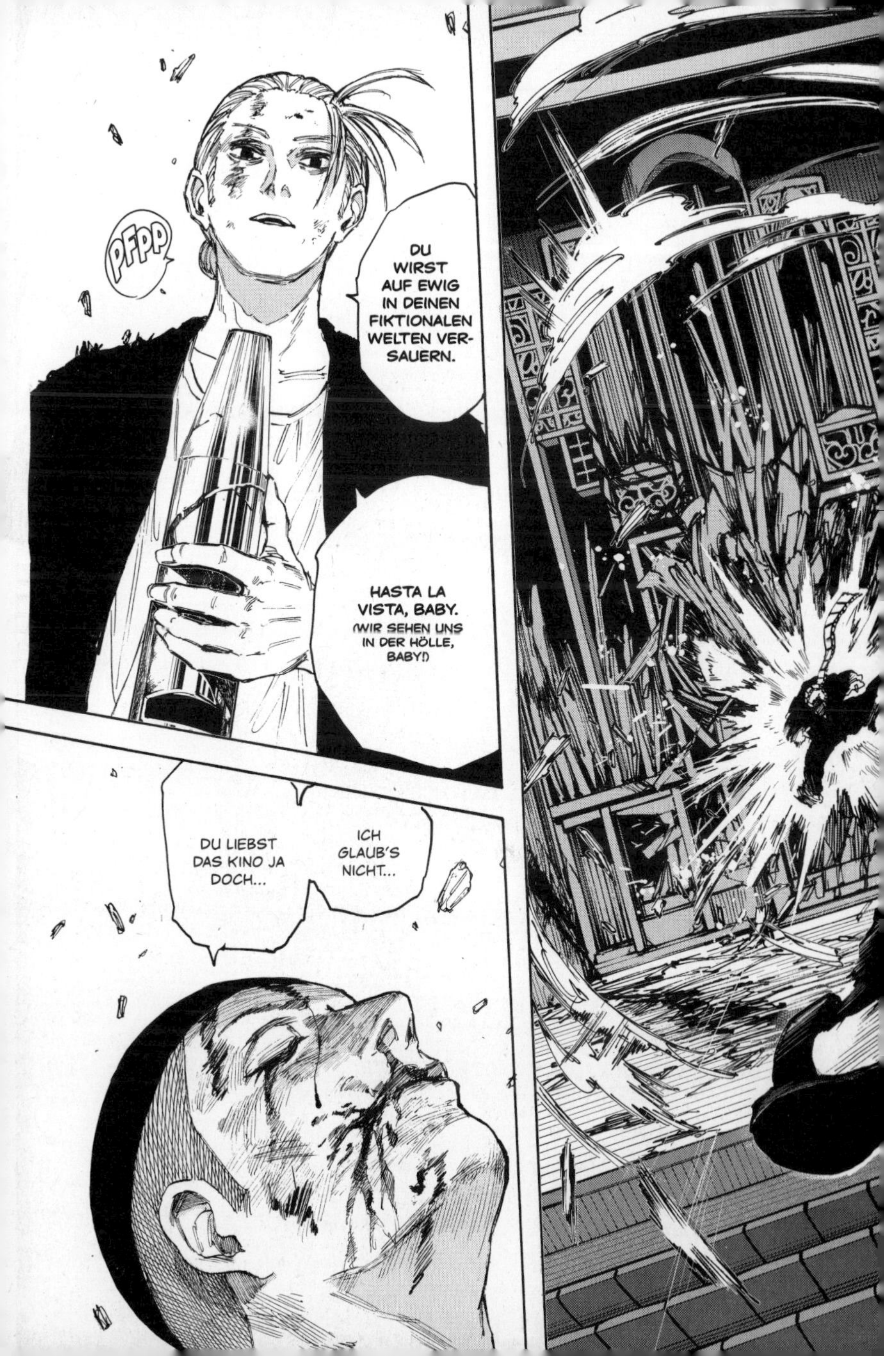
PFPP
DU WIRST AUF EWIG IN DEINEN FIKTIONALEN WELTEN VERSAUERN.
HASTA LA VISTA, BABY.
(WIR SEHEN UNS IN DER HÖLLE, BABY!)
ICH GLAUB'S NICHT...
DU LIEBST DAS KINO JA DOCH...

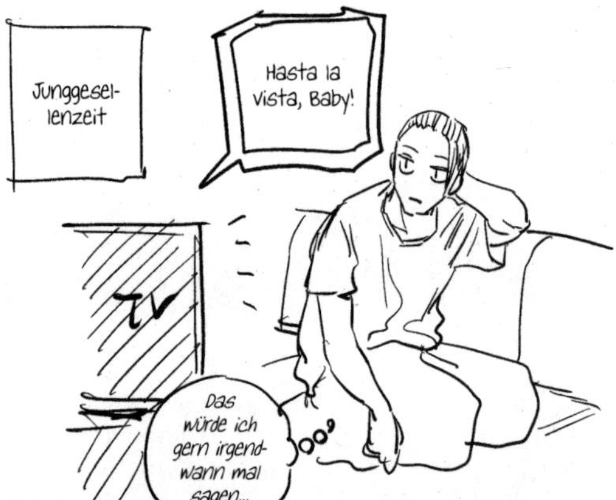
Junggesel-
lenzeit
Hasta la vista, Baby!
TV
Das würde ich gern irgend-wann mal sagen...

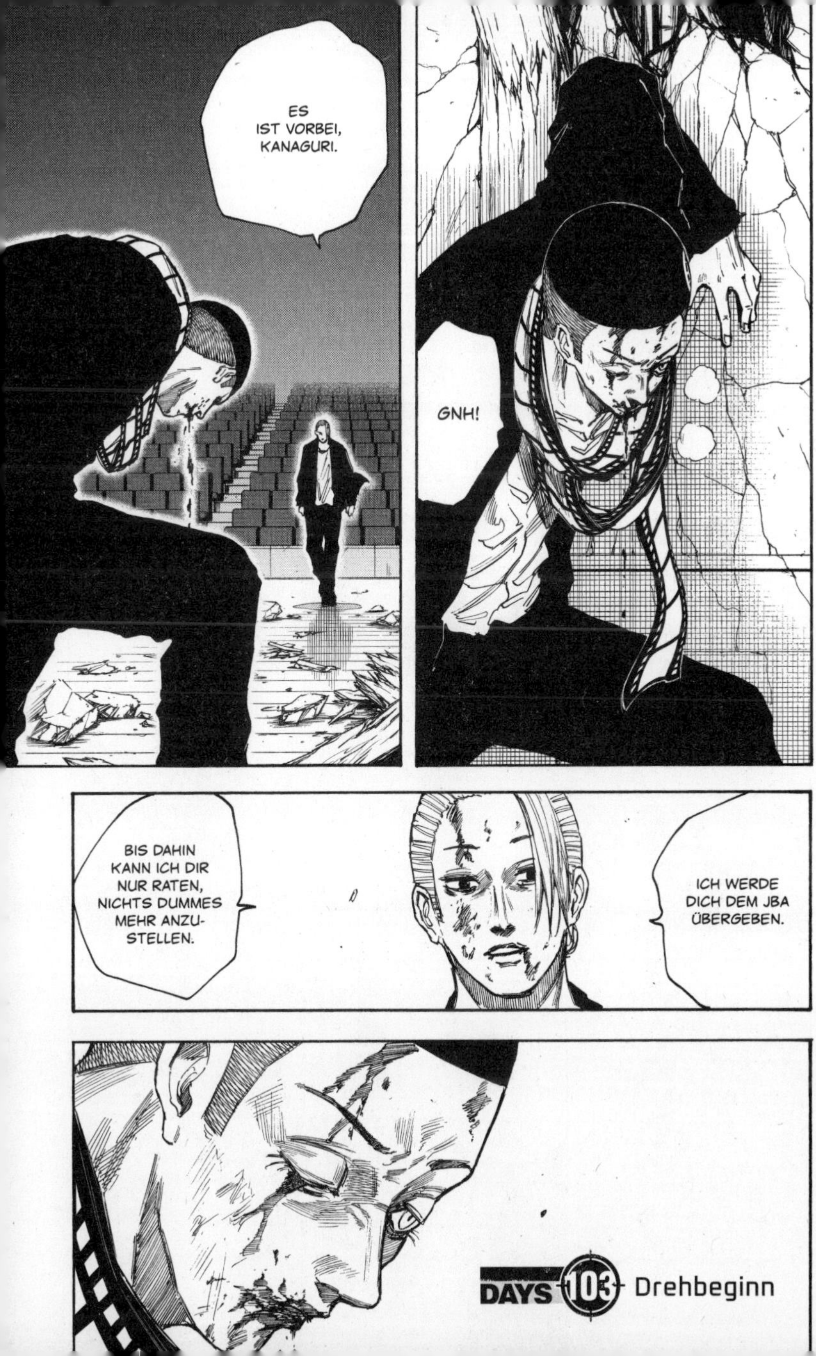
GNH!
ES IST VORBEI, KANAGURI.
ICH WERDE DICH DEM JBA ÜBERGEBEN.
BIS DAHIN KANN ICH DIR NUR RATEN, NICHTS DUMMES MEHR ANZU-STELLEN.
DAYS 103 Drehbeginn

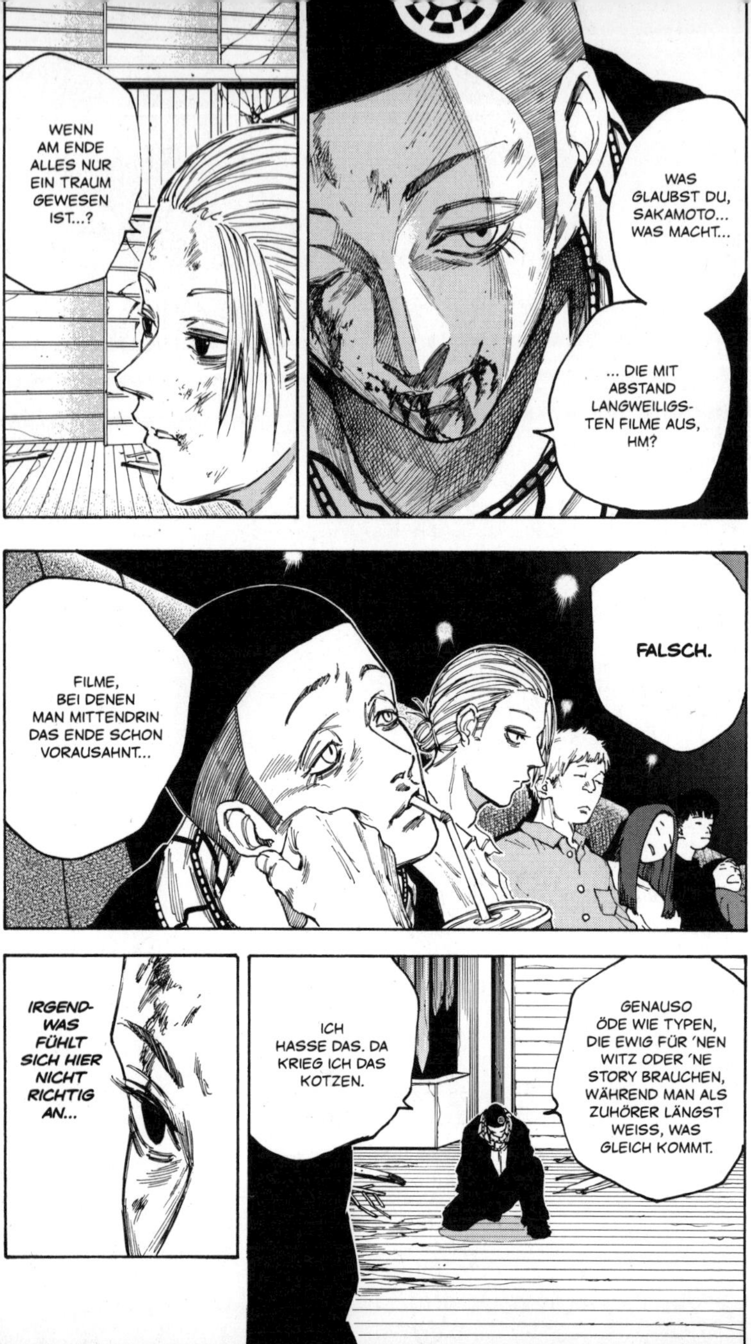
WAS GLAUBST DU, SAKAMOTO... WAS MACHT...
... DIE MIT ABSTAND LANGWEILIGSTEN FILME AUS, HM?
WENN AM ENDE ALLES NUR EIN TRAUM GEWESEN IST...?
FALSCH.
FILME, BEI DENEN MAN MITTENDRIN DAS ENDE SCHON VORAUSAHNT...
GENAUSO ÖDE WIE TYPEN, DIE EWIG FÜR 'NEN WITZ ODER 'NE STORY BRAUCHEN, WÄHREND MAN ALS ZUHÖRER LÄNGST WEISS, WAS GLEICH KOMMT.
ICH HASSE DAS. DA KRIEG ICH DAS KOTZEN.
IRGENDWAS FÜHLT SICH HIER NICHT RICHTIG AN...

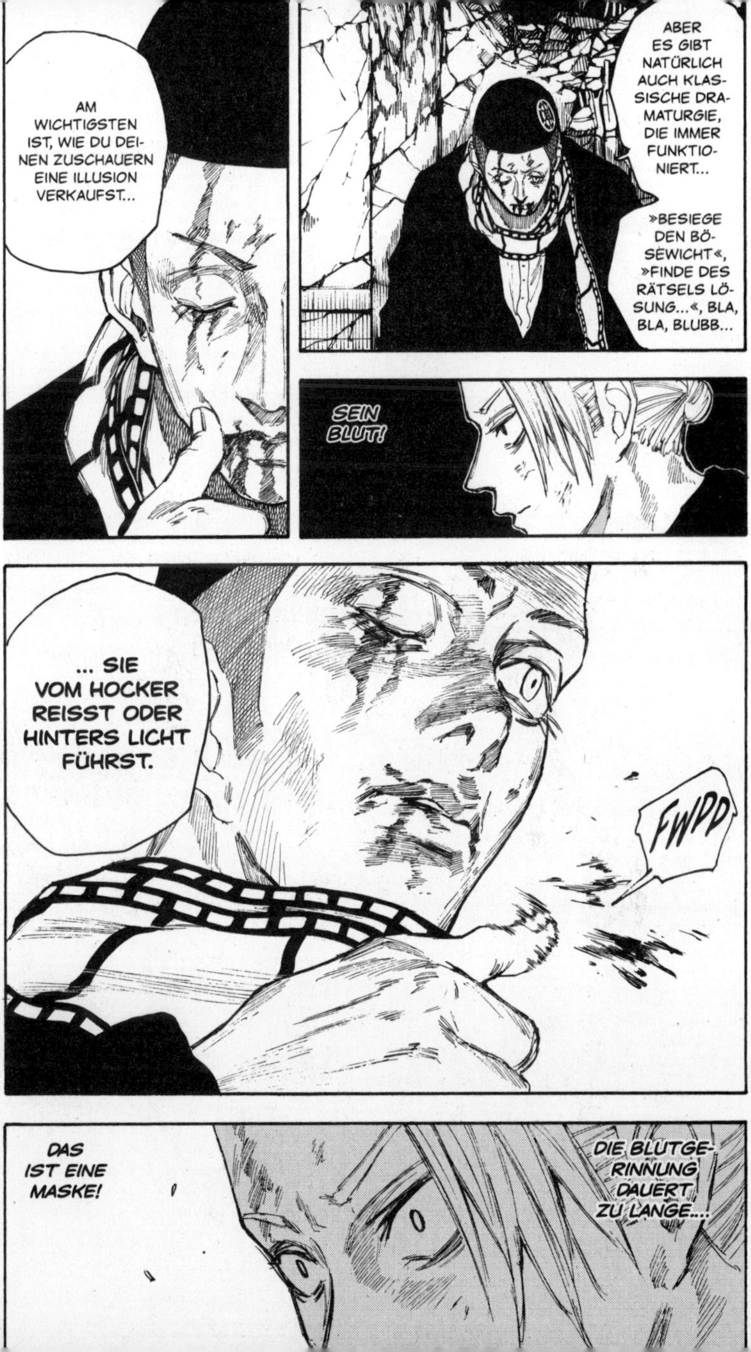
ABER ES GIBT NATÜRLICH AUCH KLASSISCHE DRAMATURGIE, DIE IMMER FUNKTIONIERT...
»BESIEGE DEN BÖSEWICHT«, »FINDE DES RÄTSELS LÖSUNG...«, BLA, BLA, BLUBB...
AM WICHTIGSTEN IST, WIE DU DEINEN ZUSCHAUERN EINE ILLUSION VERKAUFST...
SEIN BLUT!
... SIE VOM HOCKER REISST ODER HINTERS LICHT FÜHRST.
FWPD
DIE BLUTGERINNUNG DAUERT ZU LANGE...
DAS IST EINE MASKE!

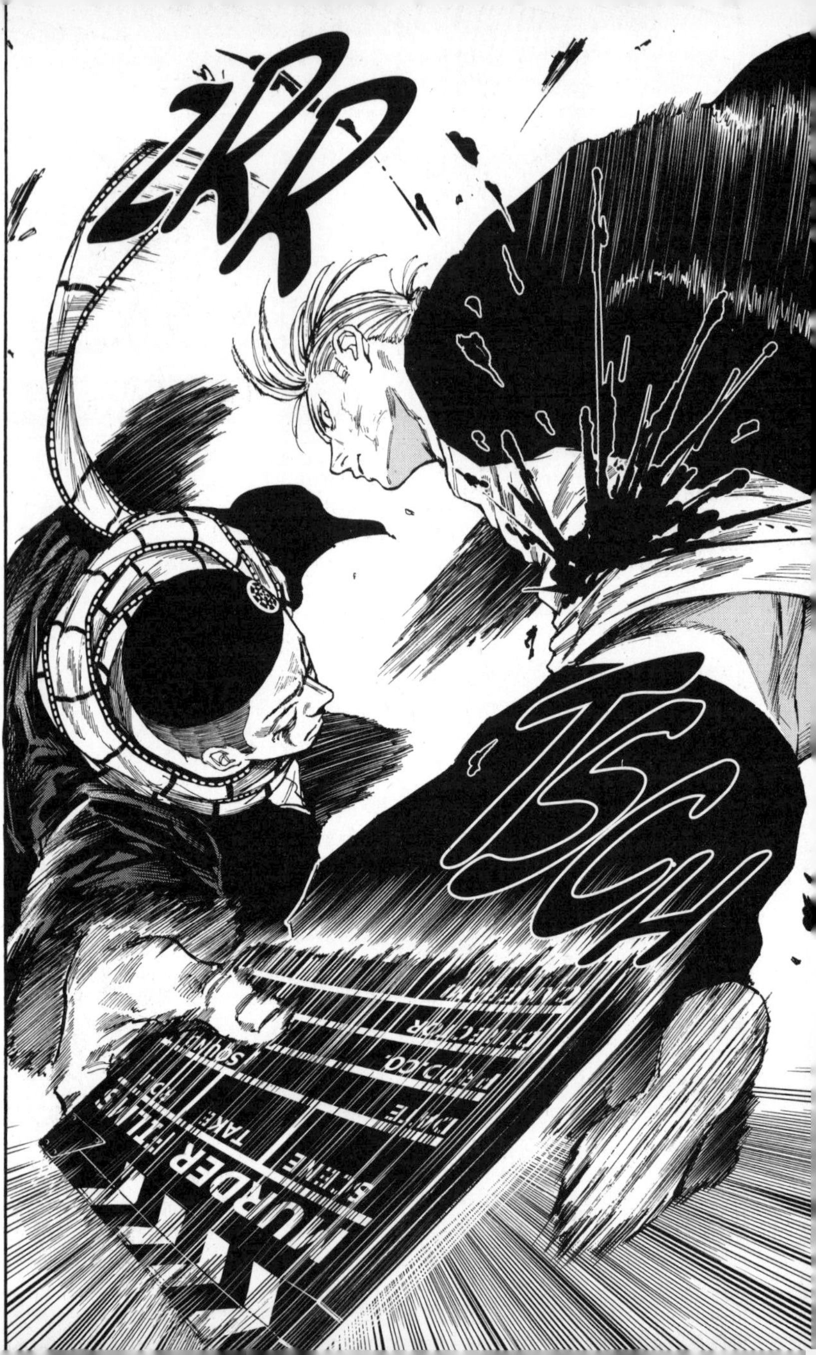
MURDER FILMS
SCENE
TAKE
DATE
SOUND
PROD.CO.
DIRECTOR

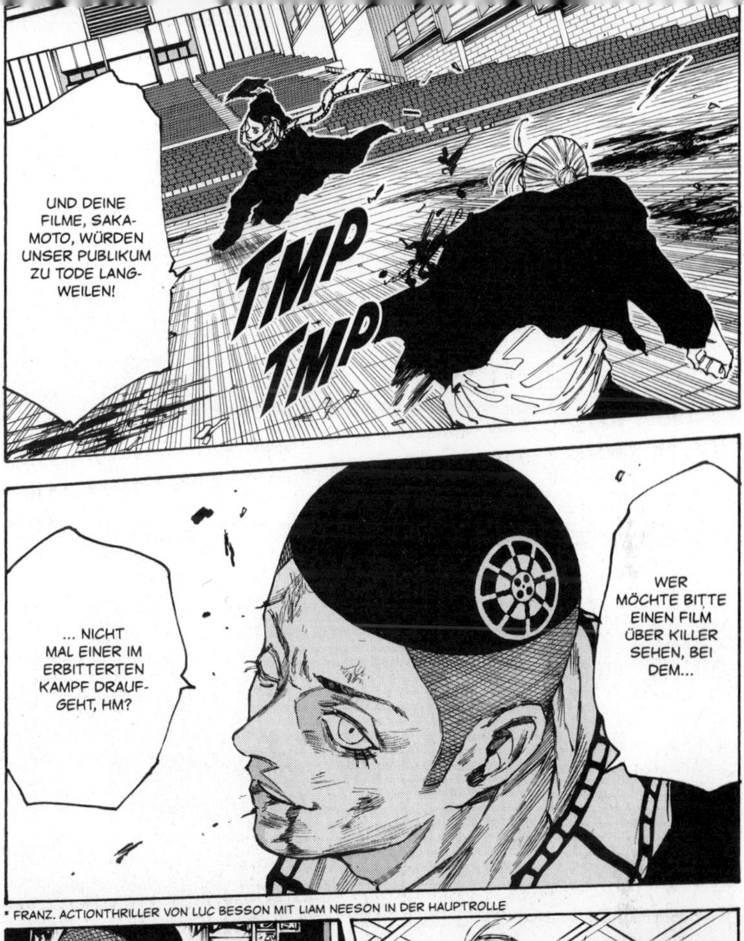

* FRANZ. ACTIONTHRILLER VON LUC BESSON MIT LIAM NEESON IN DER HAUPTROLLE

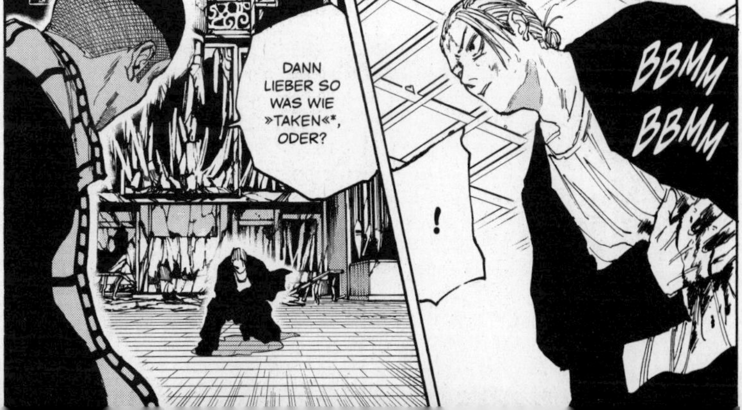

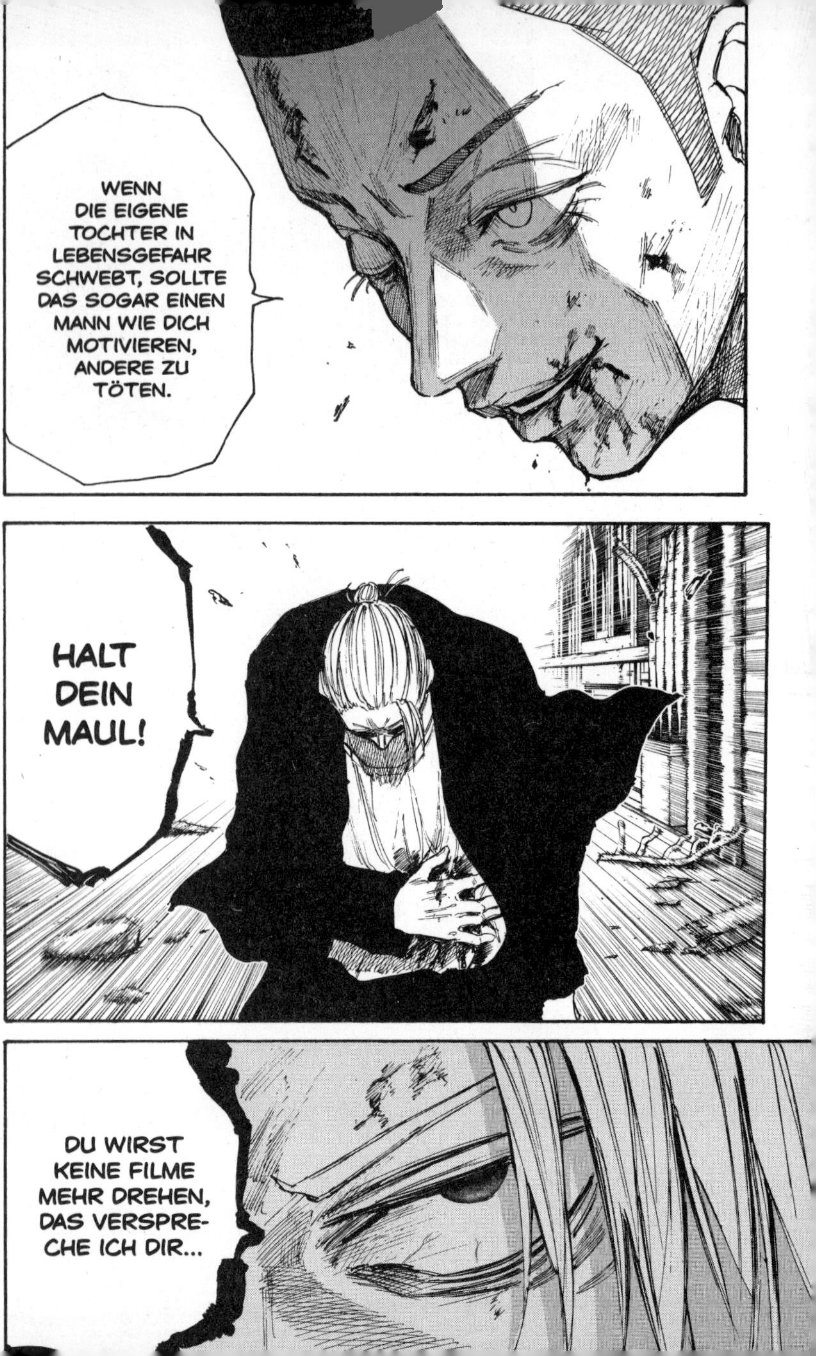
WENN DIE EIGENE TOCHTER IN LEBENSGEFAHR SCHWEBT, SOLLTE DAS SOGAR EINEN MANN WIE DICH MOTIVIEREN, ANDERE ZU TÖTEN.
HALT DEIN MAUL!
DU WIRST KEINE FILME MEHR DREHEN, DAS VERSPRE-CHE ICH DIR...

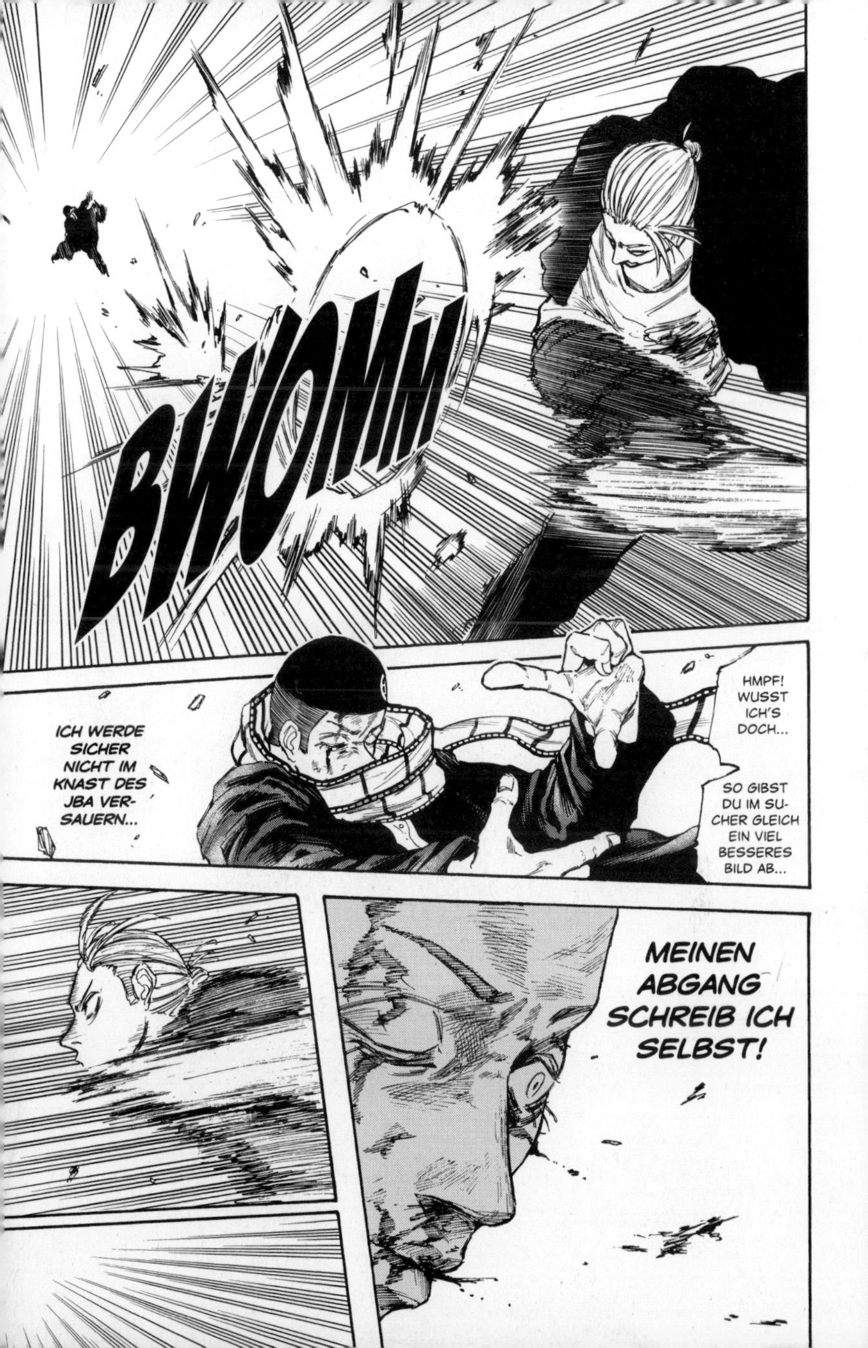
BWOMM
HMPF! WUSST ICH'S DOCH...
SO GIBST DU IM SUCHER GLEICH EIN VIEL BESSERES BILD AB...
ICH WERDE SICHER NICHT IM KNAST DES JBA VERSAUERN...
MEINEN ABGANG SCHREIB ICH SELBST!

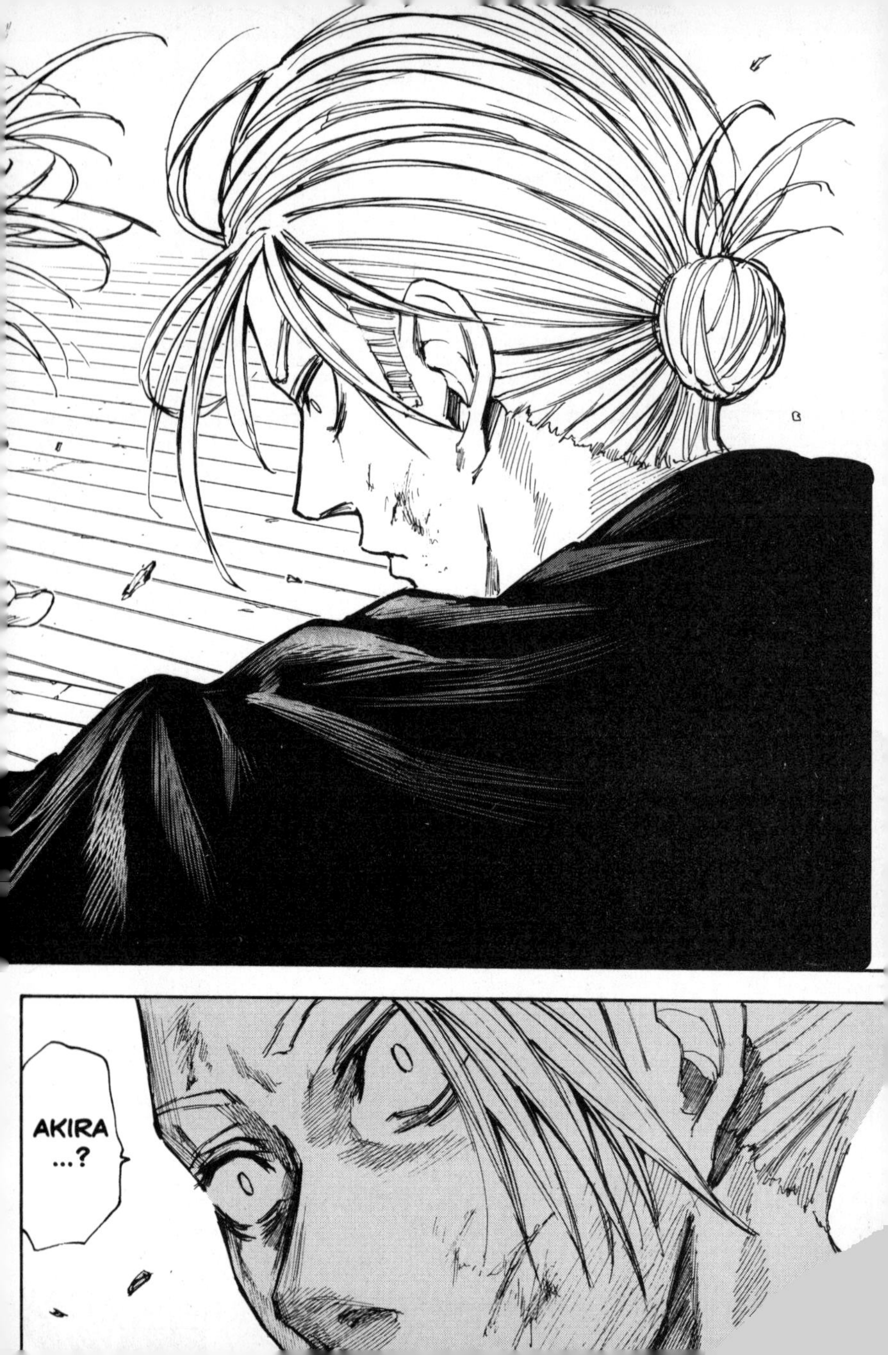
AKIRA
...?

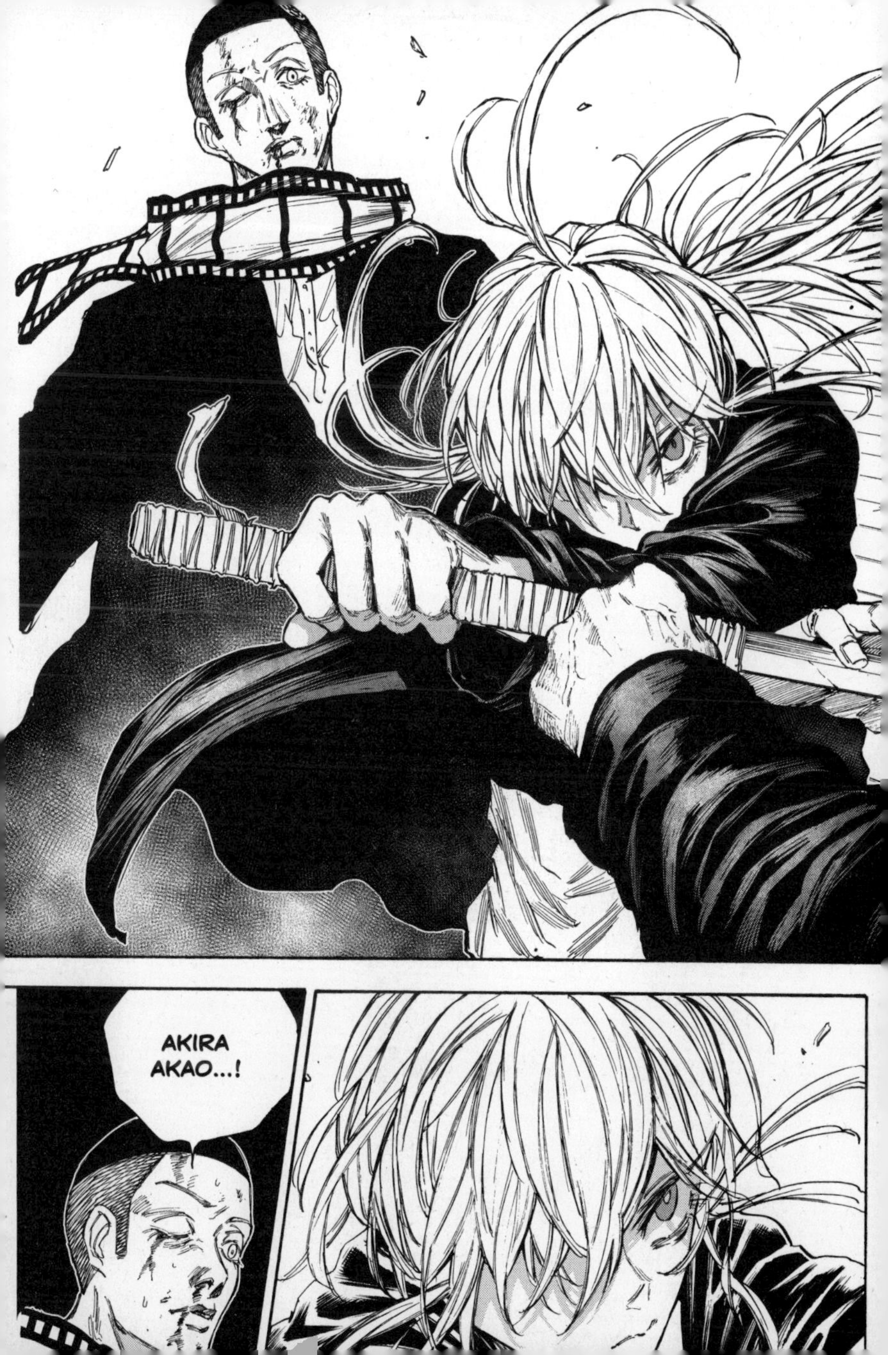
AKIRA AKAO...!

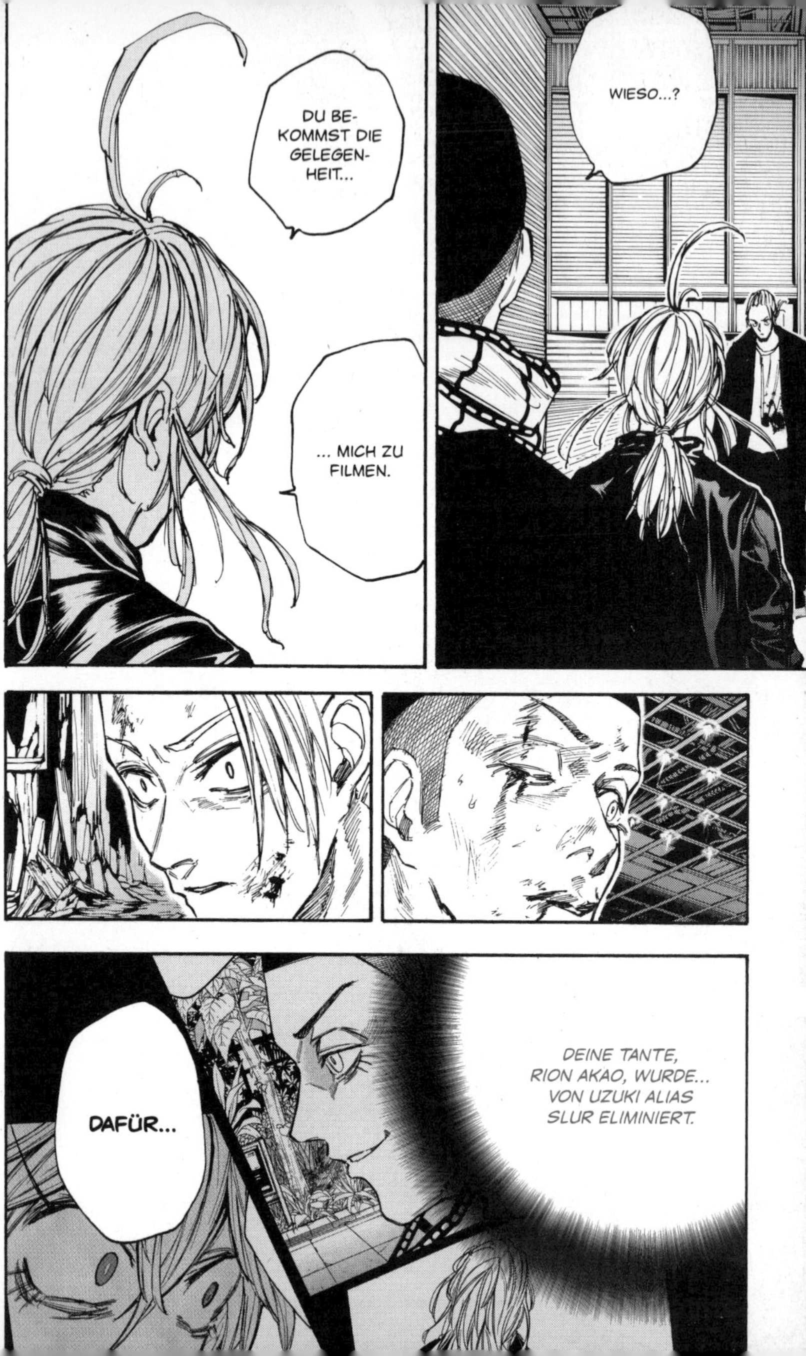
WIESO...?
DU BE-KOMMST DIE GELEGEN-HEIT...
... MICH ZU FILMEN.
DEINE TANTE, RION AKAO, WURDE... VON UZUKI ALIAS SLUR ELIMINIERT.
DAFÜR...

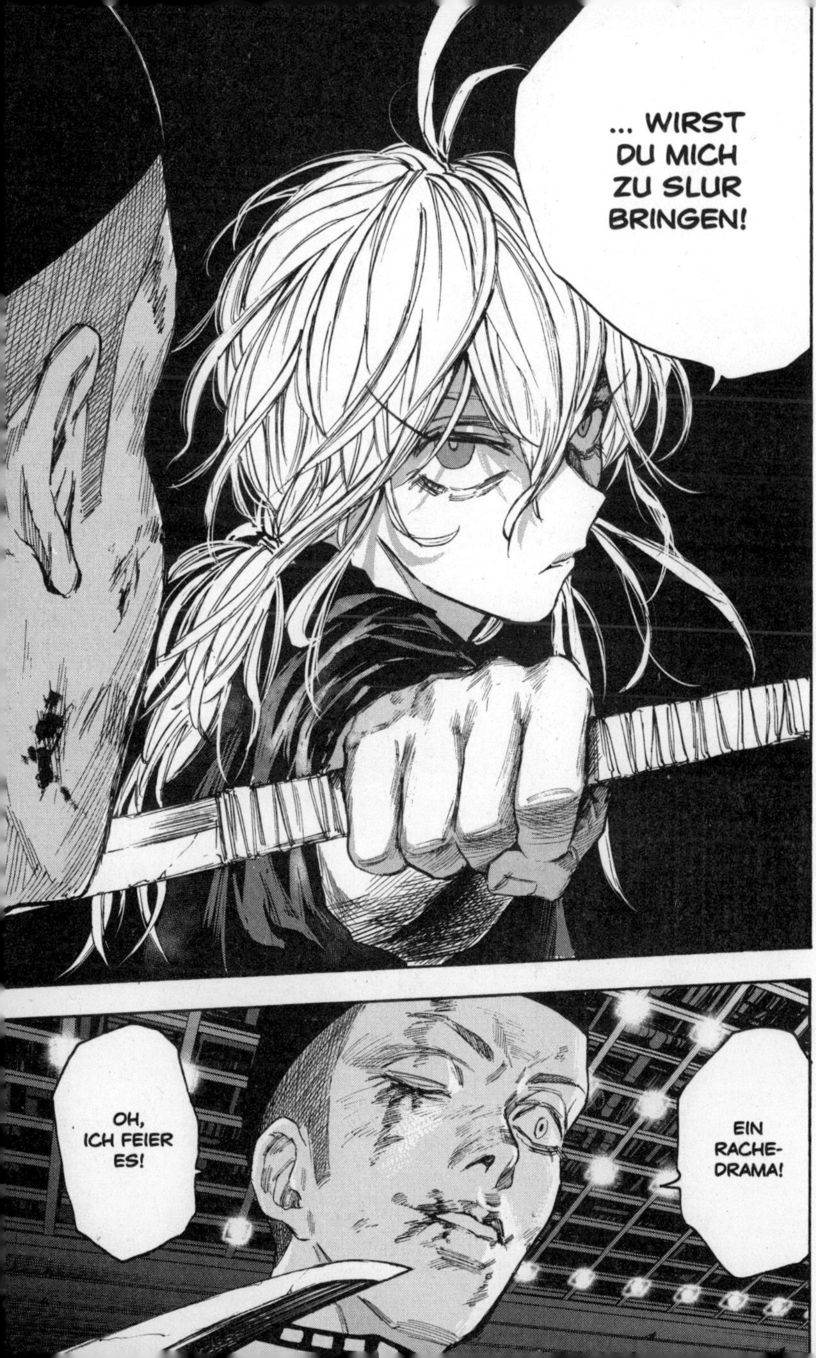
... WIRST DU MICH ZU SLUR BRINGEN!
EIN RACHE-DRAMA!
OH, ICH FEIER ES!

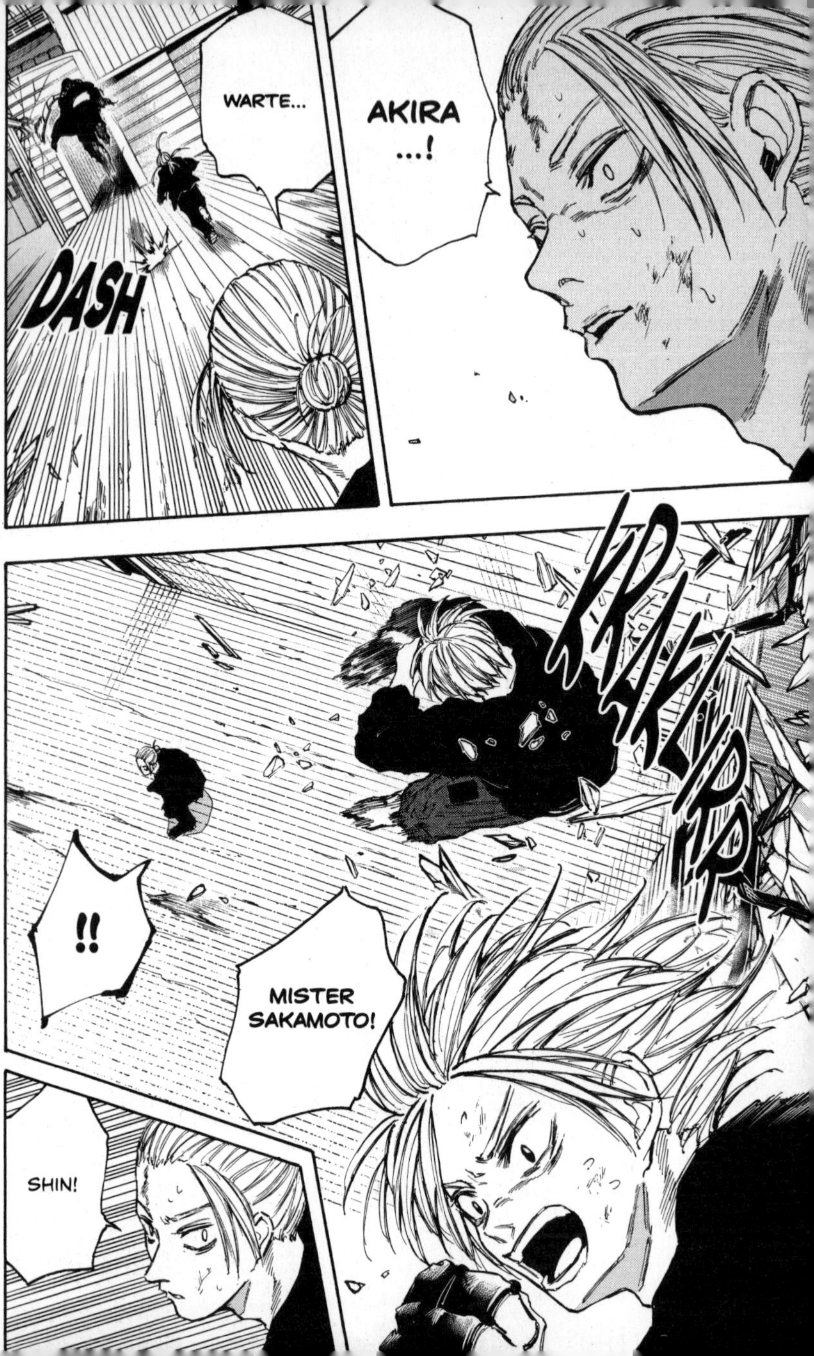
WARTE...
AKIRA ...!
DASH
MISTER SAKAMOTO!
!!
SHIN!

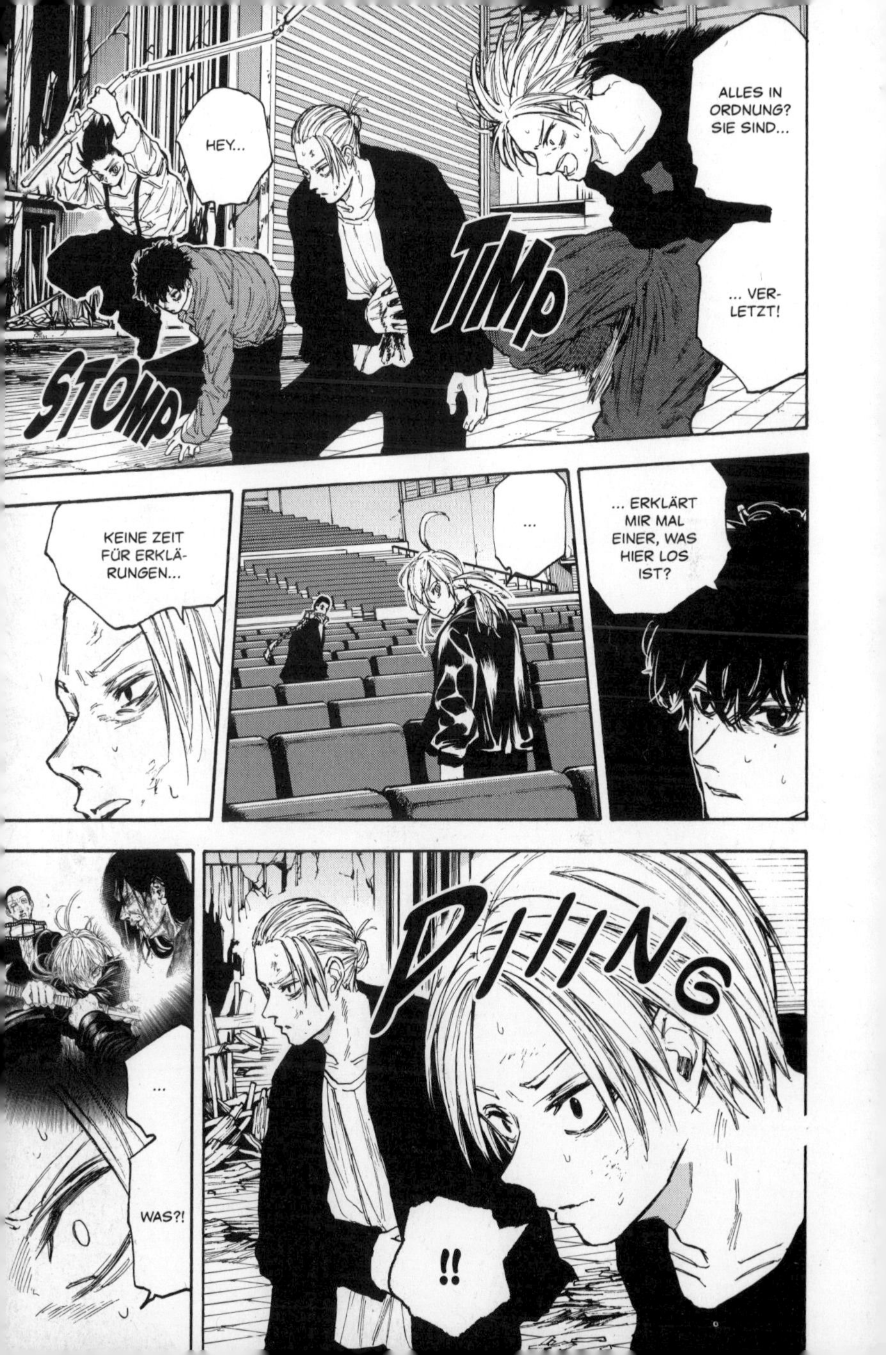
ALLES IN ORDNUNG? SIE SIND...
... VER-LETZT!
TIMP
HEY...
STOMP
... ERKLÄRT MIR MAL EINER, WAS HIER LOS IST?
...
KEINE ZEIT FÜR ERKLÄ-RUNGEN...
DIIING
!!
...
WAS?!

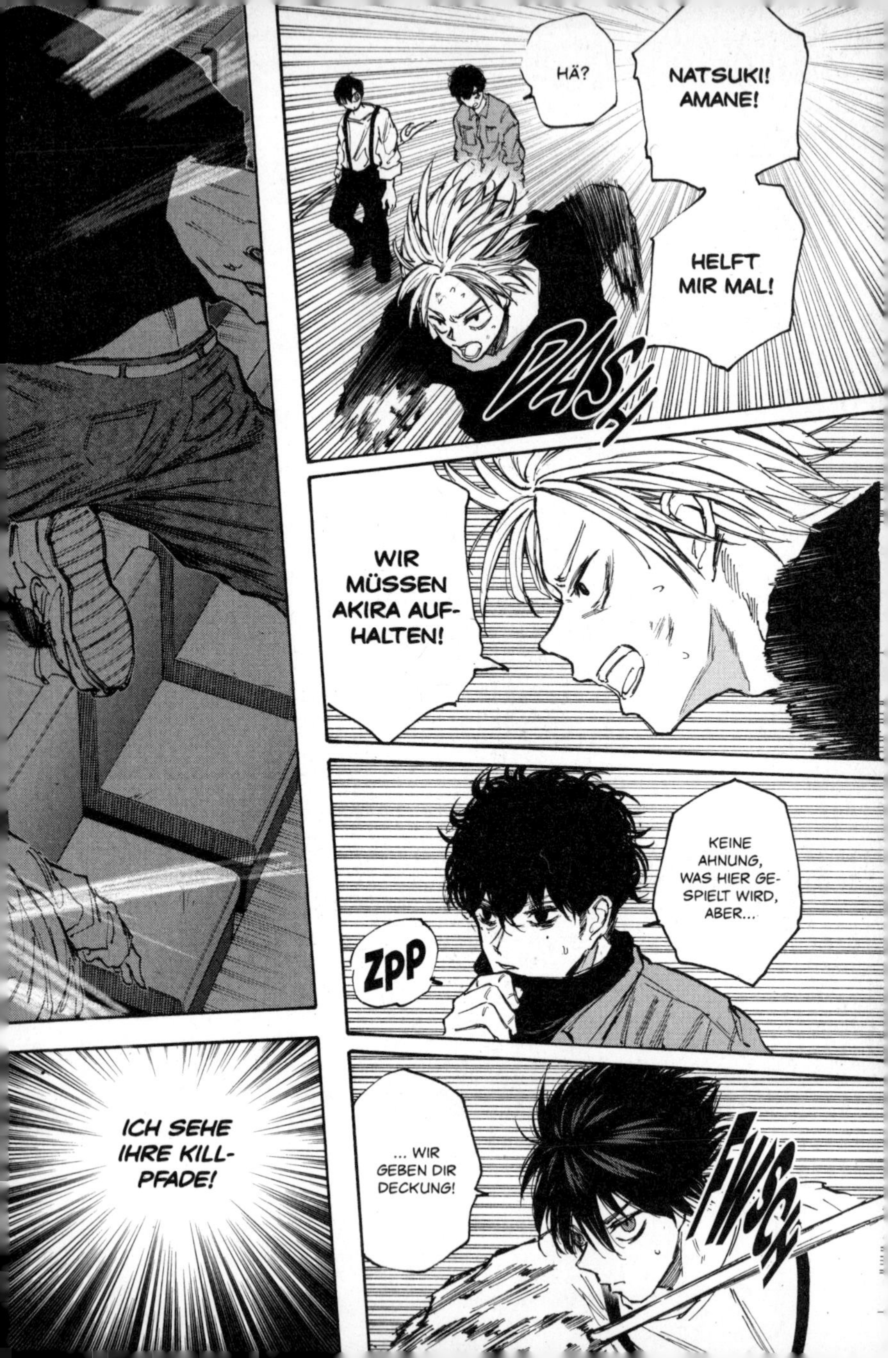

NATSUKI! AMANE!
HÄ?
HELFT MIR MAL!
DASH
WIR MÜSSEN AKIRA AUF-HALTEN!
KEINE AHNUNG, WAS HIER GE-SPIELT WIRD, ABER...
ZPP
... WIR GEBEN DIR DECKUNG!
FWSCH
ICH SEHE IHRE KILL-PFADE!

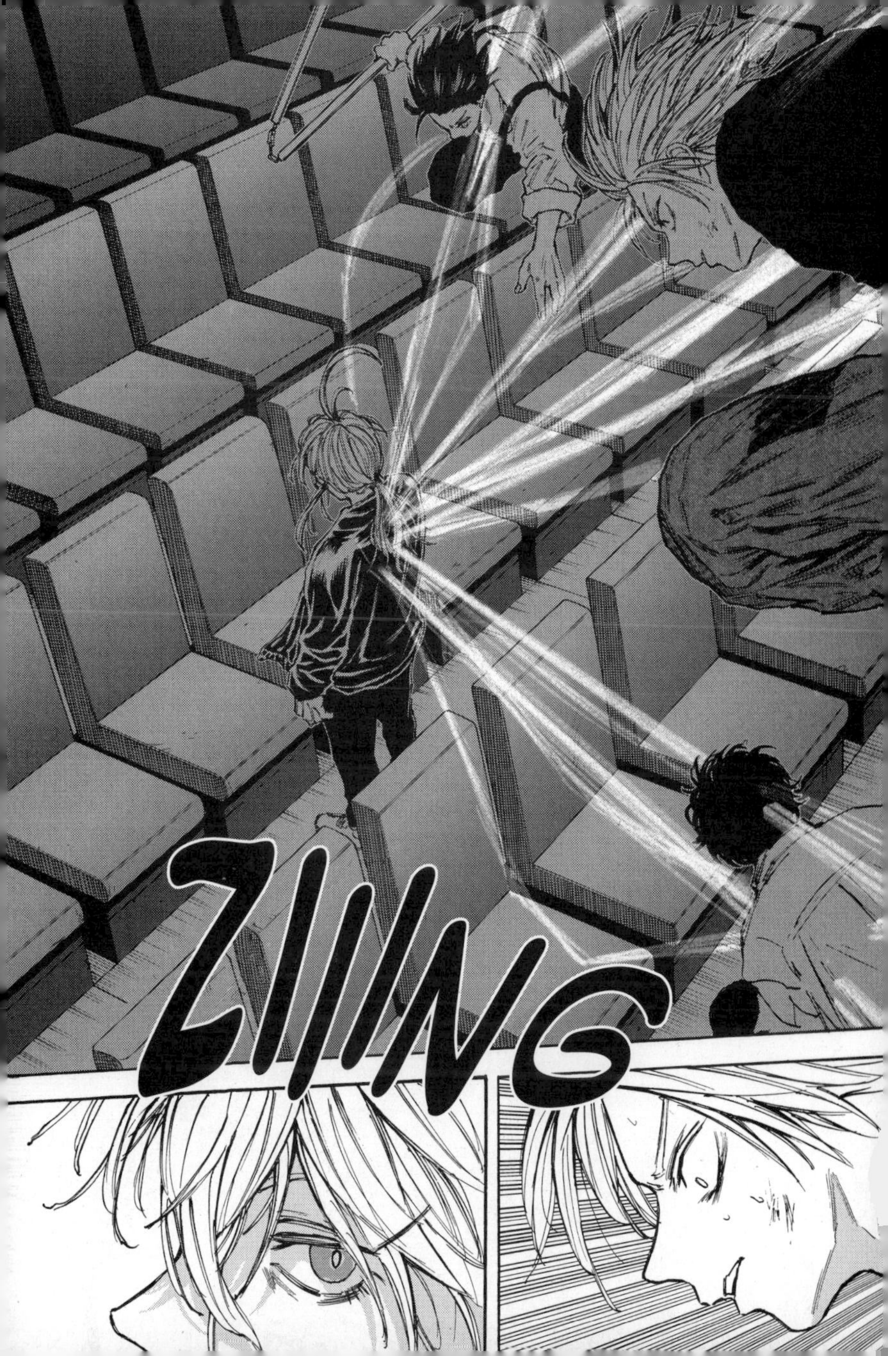
ZIIING

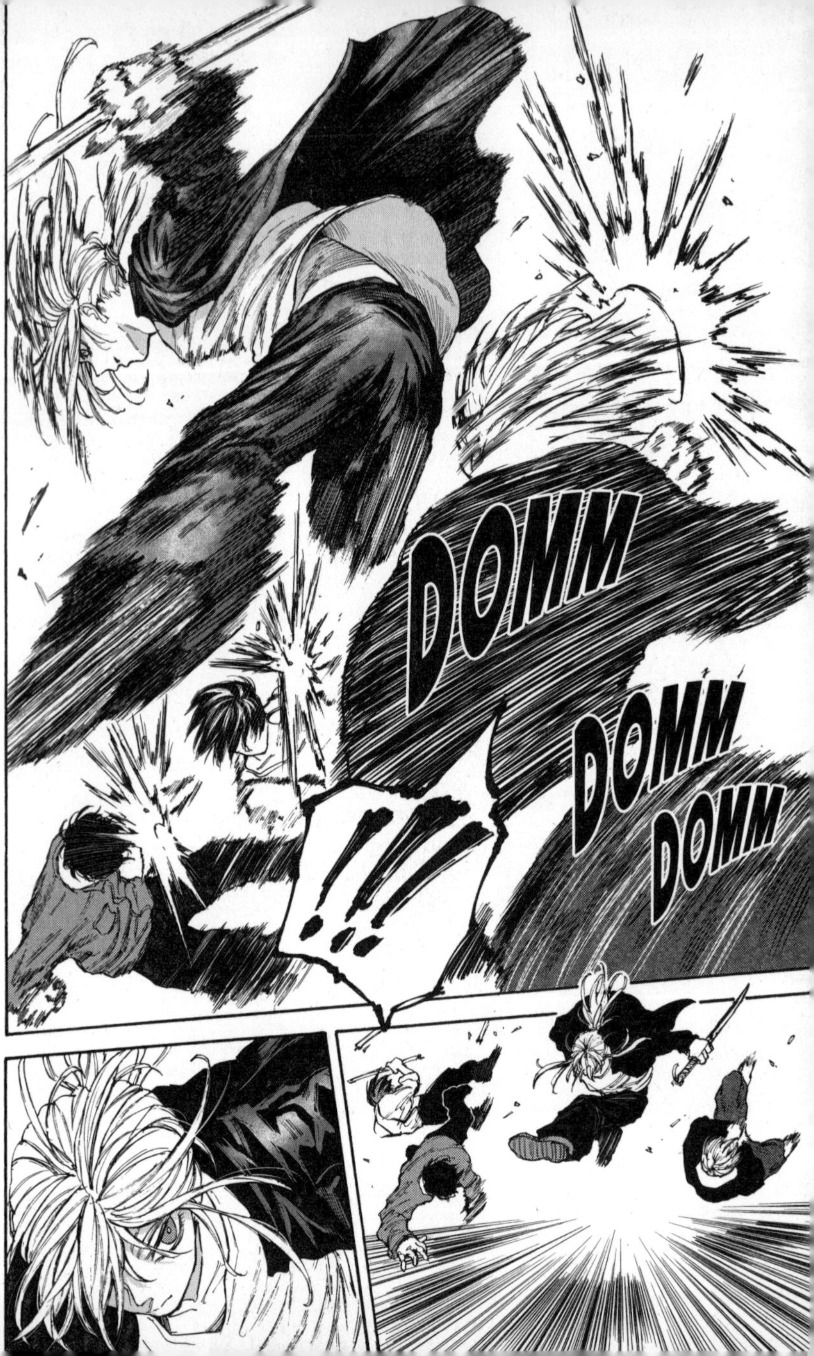
DOMM
DOMM
DOMM
!!!

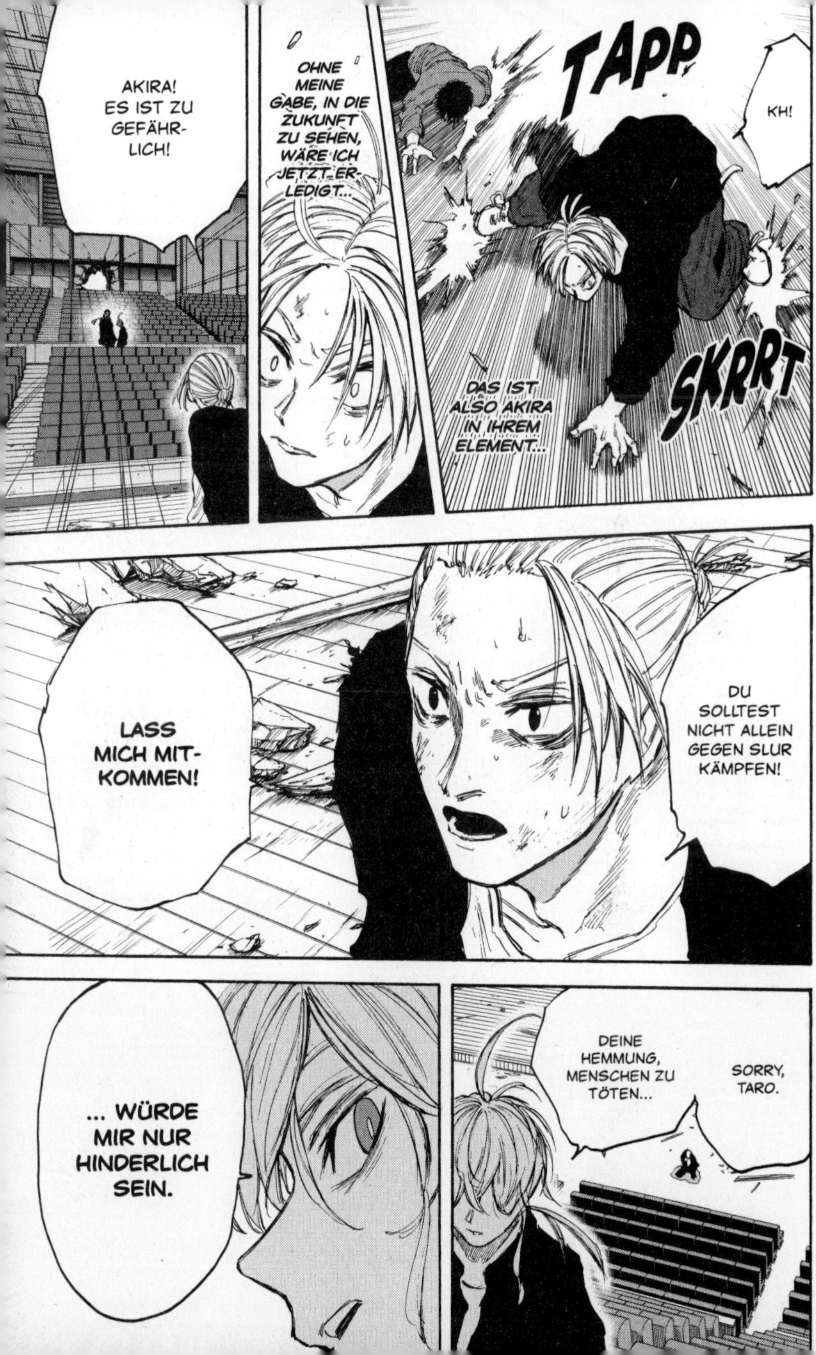
TAPP
KH!
SKRRT
DAS IST ALSO AKIRA IN IHREM ELEMENT...
OHNE MEINE GABE, IN DIE ZUKUNFT ZU SEHEN, WÄRE ICH JETZT ERLEDIGT...
AKIRA! ES IST ZU GEFÄHRLICH!
DU SOLLTEST NICHT ALLEIN GEGEN SLUR KÄMPFEN!
LASS MICH MITKOMMEN!
SORRY, TARO.
DEINE HEMMUNG, MENSCHEN ZU TÖTEN...
... WÜRDE MIR NUR HINDERLICH SEIN.

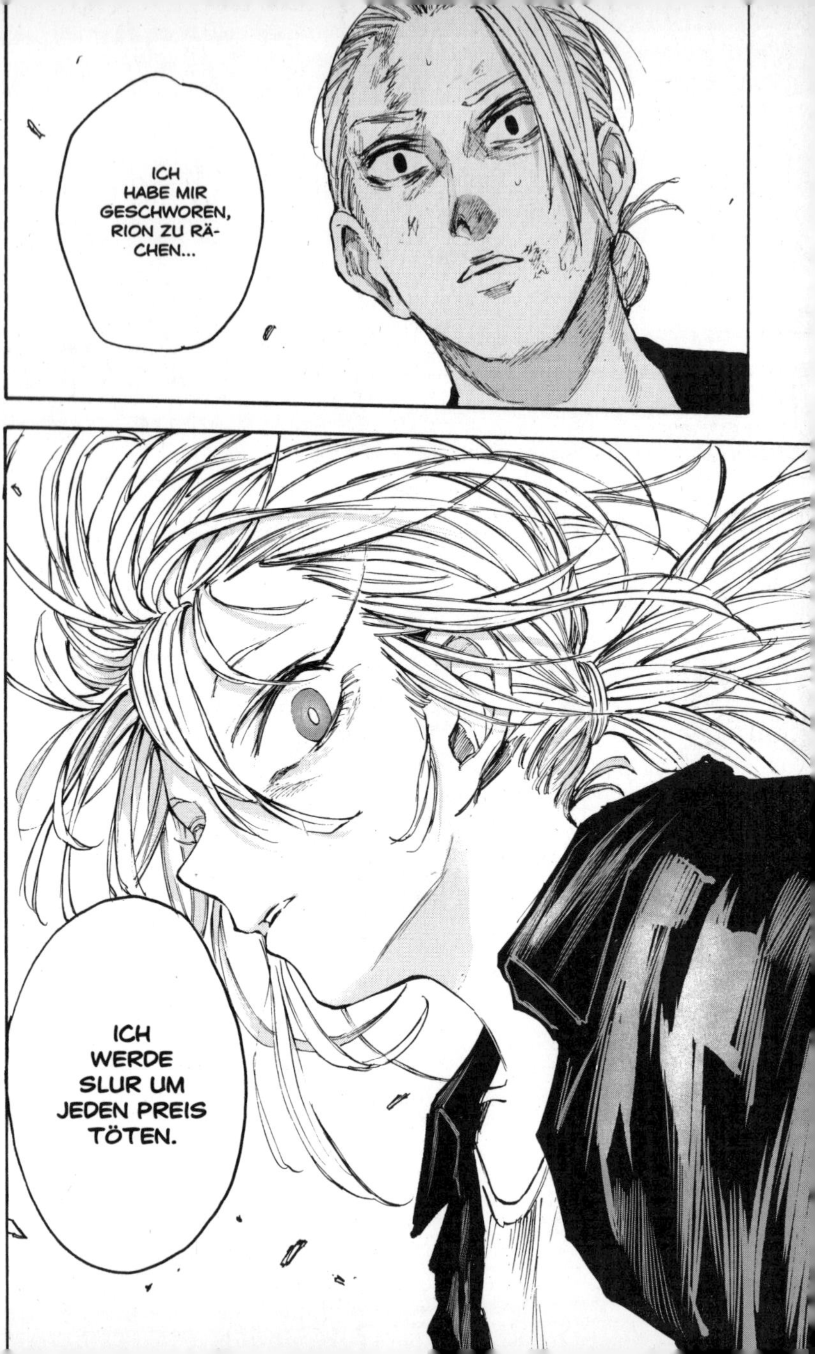
ICH HABE MIR GESCHWOREN, RION ZU RÄCHEN...
ICH WERDE SLUR UM JEDEN PREIS TÖTEN.

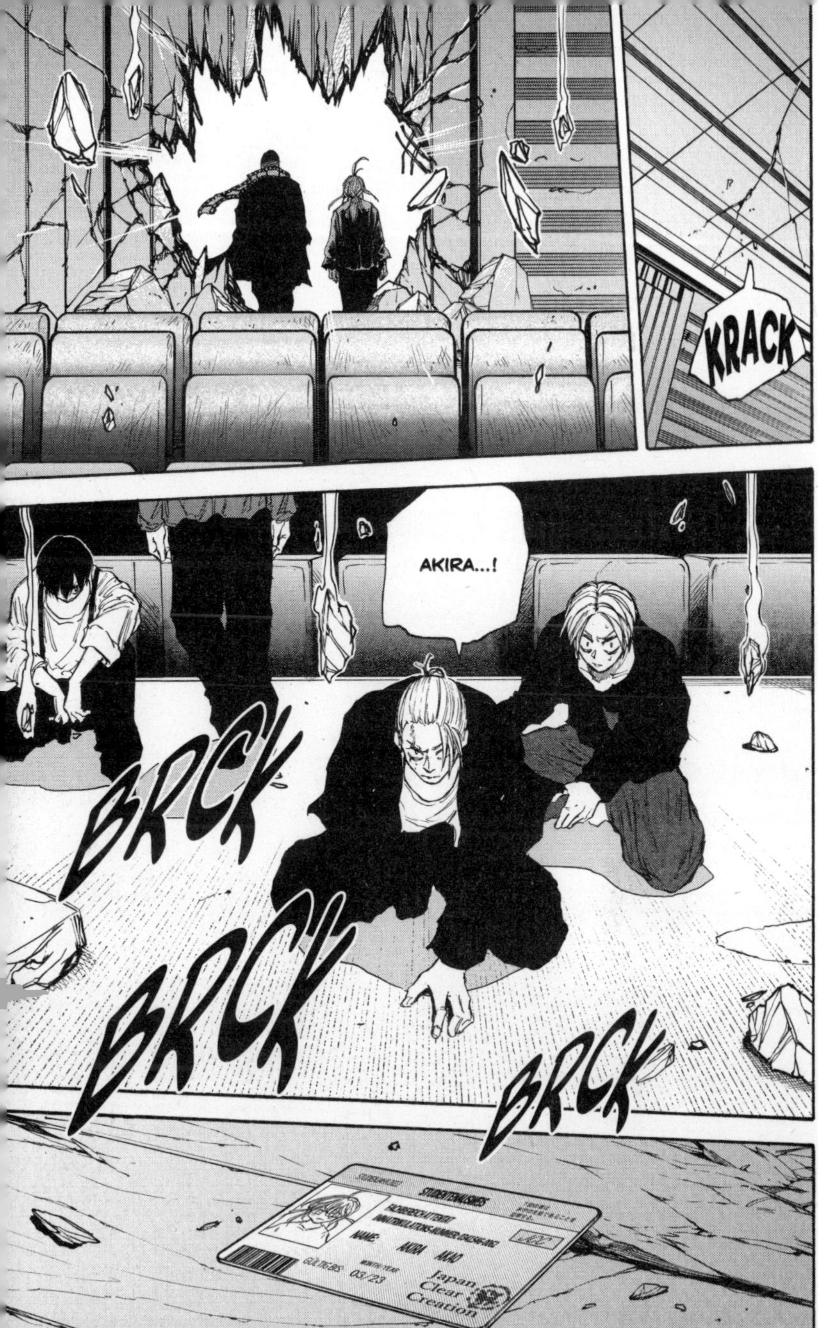
KRACK
AKIRA...!
BRCK
BRCK
BRCK
STUDENTENAUSWEIS
NAME: AKIRA AKAO
GÜLTIG BIS MONTH/YEAR 03/23
Japan Clear Creation

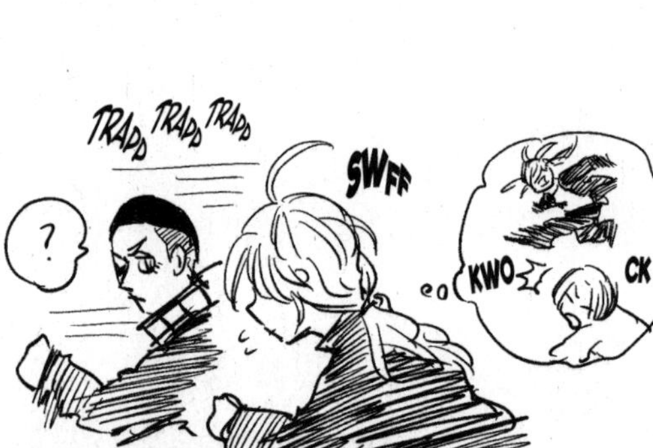
TRAPP TRAPP TRAPP
?
SWFF
KWO
CK

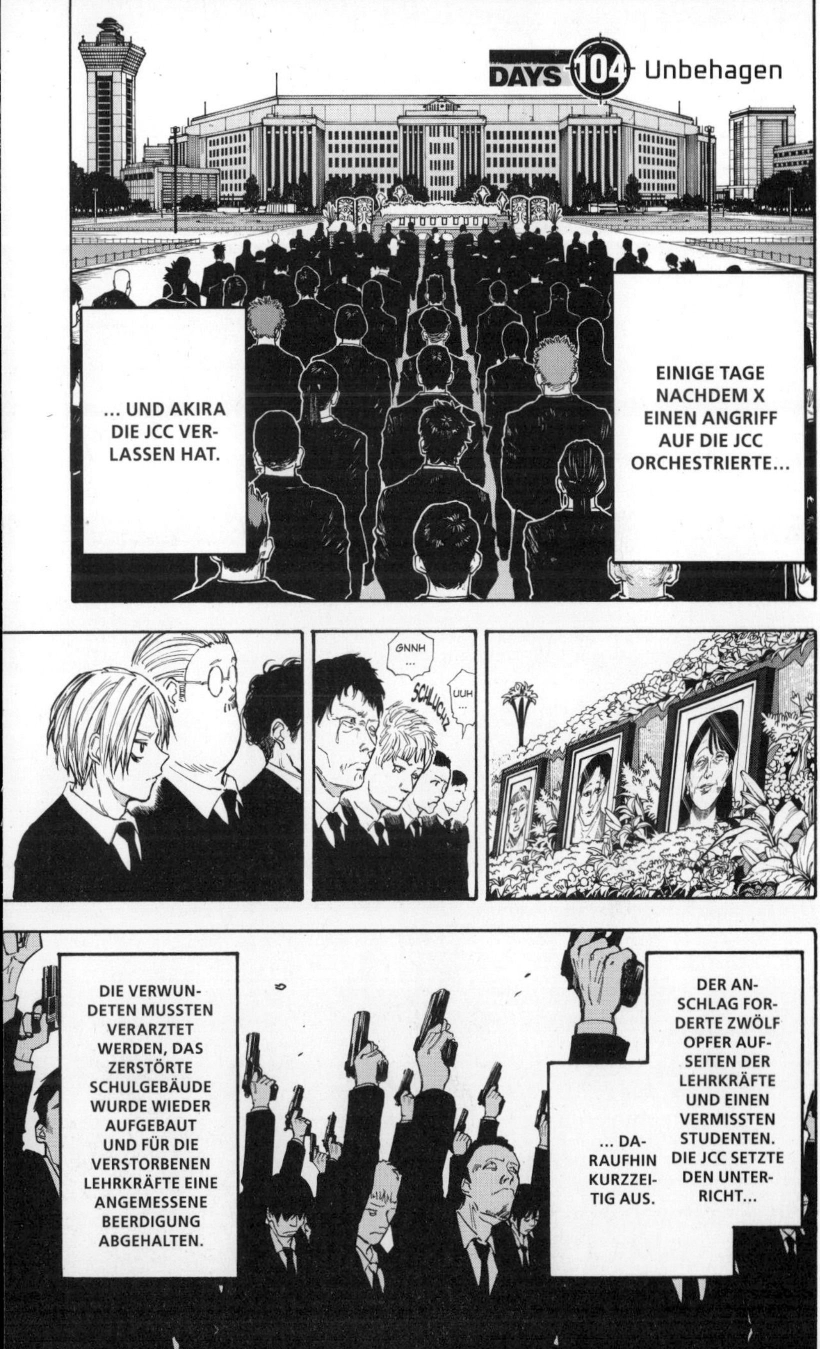
DAYS 104 Unbehagen
EINIGE TAGE NACHDEM X EINEN ANGRIFF AUF DIE JCC ORCHESTRIERTE …
… UND AKIRA DIE JCC VERLASSEN HAT.
GNNH …
SCHLUCHZ
UUH …
DER ANSCHLAG FORDERTE ZWÖLF OPFER AUFSEITEN DER LEHRKRÄFTE UND EINEN VERMISSTEN STUDENTEN. DIE JCC SETZTE DEN UNTERRICHT …
… DARAUFHIN KURZZEITIG AUS.
DIE VERWUNDETEN MUSSTEN VERARZTET WERDEN, DAS ZERSTÖRTE SCHULGEBÄUDE WURDE WIEDER AUFGEBAUT UND FÜR DIE VERSTORBENEN LEHRKRÄFTE EINE ANGEMESSENE BEERDIGUNG ABGEHALTEN.

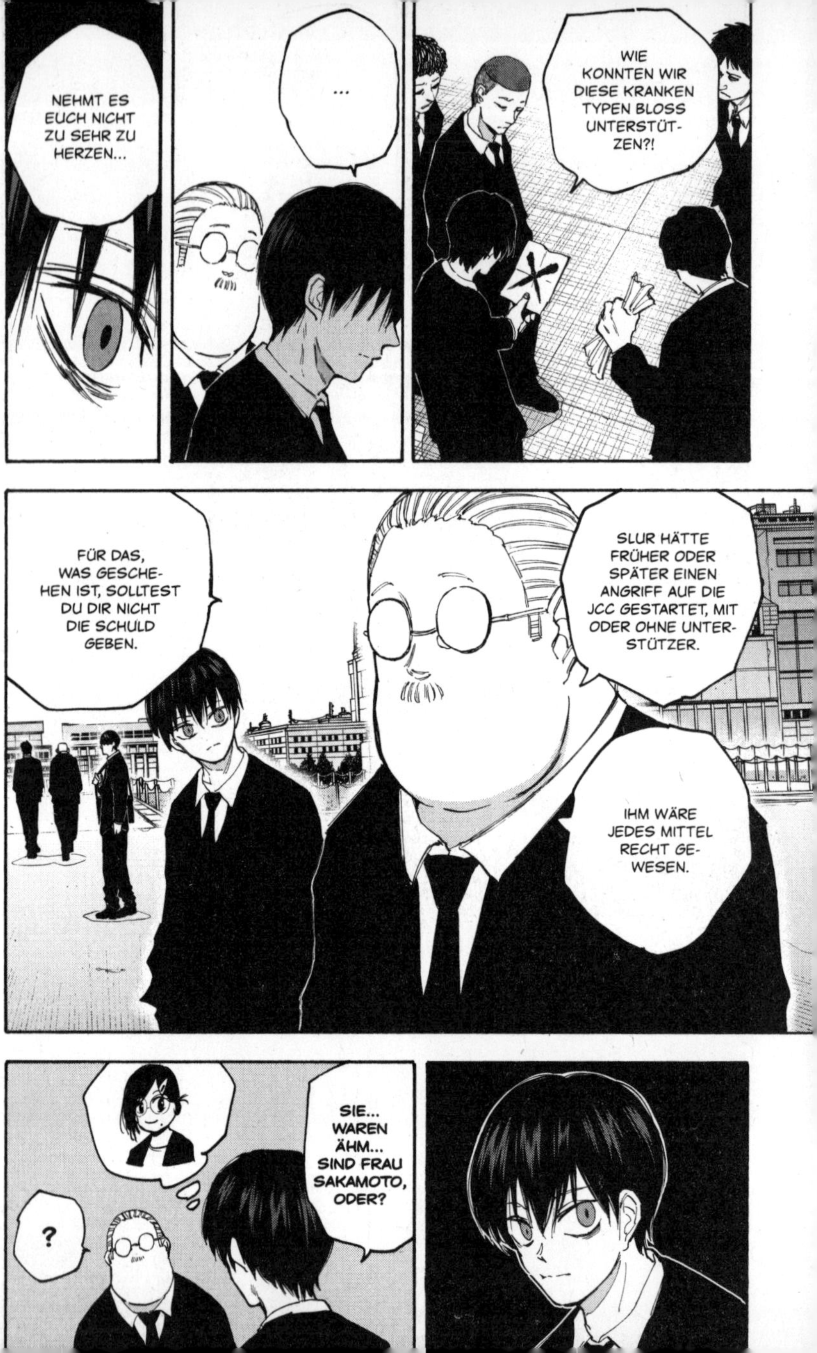
WIE KONNTEN WIR DIESE KRANKEN TYPEN BLOSS UNTERSTÜT-ZEN?!
...
NEHMT ES EUCH NICHT ZU SEHR ZU HERZEN...
SLUR HÄTTE FRÜHER ODER SPÄTER EINEN ANGRIFF AUF DIE JCC GESTARTET, MIT ODER OHNE UNTER-STÜTZER.
IHM WÄRE JEDES MITTEL RECHT GE-WESEN.
FÜR DAS, WAS GESCHE-HEN IST, SOLLTEST DU DIR NICHT DIE SCHULD GEBEN.
SIE... WAREN ÄHM... SIND FRAU SAKAMOTO, ODER?
?

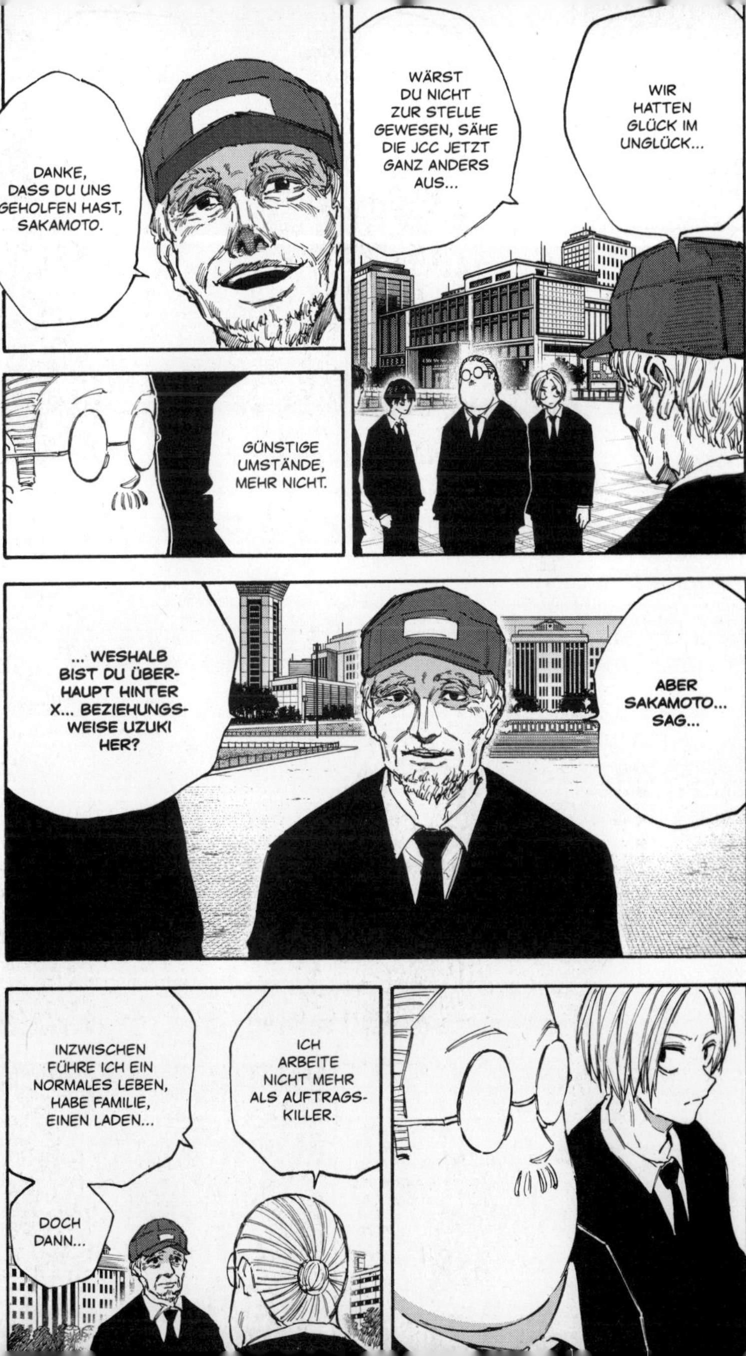
WIR HATTEN GLÜCK IM UNGLÜCK...
WÄRST DU NICHT ZUR STELLE GEWESEN, SÄHE DIE JCC JETZT GANZ ANDERS AUS...
DANKE, DASS DU UNS GEHOLFEN HAST, SAKAMOTO.
GÜNSTIGE UMSTÄNDE, MEHR NICHT.
ABER SAKAMOTO... SAG...
... WESHALB BIST DU ÜBERHAUPT HINTER X... BEZIEHUNGSWEISE UZUKI HER?
ICH ARBEITE NICHT MEHR ALS AUFTRAGSKILLER.
INZWISCHEN FÜHRE ICH EIN NORMALES LEBEN, HABE FAMILIE, EINEN LADEN...
DOCH DANN...

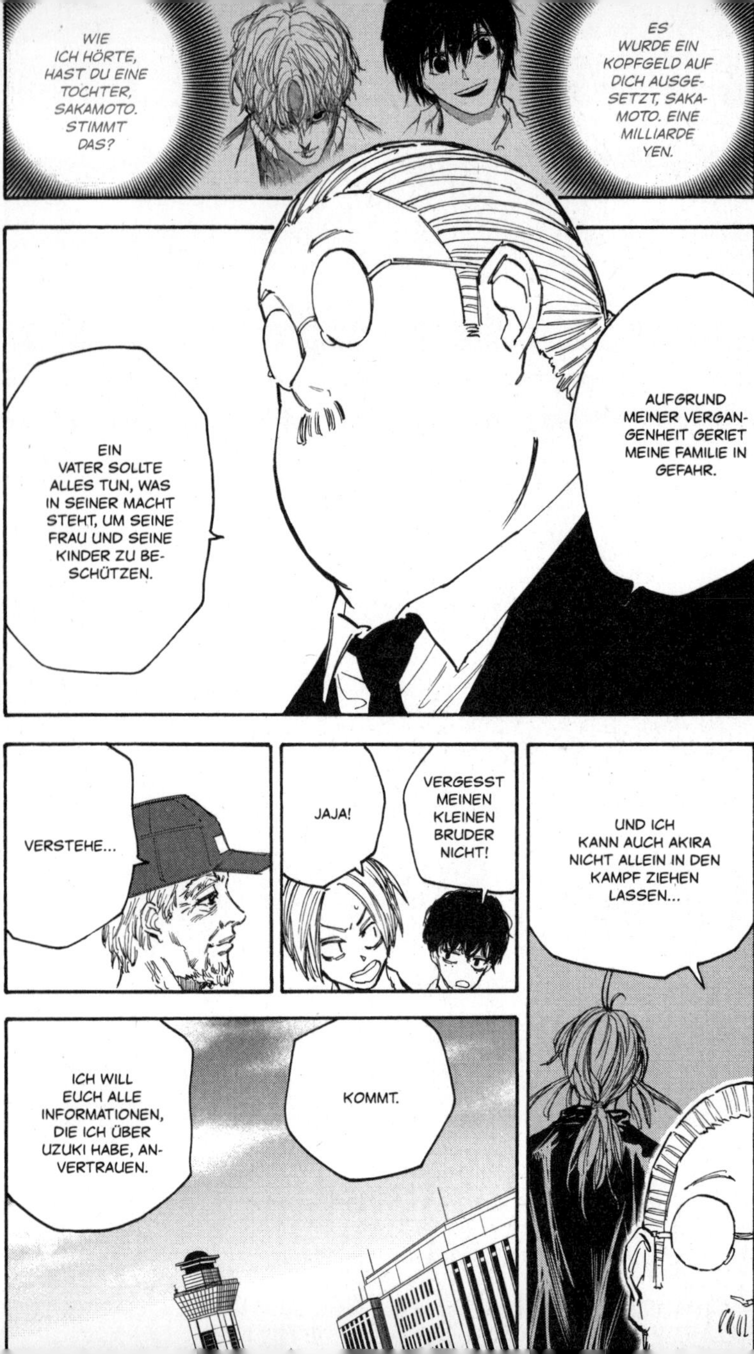
ES WURDE EIN KOPFGELD AUF DICH AUSGESETZT, SAKAMOTO. EINE MILLIARDE YEN.
WIE ICH HÖRTE, HAST DU EINE TOCHTER, SAKAMOTO. STIMMT DAS?
AUFGRUND MEINER VERGANGENHEIT GERIET MEINE FAMILIE IN GEFAHR.
EIN VATER SOLLTE ALLES TUN, WAS IN SEINER MACHT STEHT, UM SEINE FRAU UND SEINE KINDER ZU BESCHÜTZEN.
UND ICH KANN AUCH AKIRA NICHT ALLEIN IN DEN KAMPF ZIEHEN LASSEN...
VERGESST MEINEN KLEINEN BRUDER NICHT!
JAJA!
VERSTEHE...
ICH WILL EUCH ALLE INFORMATIONEN, DIE ICH ÜBER UZUKI HABE, ANVERTRAUEN.
KOMMT.

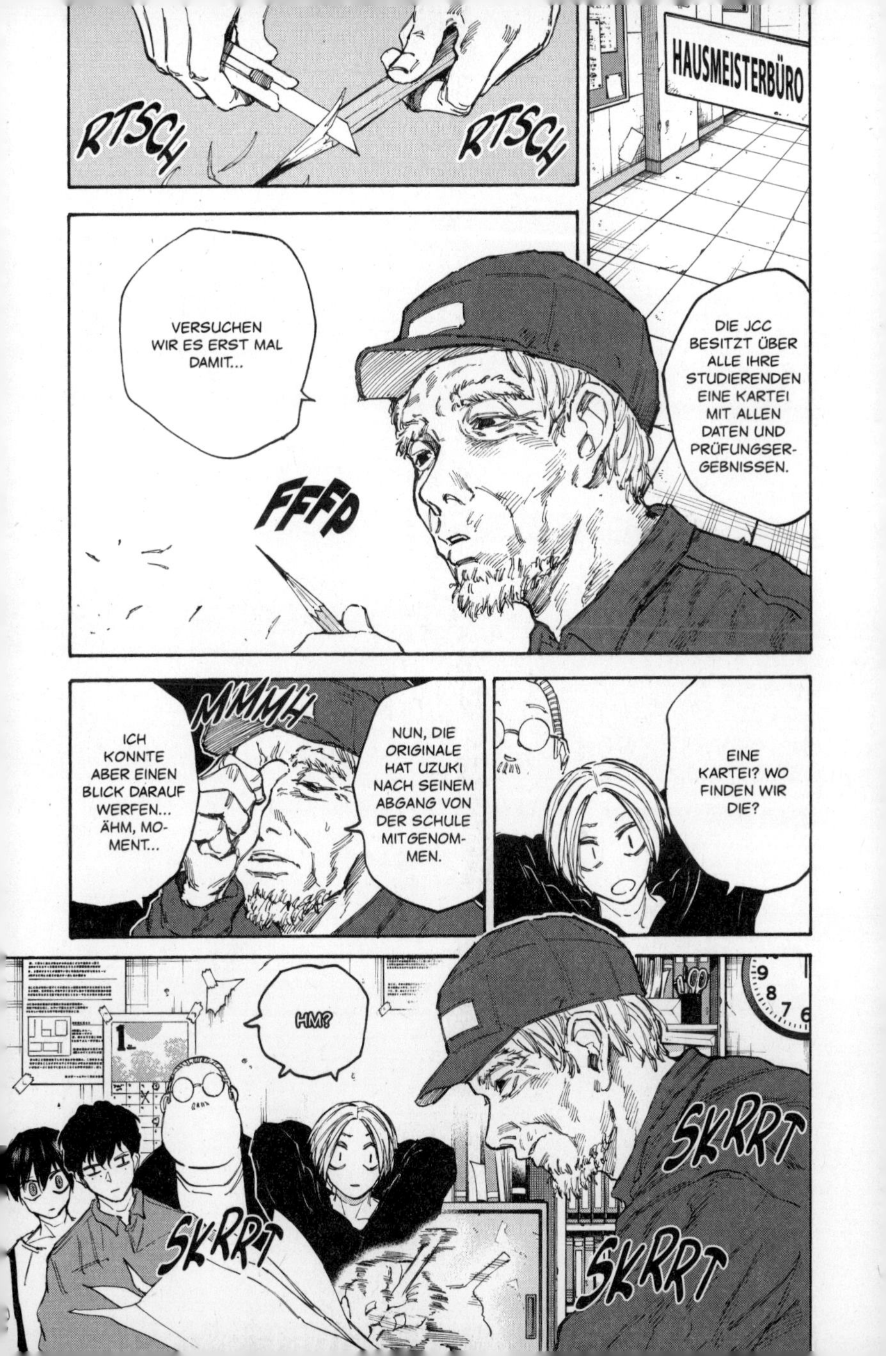
HAUSMEISTERBÜRO
RTSCH
RTSCH
DIE JCC BESITZT ÜBER ALLE IHRE STUDIERENDEN EINE KARTEI MIT ALLEN DATEN UND PRÜFUNGSER-GEBNISSEN.
FFFP
VERSUCHEN WIR ES ERST MAL DAMIT...
EINE KARTEI? WO FINDEN WIR DIE?
NUN, DIE ORIGINALE HAT UZUKI NACH SEINEM ABGANG VON DER SCHULE MITGENOMM-MEN.
MMMH
ICH KONNTE ABER EINEN BLICK DARAUF WERFEN... ÄHM, MO-MENT...
HM?
SKRRT
SKRRT
SKRRT

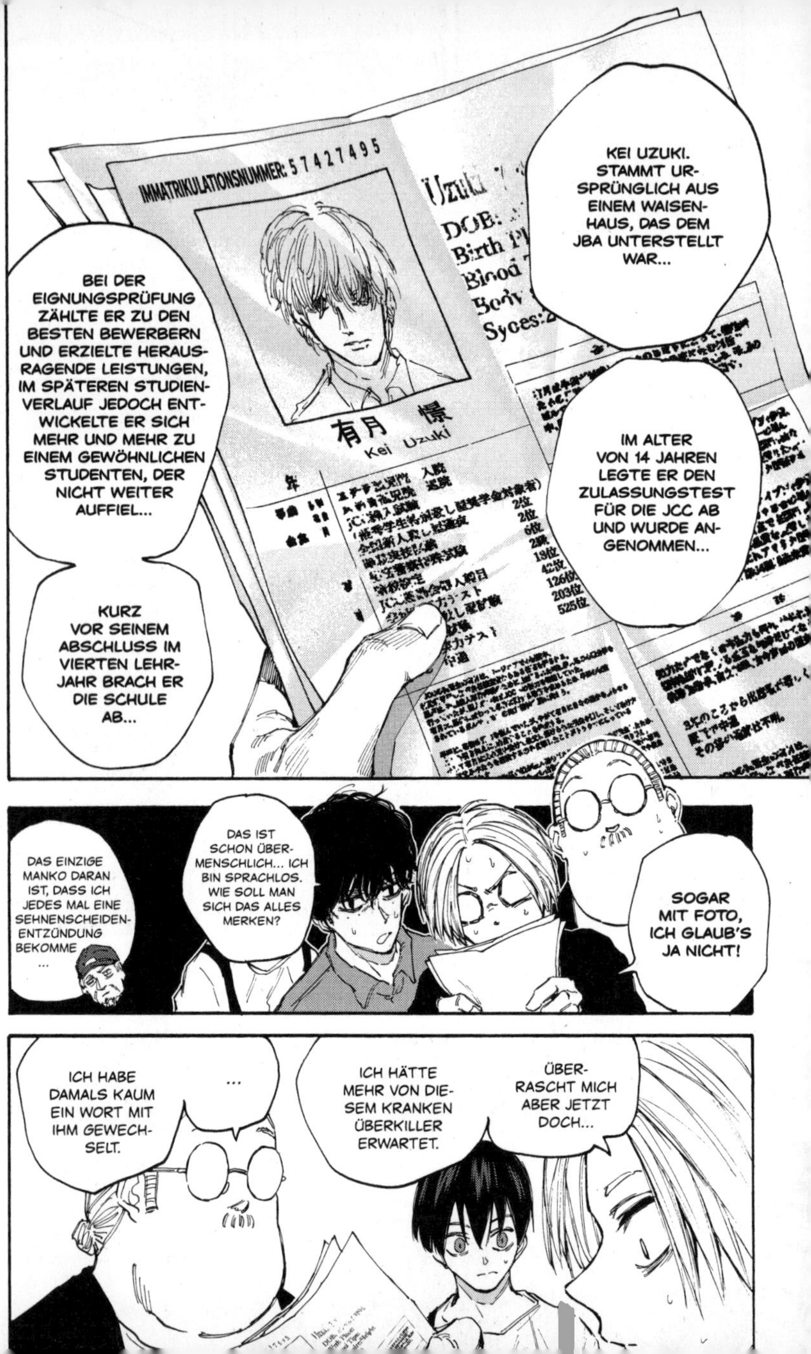
IMMATRIKULATIONSNUMMER: 57427495
有月 憬
Kei Uzuki
KEI UZUKI. STAMMT URSPRÜNGLICH AUS EINEM WAISENHAUS, DAS DEM JBA UNTERSTELLT WAR...
IM ALTER VON 14 JAHREN LEGTE ER DEN ZULASSUNGSTEST FÜR DIE JCC AB UND WURDE ANGENOMMEN...
BEI DER EIGNUNGSPRÜFUNG ZÄHLTE ER ZU DEN BESTEN BEWERBERN UND ERZIELTE HERAUSRAGENDE LEISTUNGEN, IM SPÄTEREN STUDIENVERLAUF JEDOCH ENTWICKELTE ER SICH MEHR UND MEHR ZU EINEM GEWÖHNLICHEN STUDENTEN, DER NICHT WEITER AUFFIEL...
KURZ VOR SEINEM ABSCHLUSS IM VIERTEN LEHRJAHR BRACH ER DIE SCHULE AB...
SOGAR MIT FOTO, ICH GLAUB'S JA NICHT!
DAS IST SCHON ÜBERMENSCHLICH... ICH BIN SPRACHLOS. WIE SOLL MAN SICH DAS ALLES MERKEN?
DAS EINZIGE MANKO DARAN IST, DASS ICH JEDES MAL EINE SEHNENSCHEIDENENTZÜNDUNG BEKOMME ...
ÜBERRASCHT MICH ABER JETZT DOCH...
ICH HÄTTE MEHR VON DIESEM KRANKEN ÜBERKILLER ERWARTET.
...
ICH HABE DAMALS KAUM EIN WORT MIT IHM GEWECHSELT.

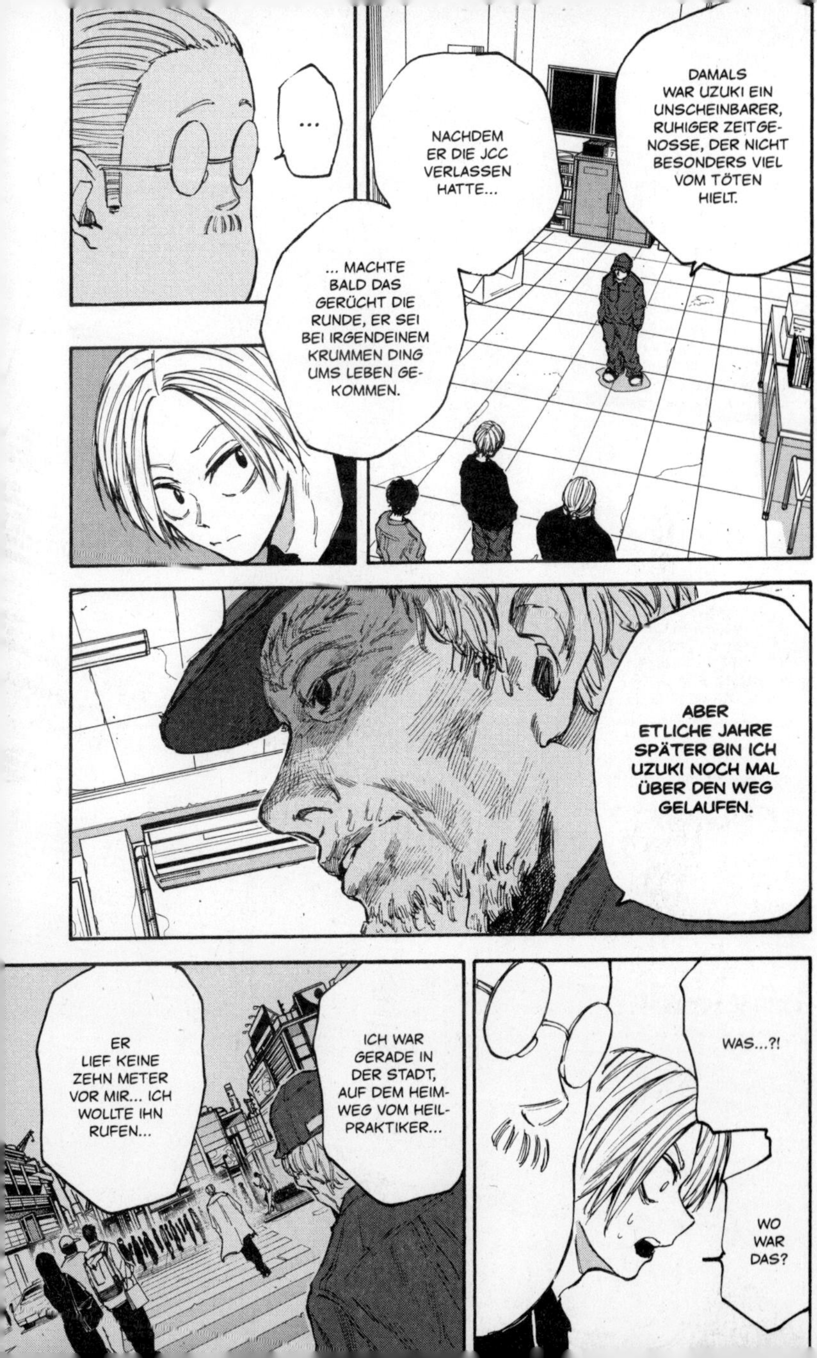
DAMALS WAR UZUKI EIN UNSCHEINBARER, RUHIGER ZEITGE-NOSSE, DER NICHT BESONDERS VIEL VOM TÖTEN HIELT.
NACHDEM ER DIE JCC VERLASSEN HATTE...
... MACHTE BALD DAS GERÜCHT DIE RUNDE, ER SEI BEI IRGENDEINEM KRUMMEN DING UMS LEBEN GE-KOMMEN.
...
ABER ETLICHE JAHRE SPÄTER BIN ICH UZUKI NOCH MAL ÜBER DEN WEG GELAUFEN.
ICH WAR GERADE IN DER STADT, AUF DEM HEIM-WEG VOM HEIL-PRAKTIKER...
ER LIEF KEINE ZEHN METER VOR MIR... ICH WOLLTE IHN RUFEN...
WAS...?!
WO WAR DAS?

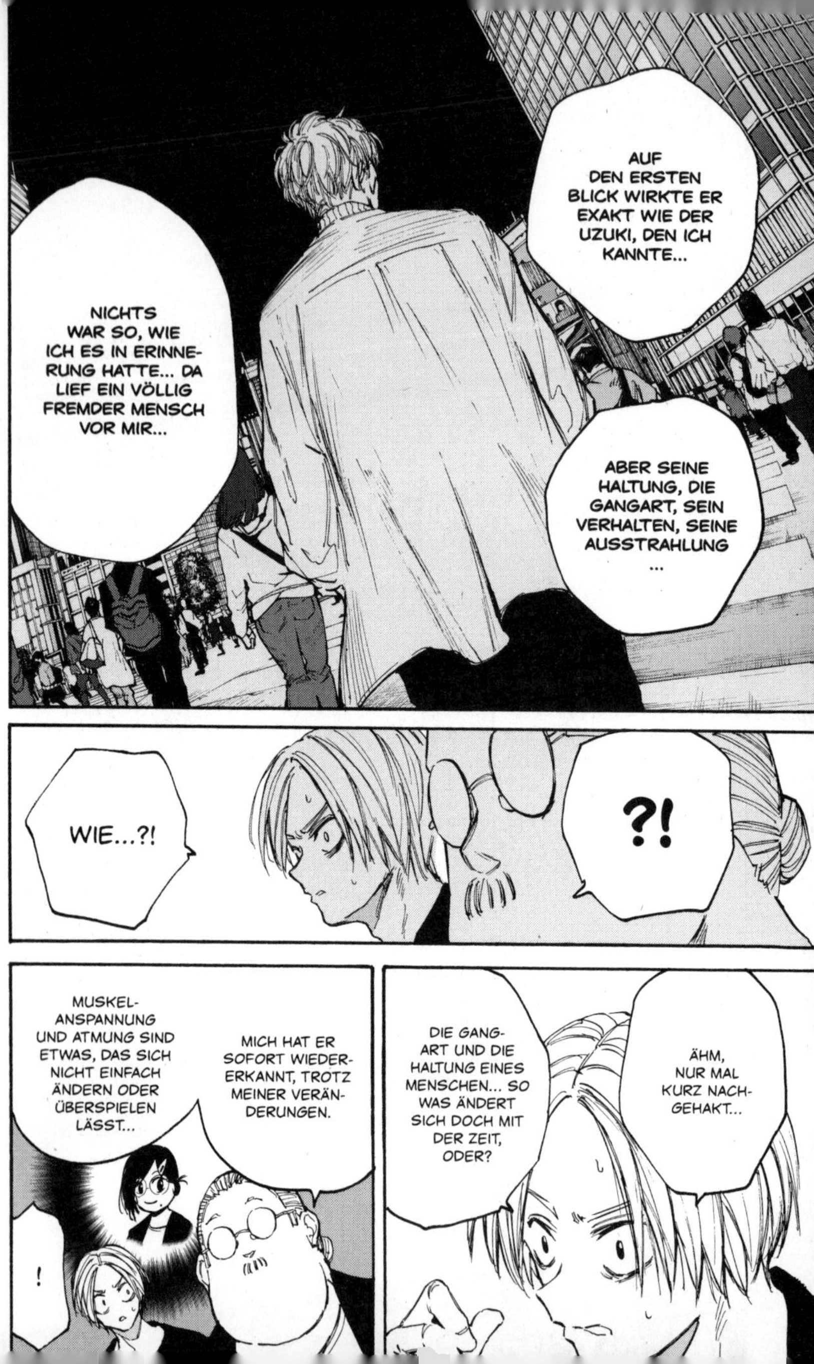
AUF DEN ERSTEN BLICK WIRKTE ER EXAKT WIE DER UZUKI, DEN ICH KANNTE...
ABER SEINE HALTUNG, DIE GANGART, SEIN VERHALTEN, SEINE AUSSTRAHLUNG ...
NICHTS WAR SO, WIE ICH ES IN ERINNERUNG HATTE... DA LIEF EIN VÖLLIG FREMDER MENSCH VOR MIR...
?!
WIE...?!
ÄHM, NUR MAL KURZ NACHGEHAKT...
DIE GANGART UND DIE HALTUNG EINES MENSCHEN... SO WAS ÄNDERT SICH DOCH MIT DER ZEIT, ODER?
MICH HAT ER SOFORT WIEDERERKANNT, TROTZ MEINER VERÄNDERUNGEN.
MUSKELANSPANNUNG UND ATMUNG SIND ETWAS, DAS SICH NICHT EINFACH ÄNDERN ODER ÜBERSPIELEN LÄSST...
!

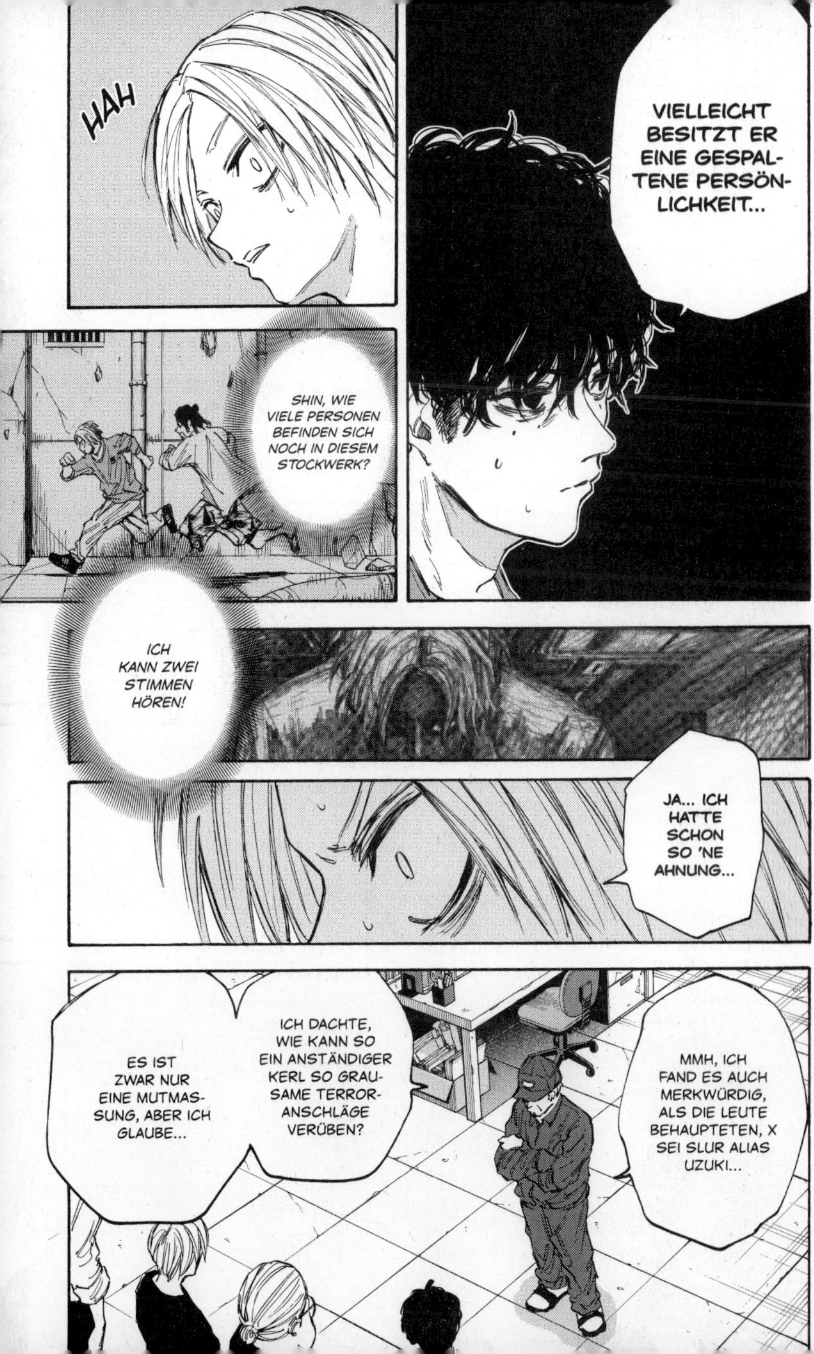
VIELLEICHT BESITZT ER EINE GESPAL-TENE PERSÖN-LICHKEIT...
HAH
SHIN, WIE VIELE PERSONEN BEFINDEN SICH NOCH IN DIESEM STOCKWERK?
ICH KANN ZWEI STIMMEN HÖREN!
JA... ICH HATTE SCHON SO 'NE AHNUNG...
MMH, ICH FAND ES AUCH MERKWÜRDIG, ALS DIE LEUTE BEHAUPTETEN, X SEI SLUR ALIAS UZUKI...
ICH DACHTE, WIE KANN SO EIN ANSTÄNDIGER KERL SO GRAU-SAME TERROR-ANSCHLÄGE VERÜBEN?
ES IST ZWAR NUR EINE MUTMAS-SUNG, ABER ICH GLAUBE...

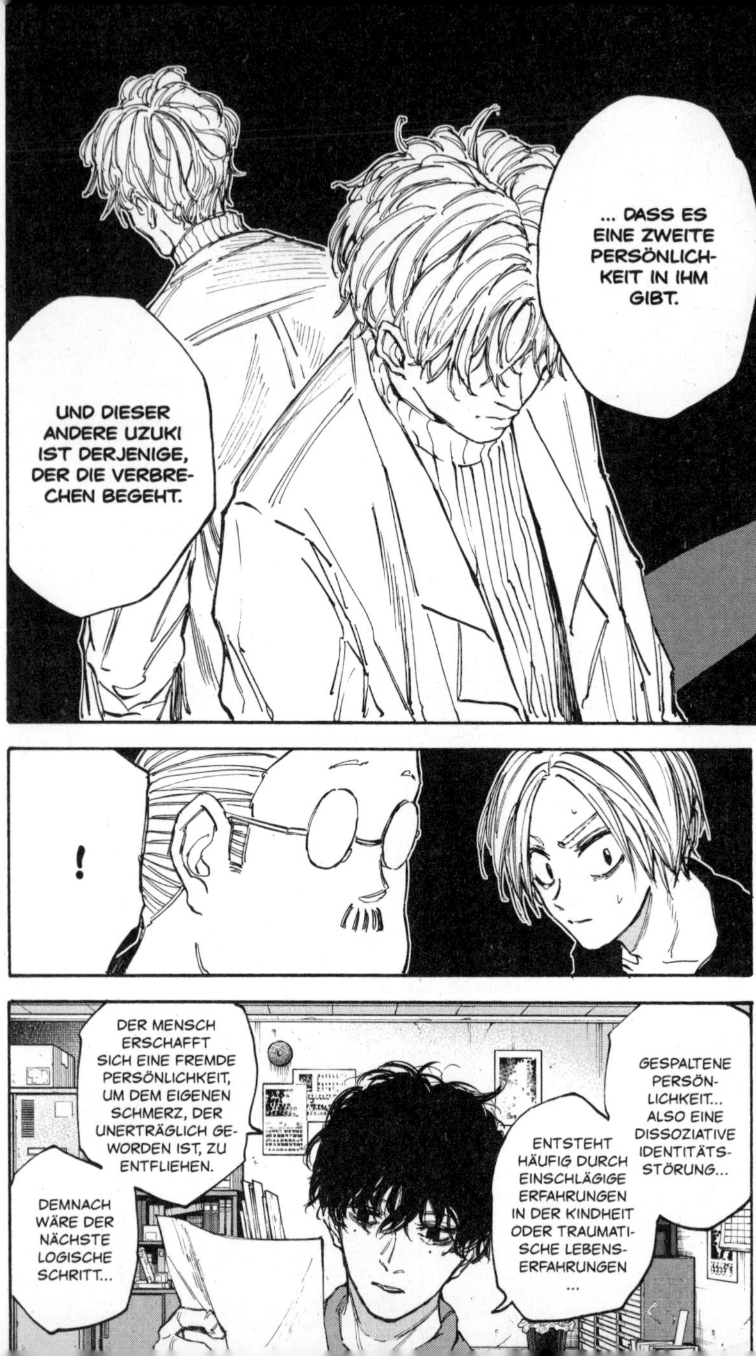
... DASS ES EINE ZWEITE PERSÖNLICHKEIT IN IHM GIBT.
UND DIESER ANDERE UZUKI IST DERJENIGE, DER DIE VERBRECHEN BEGEHT.
!
GESPALTENE PERSÖNLICHKEIT... ALSO EINE DISSOZIATIVE IDENTITÄTSSTÖRUNG...
ENTSTEHT HÄUFIG DURCH EINSCHLÄGIGE ERFAHRUNGEN IN DER KINDHEIT ODER TRAUMATISCHE LEBENSERFAHRUNGEN ...
DER MENSCH ERSCHAFFT SICH EINE FREMDE PERSÖNLICHKEIT, UM DEM EIGENEN SCHMERZ, DER UNERTRÄGLICH GEWORDEN IST, ZU ENTFLIEHEN.
DEMNACH WÄRE DER NÄCHSTE LOGISCHE SCHRITT...

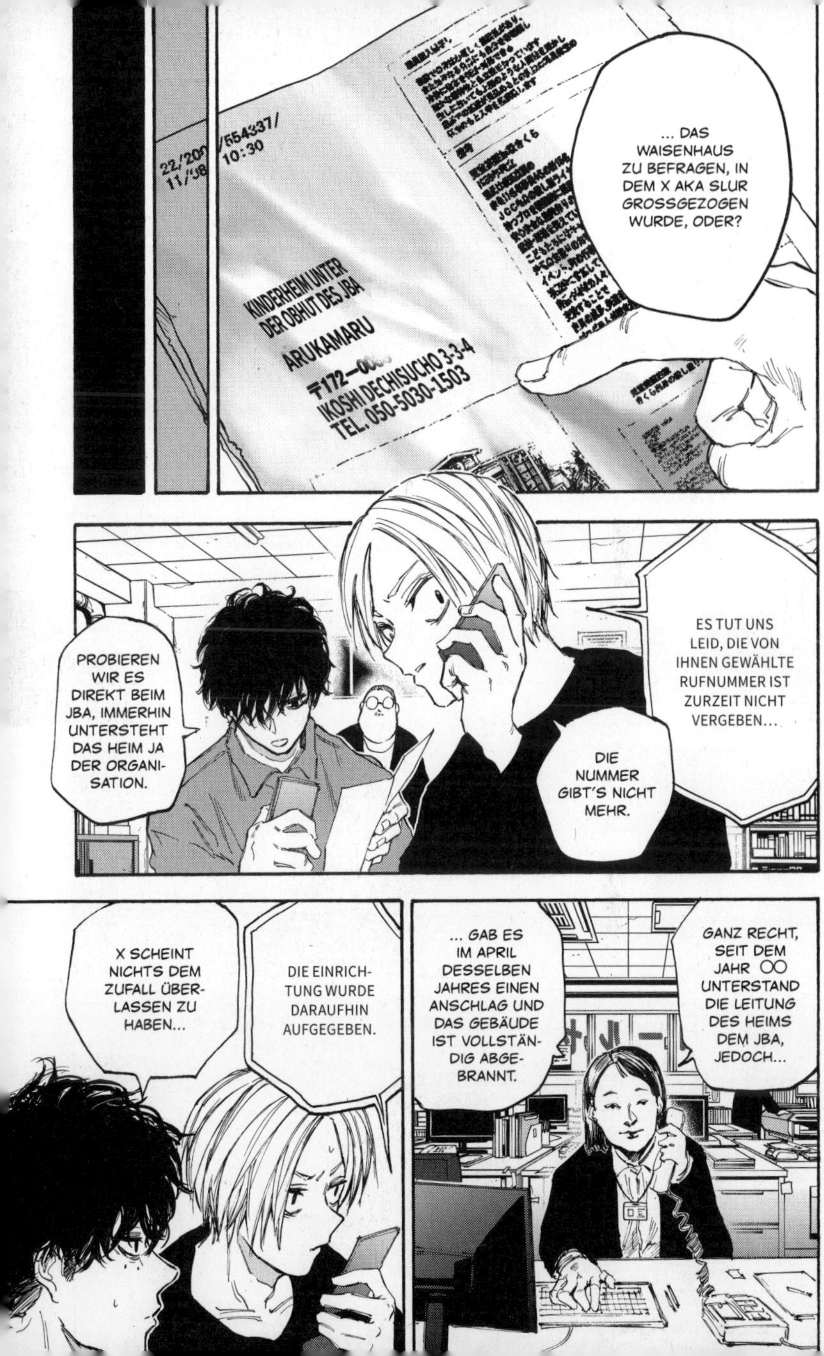
22/200 /554337/
11/08 10:30
KINDERHEIM UNTER DER OBHUT DES JBA
ARUKAMARU
〒172-00
IKOSHI DECHISUCHO 3-3-4
TEL. 050-5030-1503
... DAS WAISENHAUS ZU BEFRAGEN, IN DEM X AKA SLUR GROSSGEZOGEN WURDE, ODER?
ES TUT UNS LEID, DIE VON IHNEN GEWÄHLTE RUFNUMMER IST ZURZEIT NICHT VERGEBEN...
DIE NUMMER GIBT'S NICHT MEHR.
PROBIEREN WIR ES DIREKT BEIM JBA, IMMERHIN UNTERSTEHT DAS HEIM JA DER ORGANISATION.
GANZ RECHT, SEIT DEM JAHR ○○ UNTERSTAND DIE LEITUNG DES HEIMS DEM JBA, JEDOCH...
... GAB ES IM APRIL DESSELBEN JAHRES EINEN ANSCHLAG UND DAS GEBÄUDE IST VOLLSTÄNDIG ABGEBRANNT.
DIE EINRICHTUNG WURDE DARAUFHIN AUFGEGEBEN.
X SCHEINT NICHTS DEM ZUFALL ÜBERLASSEN ZU HABEN...

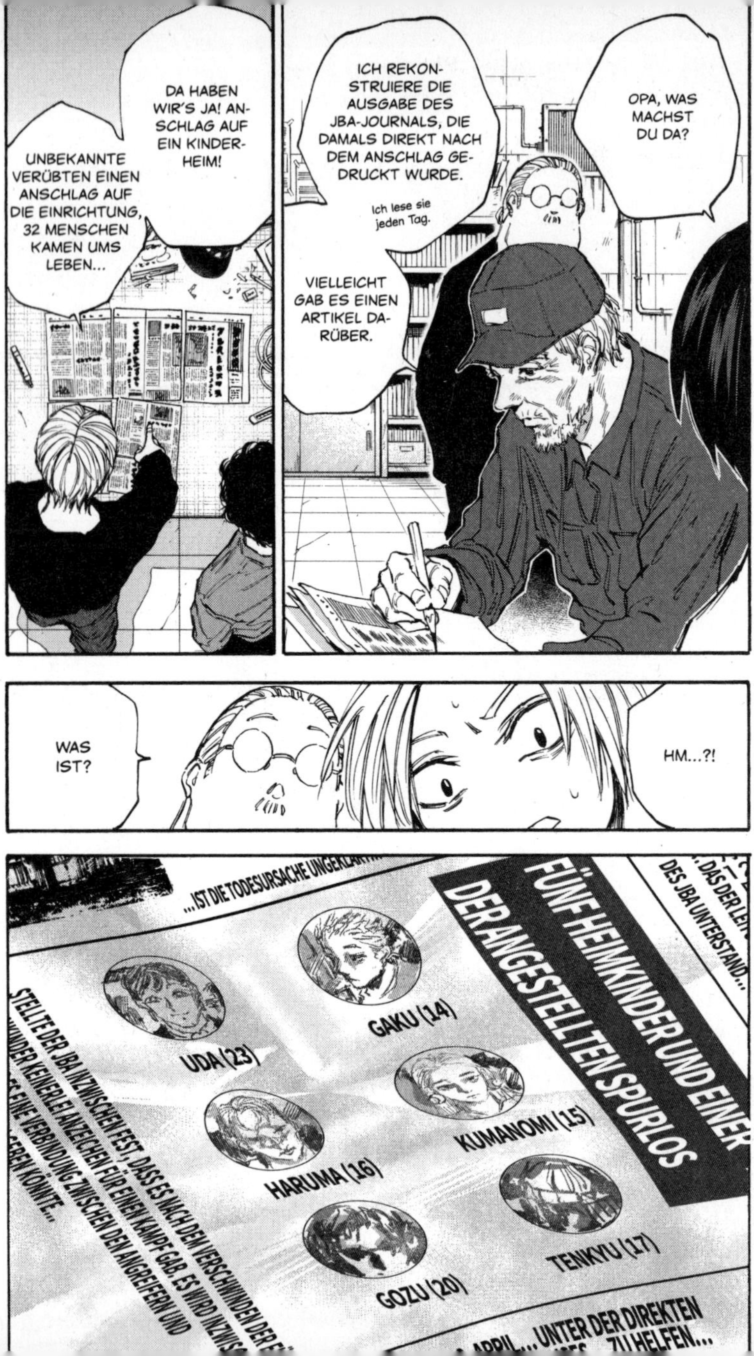

OPA, WAS MACHST DU DA?
ICH REKONSTRUIERE DIE AUSGABE DES JBA-JOURNALS, DIE DAMALS DIREKT NACH DEM ANSCHLAG GEDRUCKT WURDE.
Ich lese sie jeden Tag.
VIELLEICHT GAB ES EINEN ARTIKEL DARÜBER.
DA HABEN WIR'S JA! ANSCHLAG AUF EIN KINDERHEIM!
UNBEKANNTE VERÜBTEN EINEN ANSCHLAG AUF DIE EINRICHTUNG, 32 MENSCHEN KAMEN UMS LEBEN…
HM…?!
WAS IST?
FÜNF HEIMKINDER UND EINER DER ANGESTELLTEN SPURLOS
…IST DIE TODESURSACHE
DES JBA UNTERSTAND…
GAKU (14)
UDA (23)
KUMANOMI (15)
HARUMA (16)
TENKYU (17)
GOZU (20)
STELLTE DER JBA INZWISCHEN FEST, DASS ES NACH DEM VERSCHWINDEN
KEINERLEI ANZEICHEN FÜR EINEN KAMPF GAB. ES WIRD INZWIS
EINE VERBINDUNG ZWISCHEN DEN ANGREIFERN UND
GEBEN KÖNNTE…
APRIL… UNTER DER DIREKTEN
ZU HELFEN…

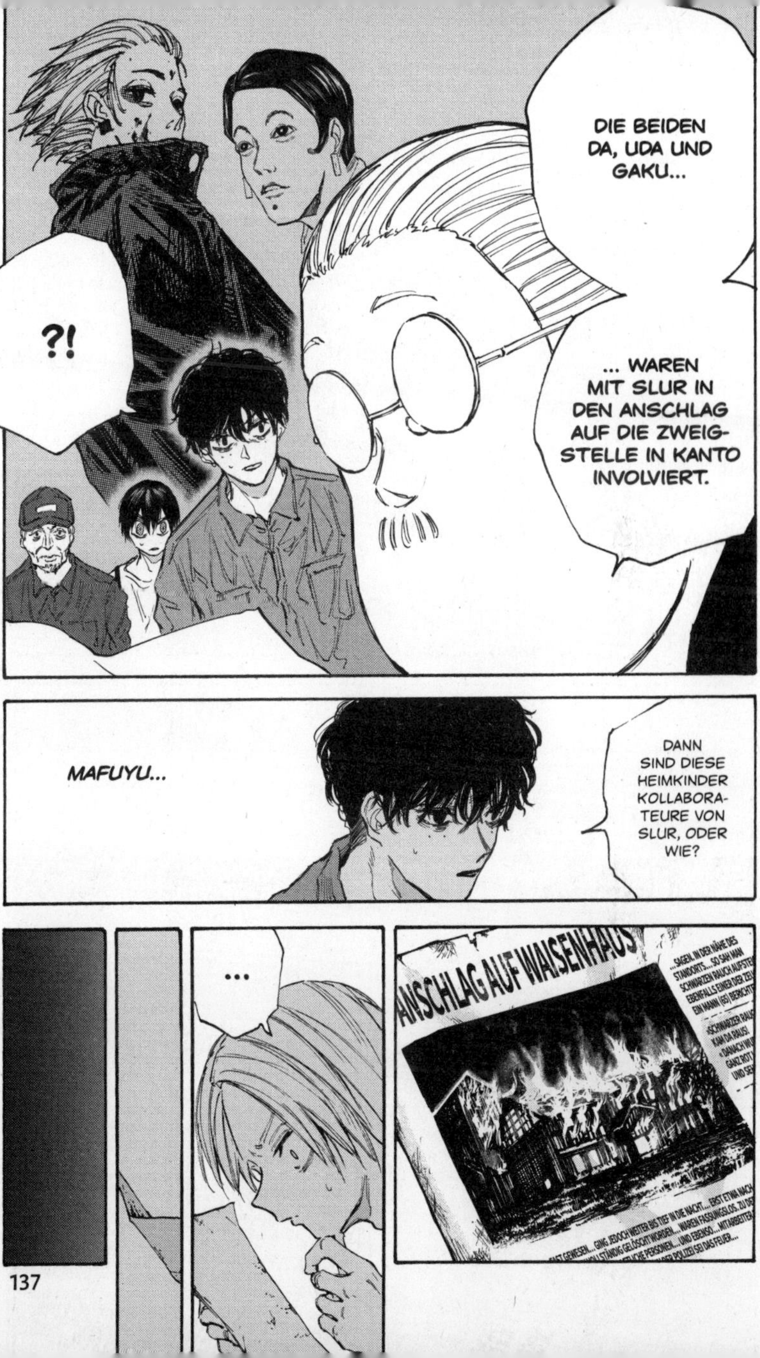
DIE BEIDEN DA, UDA UND GAKU...
... WAREN MIT SLUR IN DEN ANSCHLAG AUF DIE ZWEIGSTELLE IN KANTO INVOLVIERT.
?!
DANN SIND DIESE HEIMKINDER KOLLABORATEURE VON SLUR, ODER WIE?
MAFUYU...
ANSCHLAG AUF WAISENHAUS
...

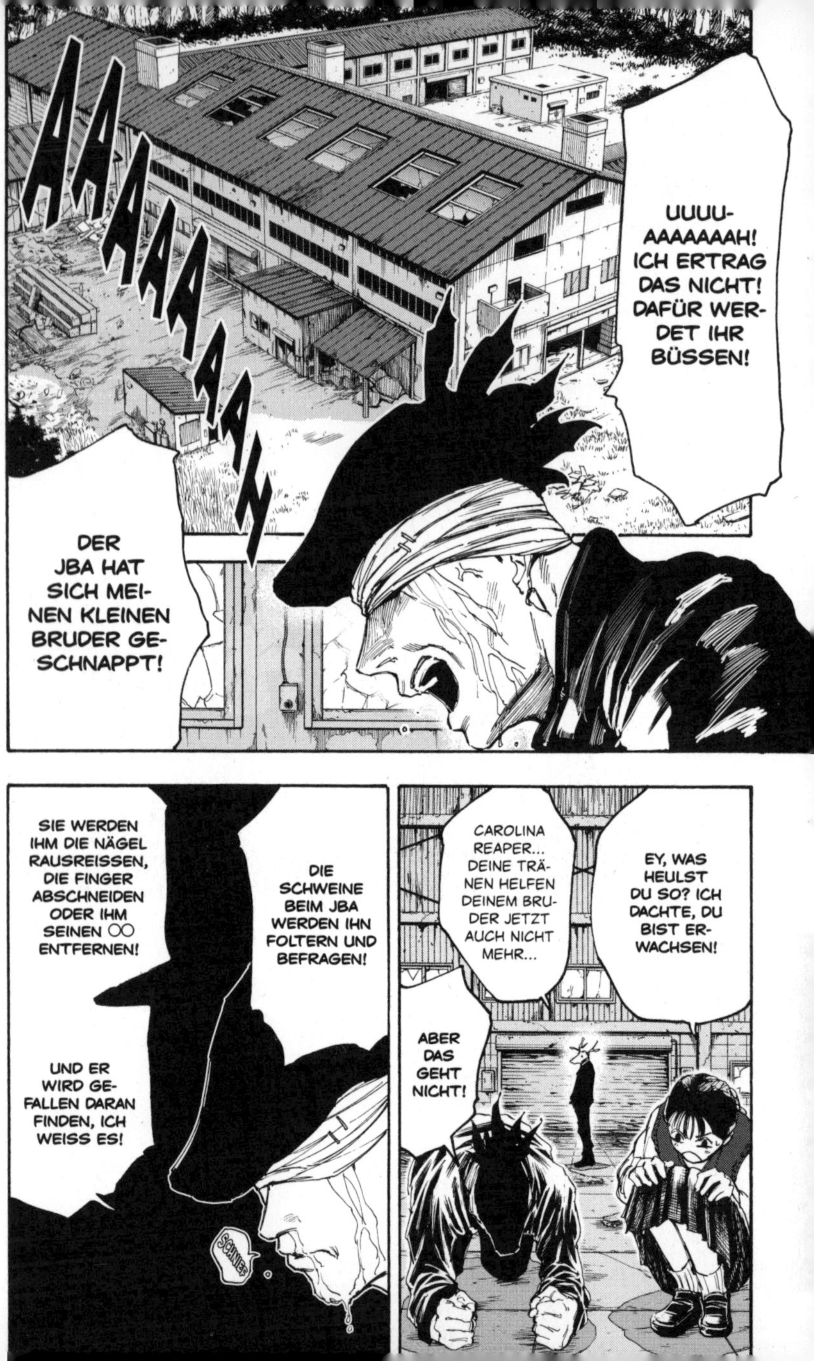

UUUU-AAAAAAAH! ICH ERTRAG DAS NICHT! DAFÜR WERDET IHR BÜSSEN!
AAAAAAAAAAH
DER JBA HAT SICH MEINEN KLEINEN BRUDER GESCHNAPPT!
EY, WAS HEULST DU SO? ICH DACHTE, DU BIST ERWACHSEN!
CAROLINA REAPER... DEINE TRÄNEN HELFEN DEINEM BRUDER JETZT AUCH NICHT MEHR...
ABER DAS GEHT NICHT!
DIE SCHWEINE BEIM JBA WERDEN IHN FOLTERN UND BEFRAGEN!
SIE WERDEN IHM DIE NÄGEL RAUSREISSEN, DIE FINGER ABSCHNEIDEN ODER IHM SEINEN ○○ ENTFERNEN!
UND ER WIRD GEFALLEN DARAN FINDEN, ICH WEISS ES!
SCHNIEF

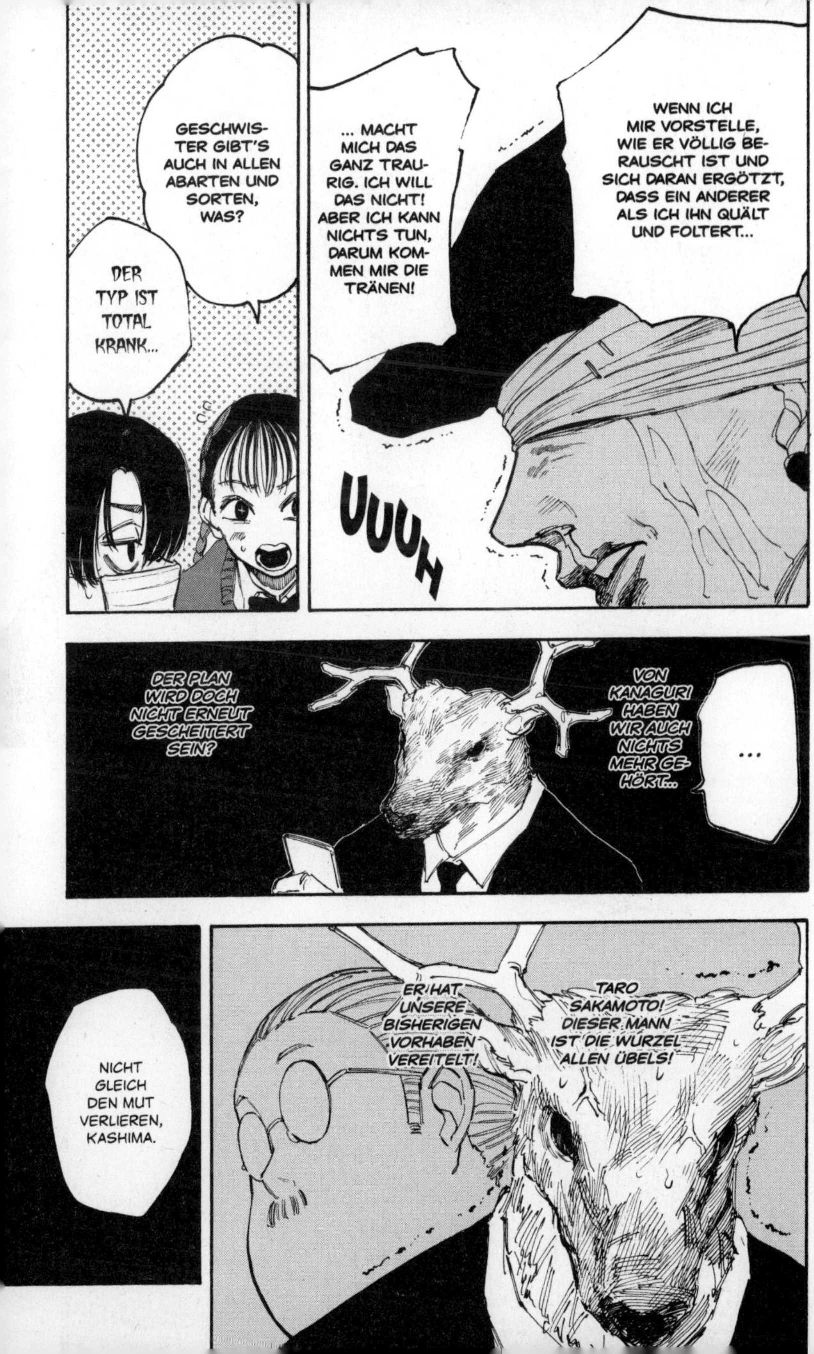
WENN ICH MIR VORSTELLE, WIE ER VÖLLIG BERAUSCHT IST UND SICH DARAN ERGÖTZT, DASS EIN ANDERER ALS ICH IHN QUÄLT UND FOLTERT...
... MACHT MICH DAS GANZ TRAURIG. ICH WILL DAS NICHT! ABER ICH KANN NICHTS TUN, DARUM KOMMEN MIR DIE TRÄNEN!
UUUH
GESCHWISTER GIBT'S AUCH IN ALLEN ABARTEN UND SORTEN, WAS?
DER TYP IST TOTAL KRANK...
...
VON KANAGURI HABEN WIR AUCH NICHTS MEHR GEHÖRT...
DER PLAN WIRD DOCH NICHT ERNEUT GESCHEITERT SEIN?
TARO SAKAMOTO! DIESER MANN IST DIE WURZEL ALLEN ÜBELS!
ER HAT UNSERE BISHERIGEN VORHABEN VEREITELT!
NICHT GLEICH DEN MUT VERLIEREN, KASHIMA.

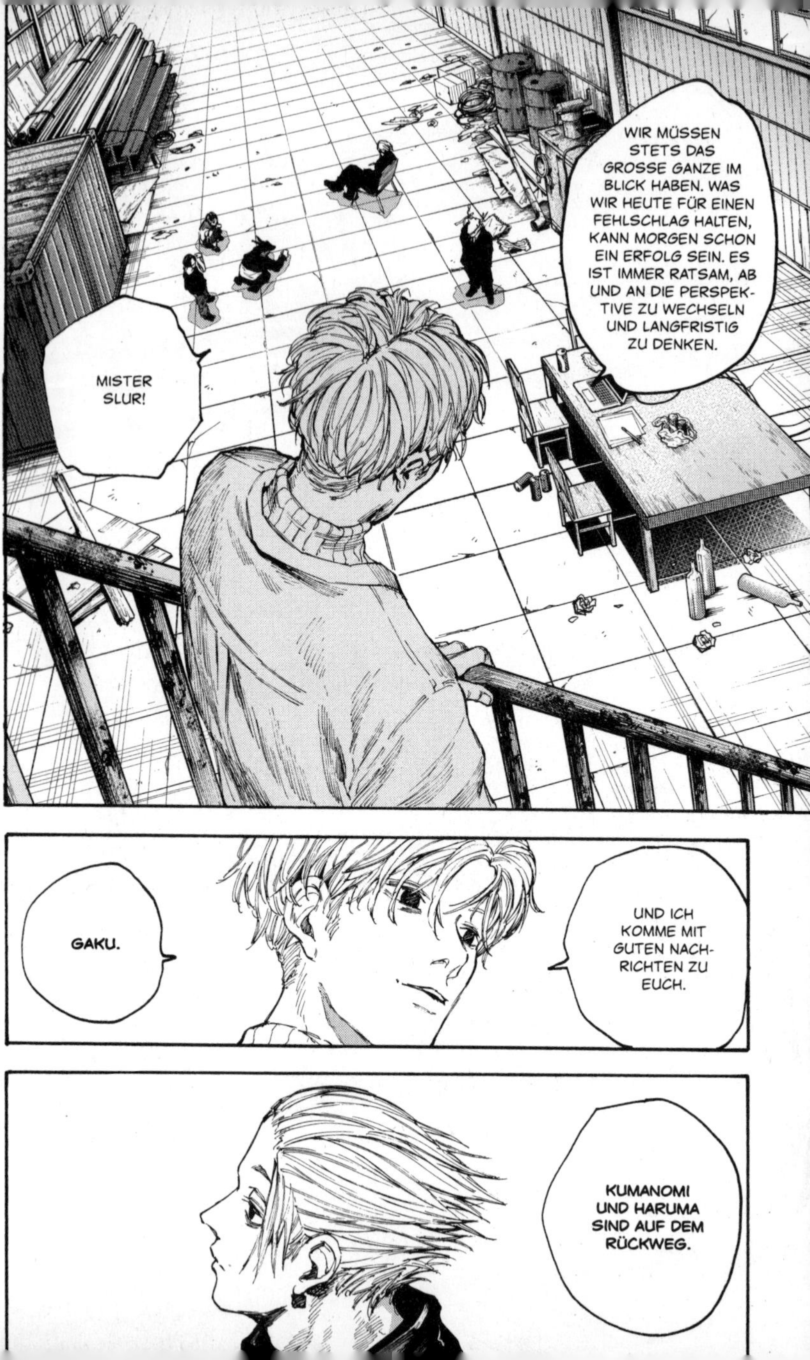
WIR MÜSSEN STETS DAS GROSSE GANZE IM BLICK HABEN. WAS WIR HEUTE FÜR EINEN FEHLSCHLAG HALTEN, KANN MORGEN SCHON EIN ERFOLG SEIN. ES IST IMMER RATSAM, AB UND AN DIE PERSPEKTIVE ZU WECHSELN UND LANGFRISTIG ZU DENKEN.
MISTER SLUR!
UND ICH KOMME MIT GUTEN NACHRICHTEN ZU EUCH.
GAKU.
KUMANOMI UND HARUMA SIND AUF DEM RÜCKWEG.

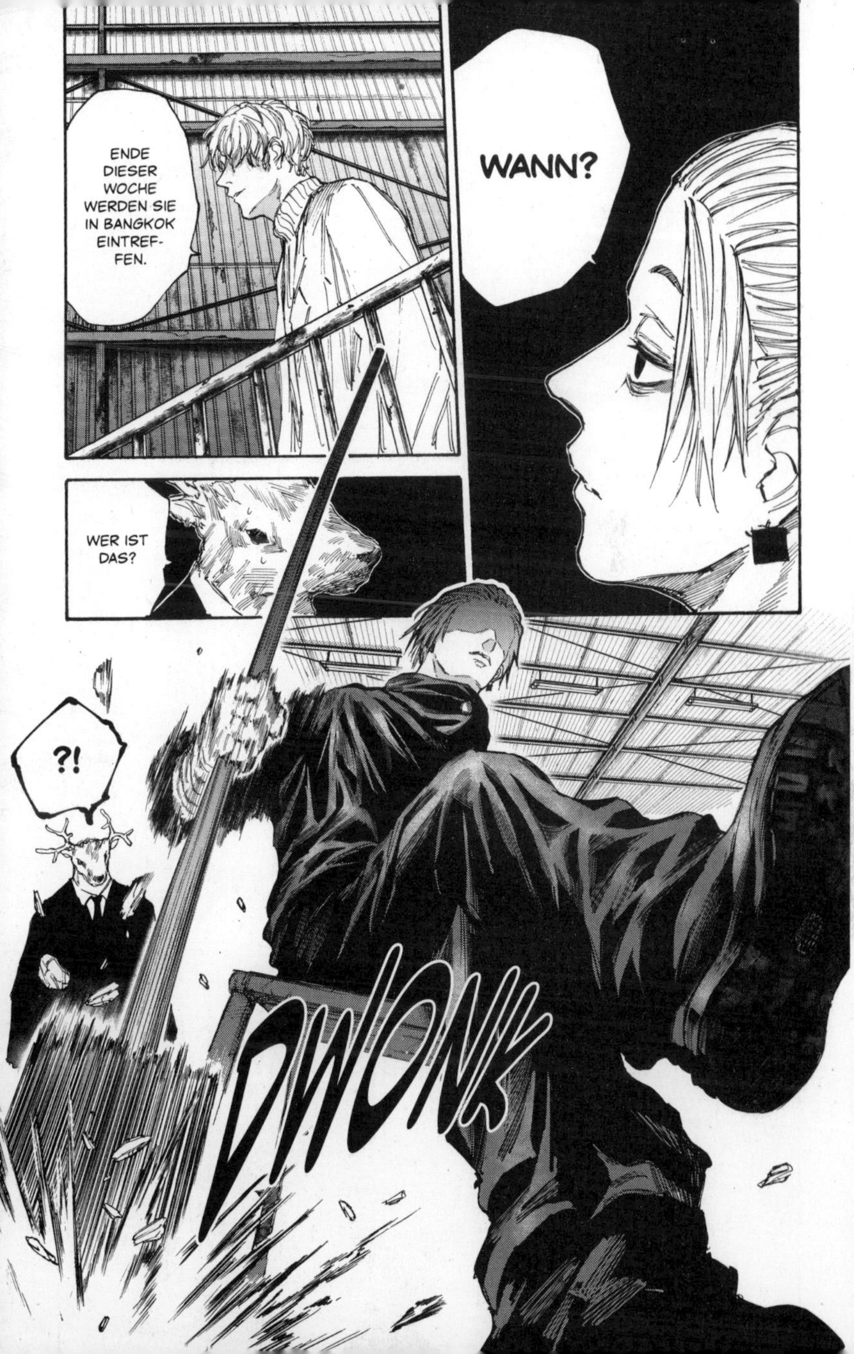
WANN?
ENDE DIESER WOCHE WERDEN SIE IN BANGKOK EINTREFFEN.
WER IST DAS?
?!
DWONK

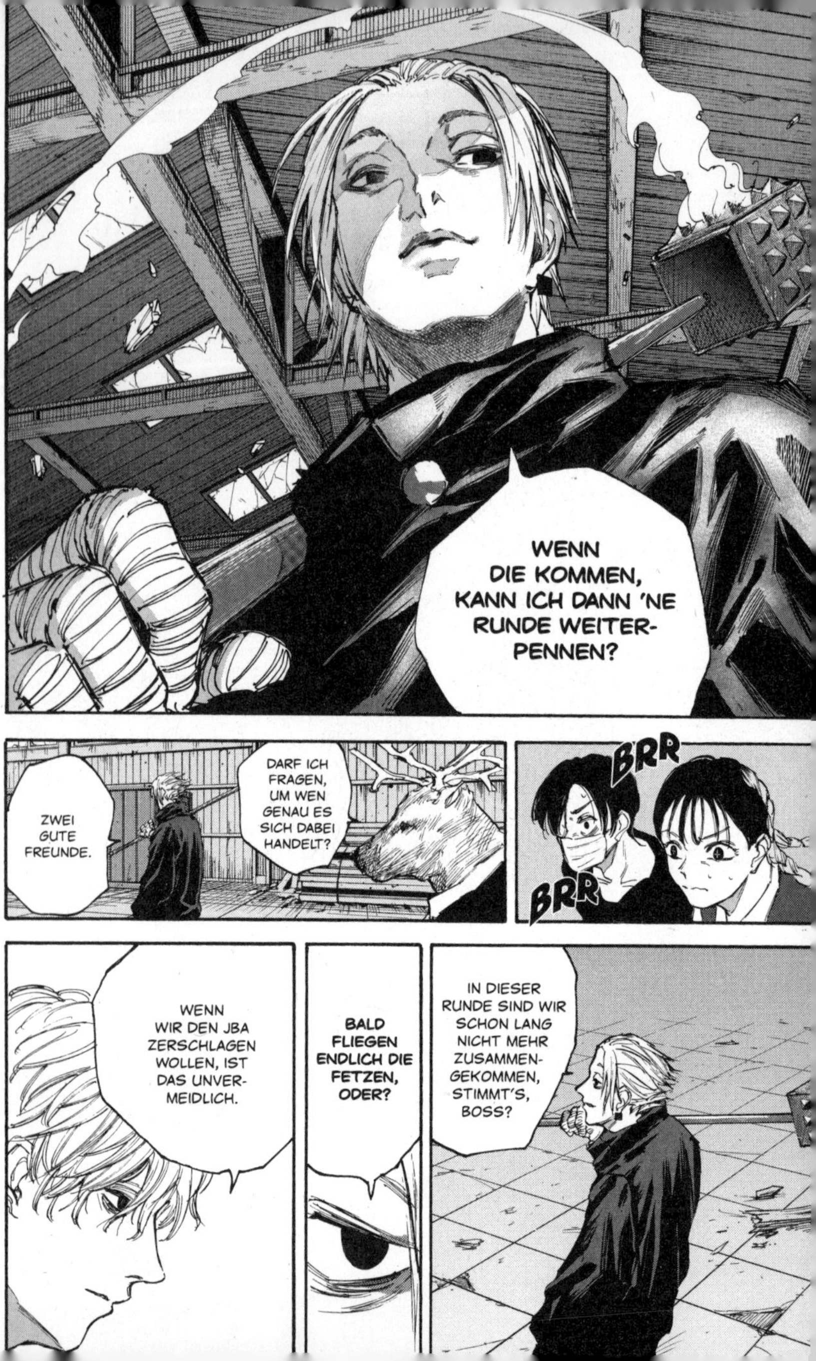

WENN DIE KOMMEN, KANN ICH DANN 'NE RUNDE WEITER-PENNEN?
BRR
BRR
DARF ICH FRAGEN, UM WEN GENAU ES SICH DABEI HANDELT?
ZWEI GUTE FREUNDE.
IN DIESER RUNDE SIND WIR SCHON LANG NICHT MEHR ZUSAMMEN-GEKOMMEN, STIMMT'S, BOSS?
BALD FLIEGEN ENDLICH DIE FETZEN, ODER?
WENN WIR DEN JBA ZERSCHLAGEN WOLLEN, IST DAS UNVER-MEIDLICH.

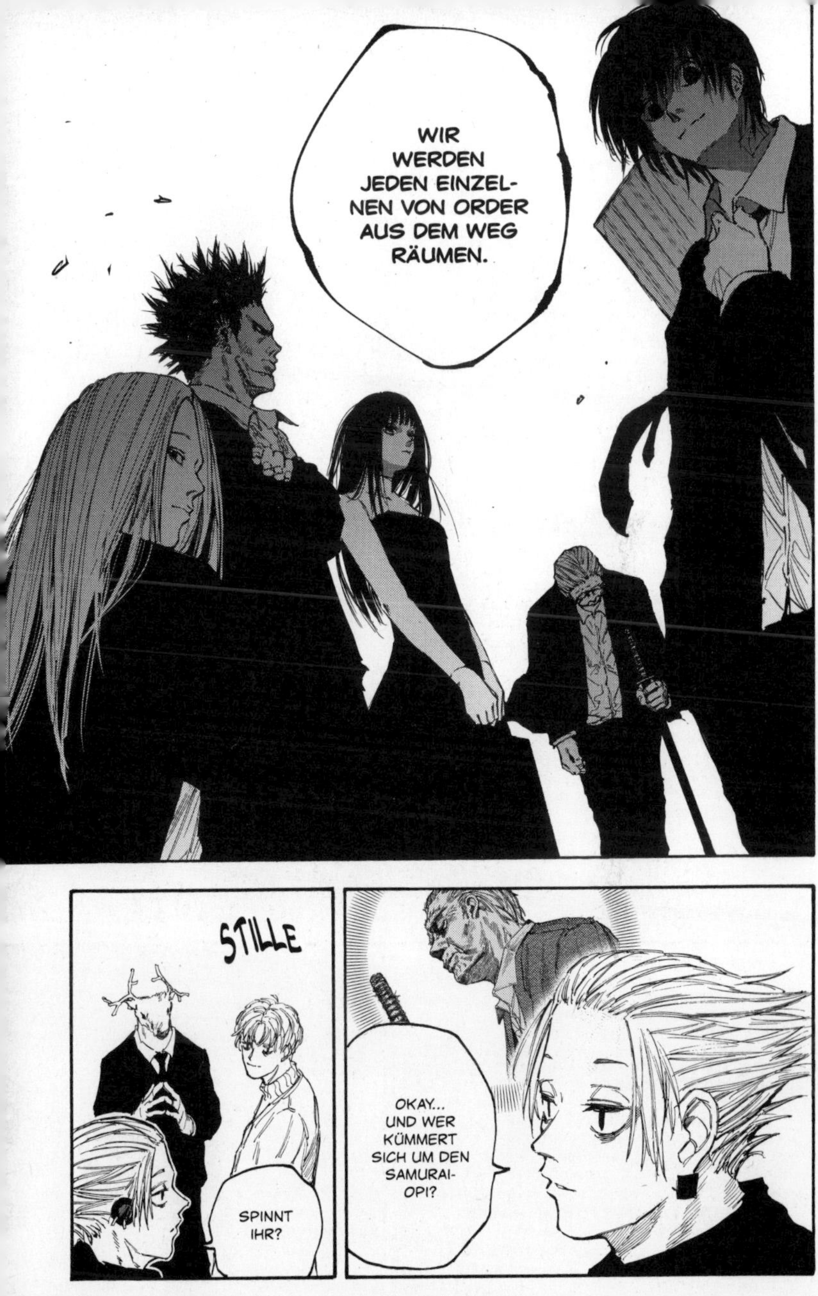
WIR WERDEN JEDEN EINZELNEN VON ORDER AUS DEM WEG RÄUMEN.
STILLE
OKAY... UND WER KÜMMERT SICH UM DEN SAMURAI-OPI?
SPINNT IHR?

HINTER DEN KULISSEN DER KULISSEN ③

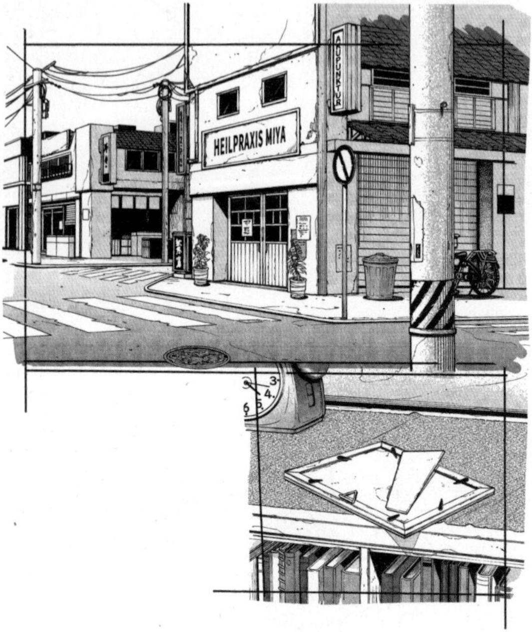

DIESER HINTERGRUND WAR EIGENTLICH FÜR DAS ERSTE PANEL VON KAPITEL 104 VORGESEHEN. URSPRÜNGLICH SOLLTE ES EINE WEITERFÜHRUNG DER SZENE IN DER HEILPRAXIS SEIN. DAS FOTO VON OMA MIYA UND FRAU SATODA FÄLLT PLÖTZLICH UM UND OMA MIYA REALISIERT IN DIESEM MOMENT, DASS MIT FRAU SATODA ETWAS NICHT STIMMT, JA, DASS IHR VIELLEICHT SOGAR ETWAS ZUGESTOSSEN IST. SIE MURMELT DARAUFHIN: »ETSUKO, ECCHAN…«

DIESER PART SOLLTE EIGENTLICH ZUR BACKSTORY DER BEIDEN GEHÖREN, DA OMA MIYA EHEMALS AUCH ALS LEHRERIN IM WAISENHAUS DER JCC GEARBEITET HAT UND SICH DADURCH MIT FRAU SATODA ÜBERHAUPT ERST ANFREUNDETE. ICH SCHÄTZE, DIE LESERINNEN UND LESER HÄTTEN ES DURCHAUS SOFORT VERSTANDEN, ABER JETZT WURDE DIESES ERSTE PANEL MIT DER BEERDIGUNGSSZENE IN DER JCC AUSGETAUSCHT. DER EINFACHE GRUND DAFÜR: ES GAB NICHT MEHR GENÜGEND PLATZ. DIE ZEIT WAR OHNEHIN SCHON VIEL ZU KNAPP BEMESSEN UND DER GUTE TETSU HAT TROTZDEM NOCH DIE GESAMTE PRAXIS MITSAMT DEM STRASSENBILD PERFEKT NACHGEBILDET, ALSO ENTSCHULDIGE BITTE, DASS ICH HIER EIGENMÄCHTIG ÄNDERUNGEN VORGENOMMEN HABE! WENN ICH IRGENDWANN DOCH NOCH MAL OMA MIYAS HEILPRAXIS VERWENDEN MÖCHTE, WERDE ICH AUF DIESEN HINTERGRUND ZURÜCKKOMMEN, VERSPROCHEN! ICH HOFFE, DASS DANN ALLE DENKEN WERDEN: »AH, ENDLICH HAT ER DIESEN HINTERGRUND BENUTZT!« DAS WÜRDE MICH SCHON GLÜCKLICH MACHEN.

DAS ERSCHRECKENDSTE AN DER GANZEN GESCHICHTE IST DIE PERFIDE ZEITPLANUNG, DIE MAN AUCH NOCH IM AUGE BEHALTEN MUSS, WÄHREND MAN SOWOHL DAS MANUSKRIPT ÜBERARBEITET ALS AUCH DAS STORYBOARD NOCH MAL VERÄNDERT.

SUZUKI

SAKAMOTO

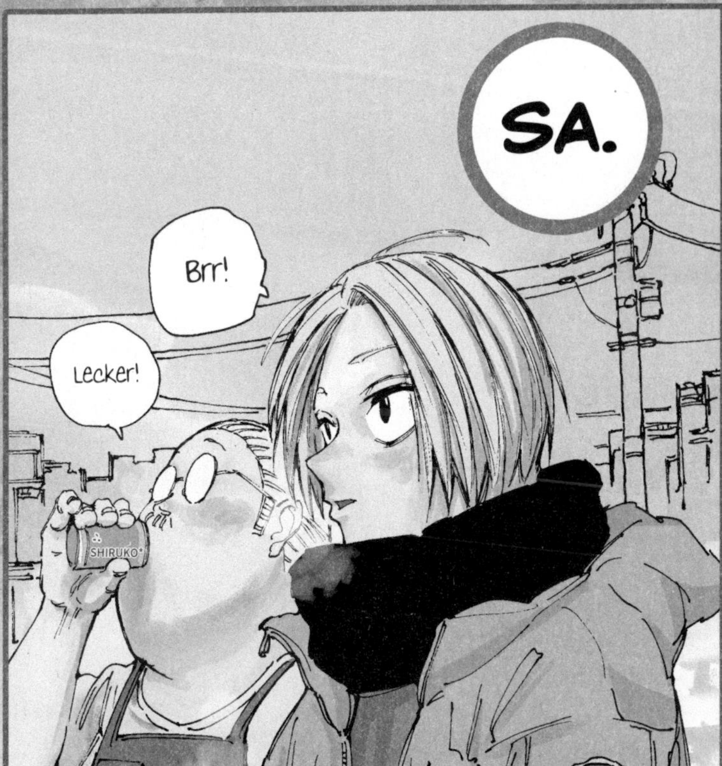

* SÜSSER HAFERBREI AUS ROTEN BOHNEN

DAYS

DAYS 105 Jedem seine Mission

(Bonusmanga)

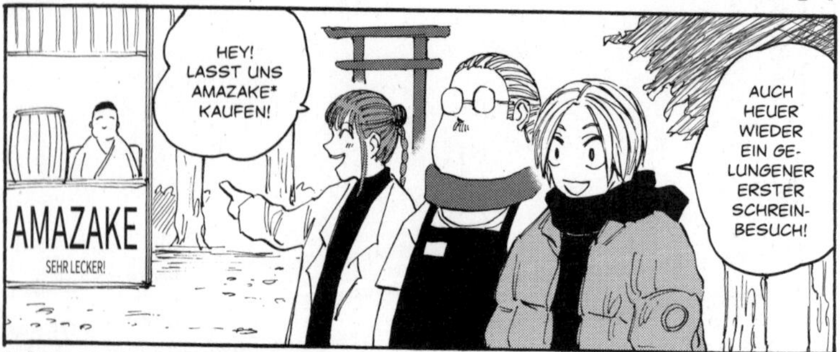

* SÜSSER, HALB GEGORENER SAKE

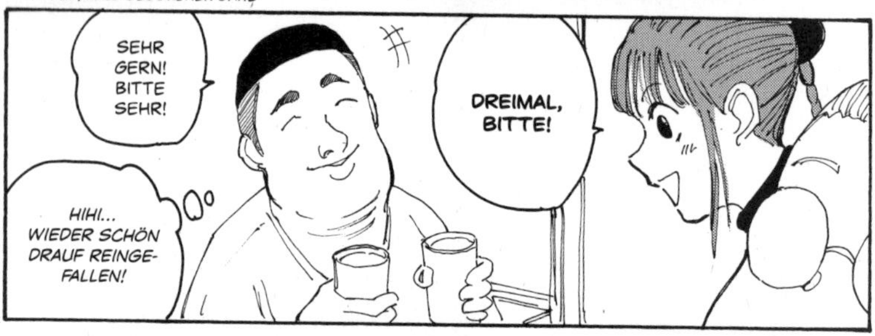

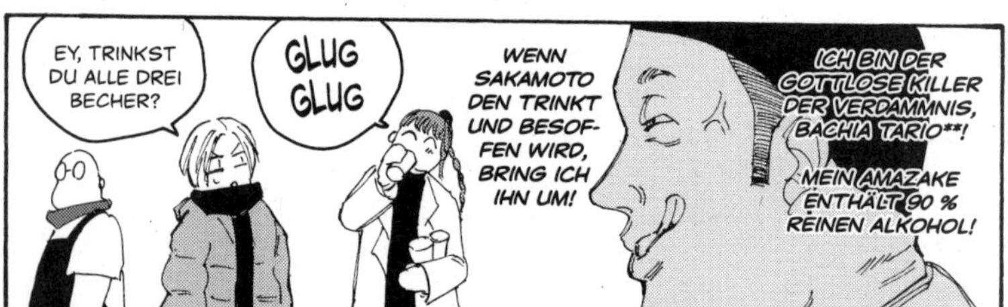

** WORTSPIEL IM NAMEN, BACHIATARI BEDEUTET »VERDAMMNIS, VERFLUCHTHEIT« *** WÖRTL. KAMPFSTIL DES BETRUNKENEN KÄMPFERS

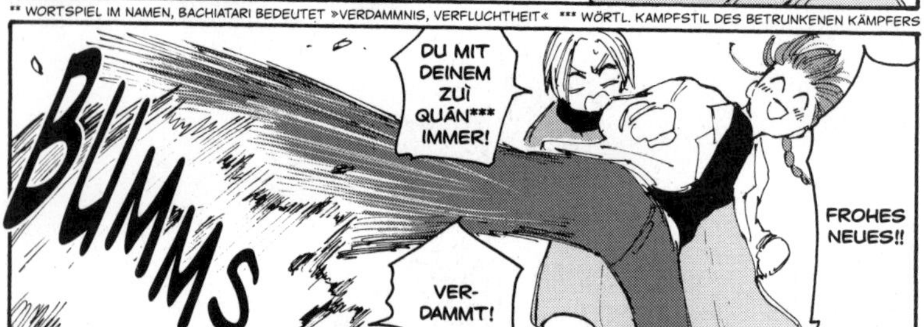

← Auf der nächsten Seite geht's mit der Hauptstory weiter!

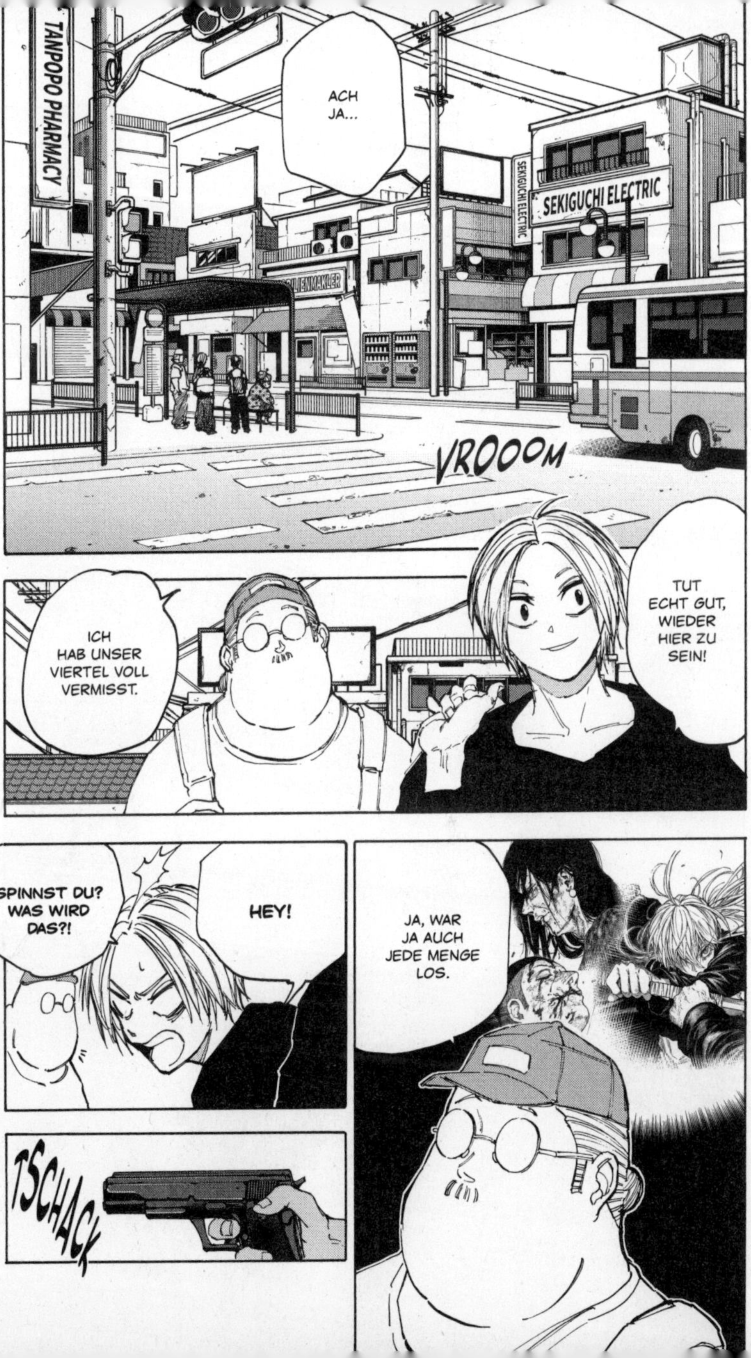
TANPOPO PHARMACY
SEKIGUCHI ELECTRIC
SEKIGUCHI ELECTRIC
ACH JA...
VROOOM
TUT ECHT GUT, WIEDER HIER ZU SEIN!
ICH HAB UNSER VIERTEL VOLL VERMISST.
JA, WAR JA AUCH JEDE MENGE LOS.
HEY!
SPINNST DU? WAS WIRD DAS?!
TSCHACK

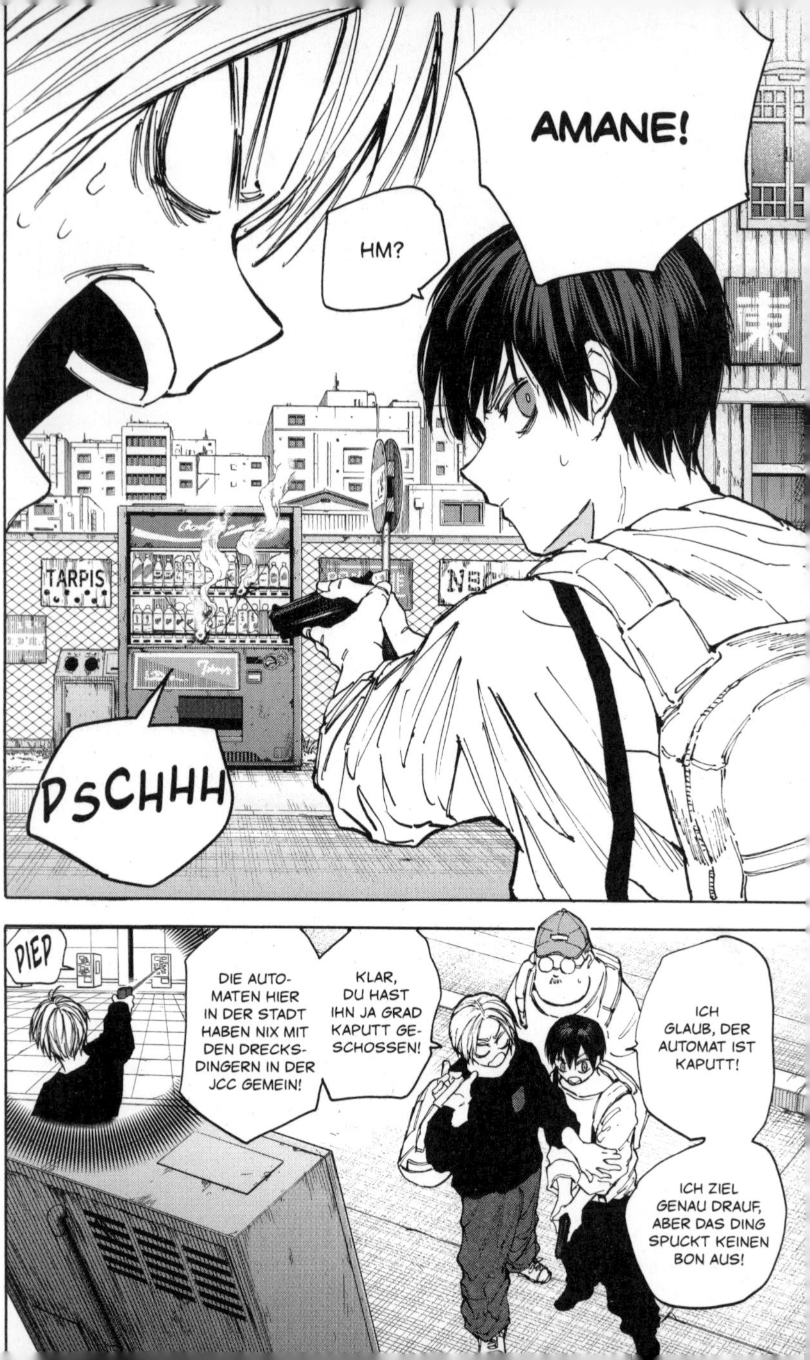
AMANE!
HM?
TARPIS
PSCHHH
ICH GLAUB, DER AUTOMAT IST KAPUTT!
ICH ZIEL GENAU DRAUF, ABER DAS DING SPUCKT KEINEN BON AUS!
KLAR, DU HAST IHN JA GRAD KAPUTT GESCHOSSEN!
DIE AUTOMATEN HIER IN DER STADT HABEN NIX MIT DEN DRECKSDINGERN IN DER JCC GEMEIN!
PIEP

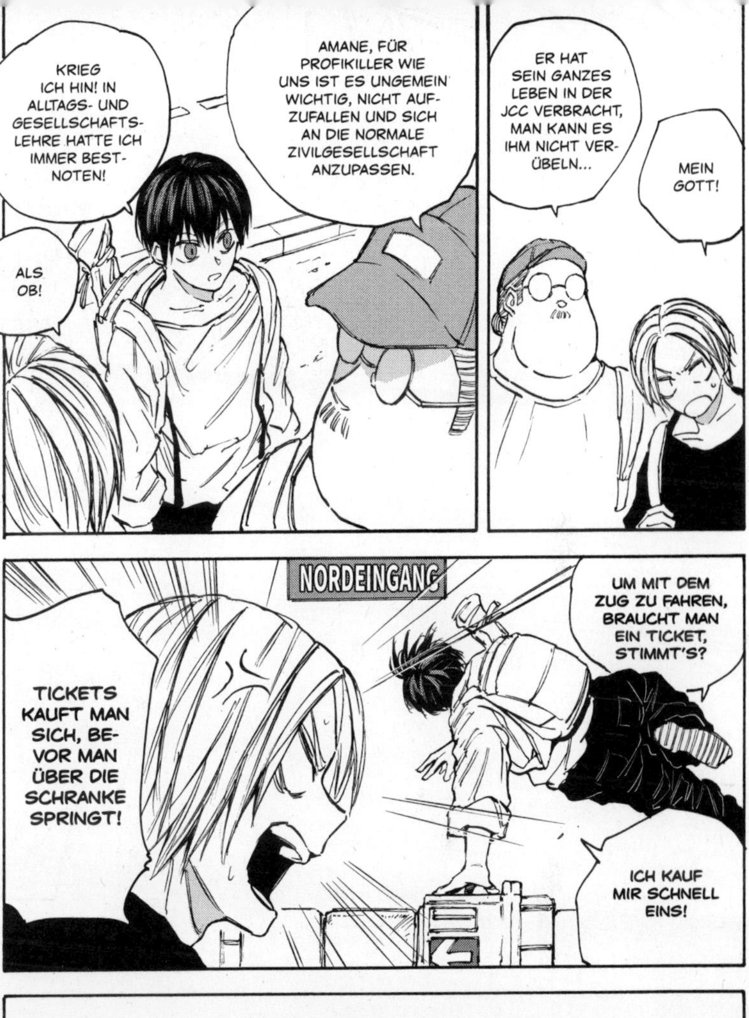
MEIN GOTT!
ER HAT SEIN GANZES LEBEN IN DER JCC VERBRACHT, MAN KANN ES IHM NICHT VERÜBELN...
AMANE, FÜR PROFIKILLER WIE UNS IST ES UNGEMEIN WICHTIG, NICHT AUFZUFALLEN UND SICH AN DIE NORMALE ZIVILGESELLSCHAFT ANZUPASSEN.
KRIEG ICH HIN! IN ALLTAGS- UND GESELLSCHAFTSLEHRE HATTE ICH IMMER BESTNOTEN!
ALS OB!
NORDEINGANG
UM MIT DEM ZUG ZU FAHREN, BRAUCHT MAN EIN TICKET, STIMMT'S?
TICKETS KAUFT MAN SICH, BEVOR MAN ÜBER DIE SCHRANKE SPRINGT!
ICH KAUF MIR SCHNELL EINS!
WIR SPRINGEN NUN EINEN TAG ZURÜCK...

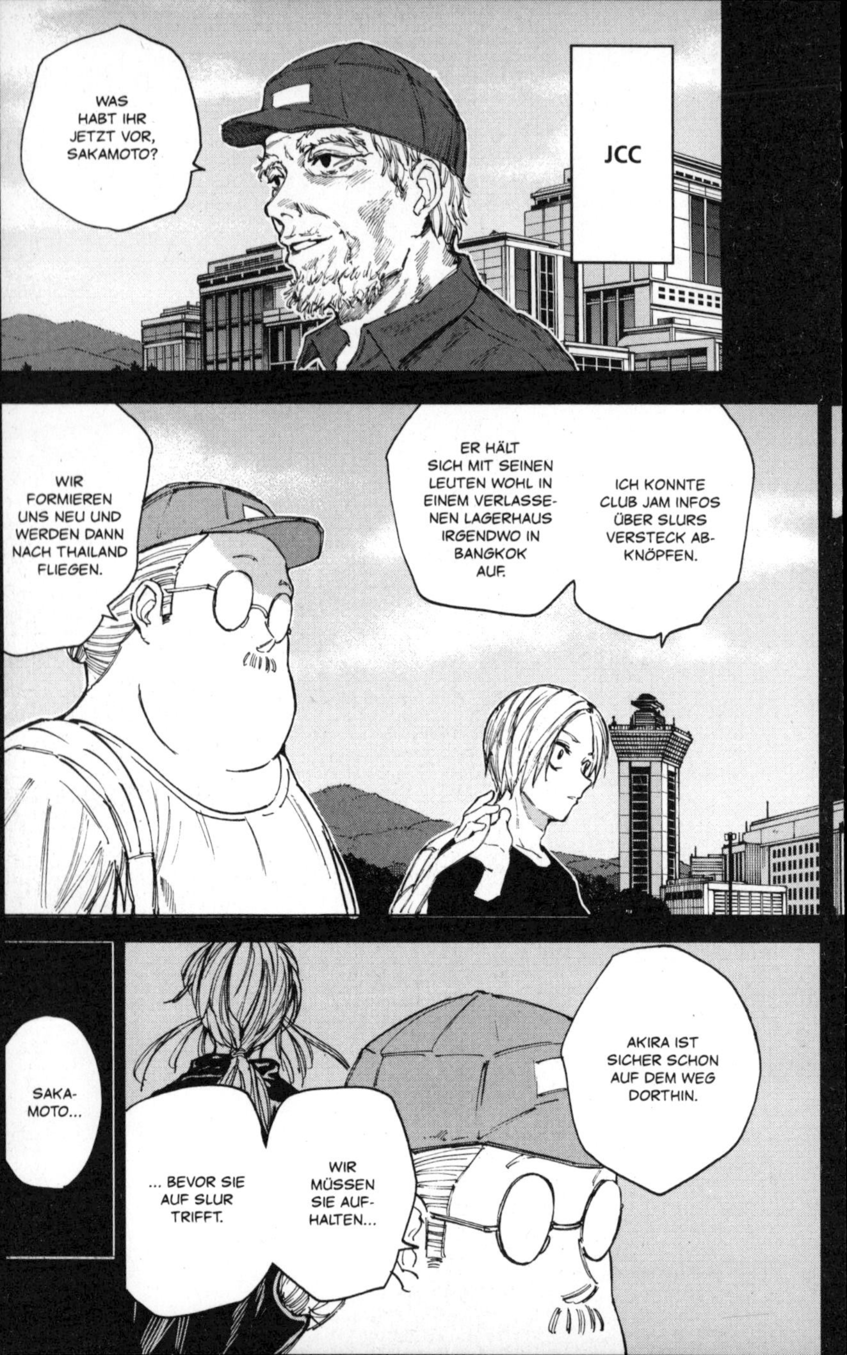
JCC
WAS HABT IHR JETZT VOR, SAKAMOTO?
ICH KONNTE CLUB JAM INFOS ÜBER SLURS VERSTECK ABKNÖPFEN.
ER HÄLT SICH MIT SEINEN LEUTEN WOHL IN EINEM VERLASSENEN LAGERHAUS IRGENDWO IN BANGKOK AUF.
WIR FORMIEREN UNS NEU UND WERDEN DANN NACH THAILAND FLIEGEN.
AKIRA IST SICHER SCHON AUF DEM WEG DORTHIN.
SAKAMOTO...
WIR MÜSSEN SIE AUFHALTEN...
... BEVOR SIE AUF SLUR TRIFFT.

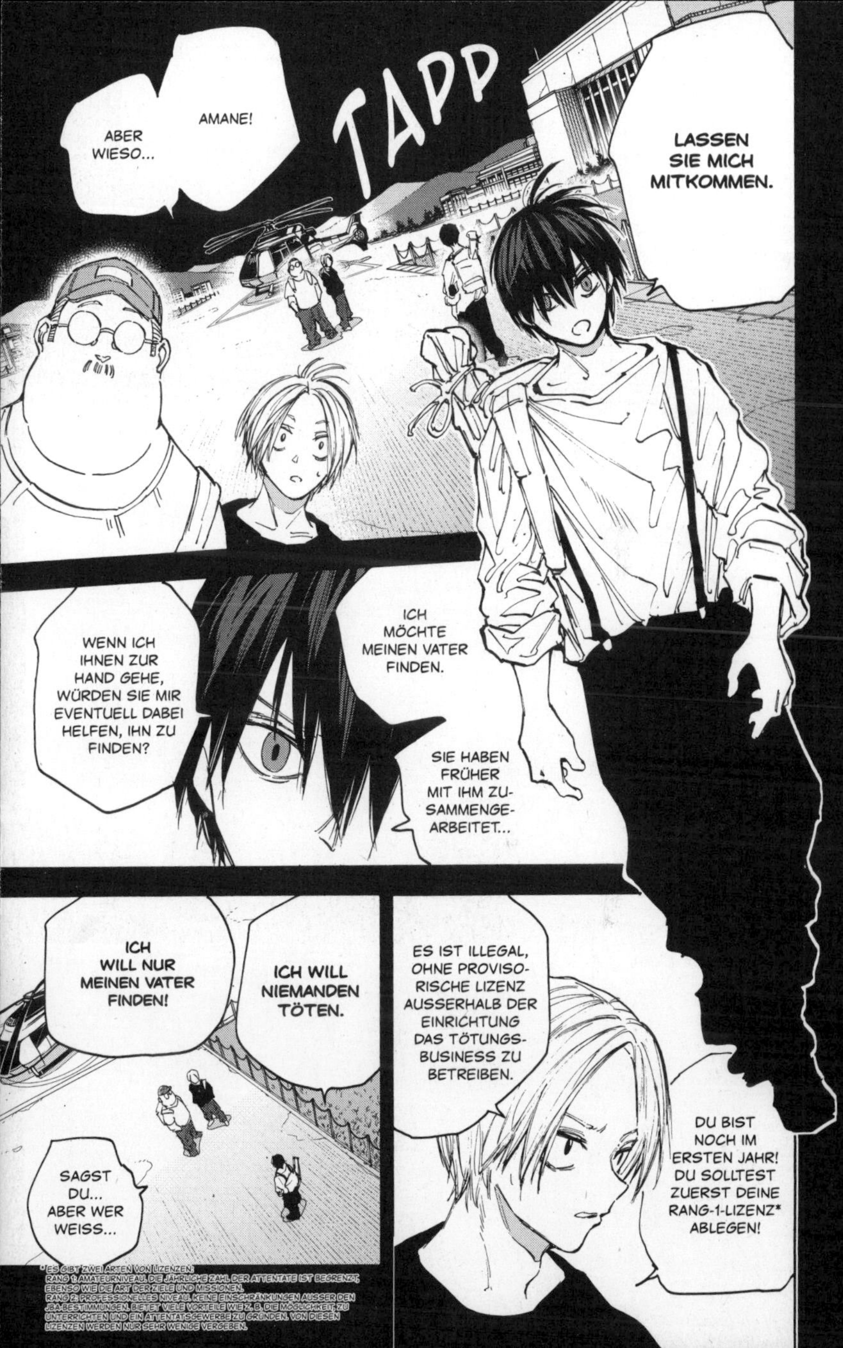

* ES GIBT ZWEI ARTEN VON LIZENZEN:
RANG 1: AMATEURNIVEAU. DIE JÄHRLICHE ZAHL DER ATTENTATE IST BEGRENZT, EBENSO WIE DIE ART DER ZIELE UND MISSIONEN.
RANG 2: PROFESSIONELLES NIVEAU. KEINE EINSCHRÄNKUNGEN AUSSER DEN JBA-BESTIMMUNGEN. BIETET VIELE VORTEILE WIE Z. B. DIE MÖGLICHKEIT, ZU UNTERRICHTEN UND EIN ATTENTATSGEWERBE ZU GRÜNDEN. VON DIESEN LIZENZEN WERDEN NUR SEHR WENIGE VERGEBEN.

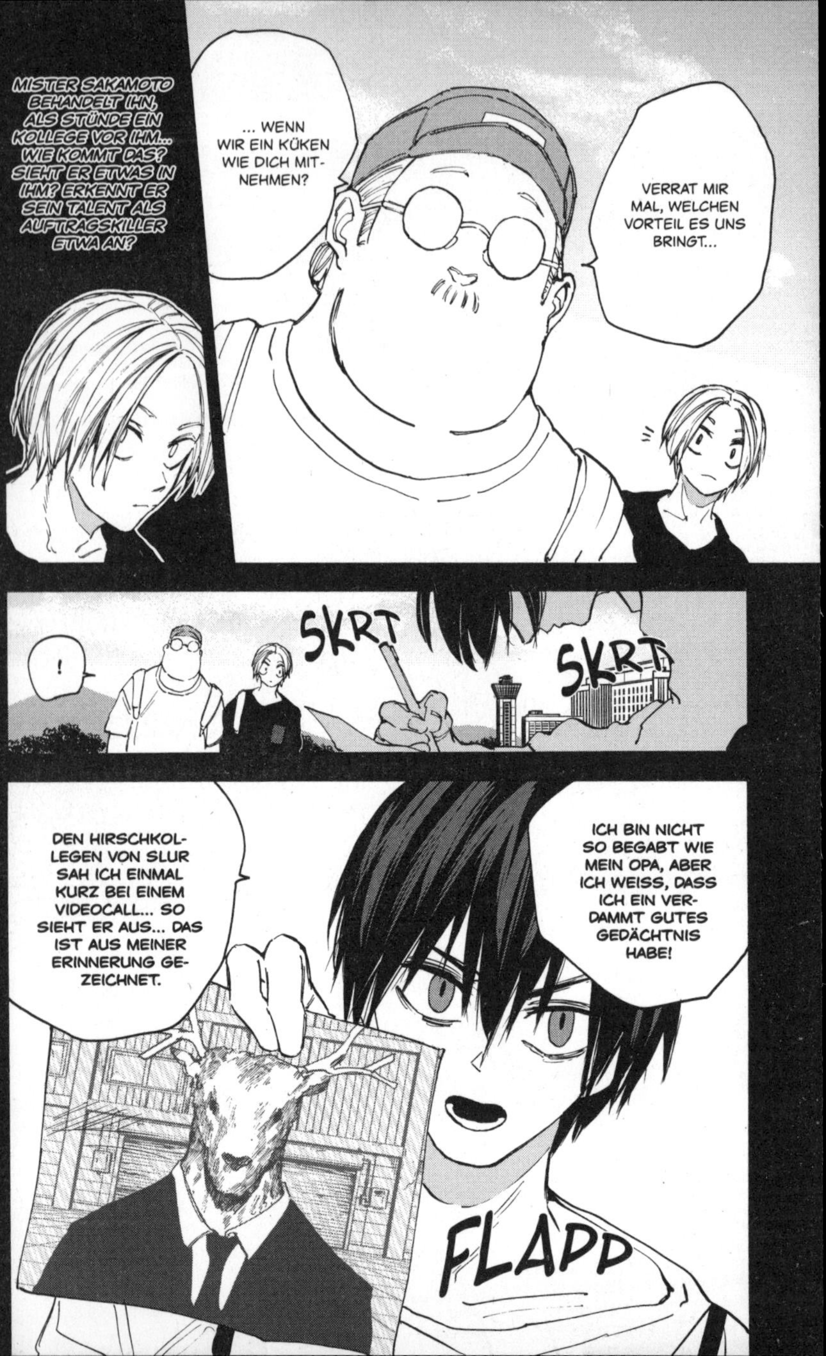
MISTER SAKAMOTO BEHANDELT IHN, ALS STÜNDE EIN KOLLEGE VOR IHM... WIE KOMMT DAS? SIEHT ER ETWAS IN IHM? ERKENNT ER SEIN TALENT ALS AUFTRAGSKILLER ETWA AN?
VERRAT MIR MAL, WELCHEN VORTEIL ES UNS BRINGT...
... WENN WIR EIN KÜKEN WIE DICH MIT-NEHMEN?
SKRT
SKRT
!
ICH BIN NICHT SO BEGABT WIE MEIN OPA, ABER ICH WEISS, DASS ICH EIN VER-DAMMT GUTES GEDÄCHTNIS HABE!
DEN HIRSCHKOL-LEGEN VON SLUR SAH ICH EINMAL KURZ BEI EINEM VIDEOCALL... SO SIEHT ER AUS... DAS IST AUS MEINER ERINNERUNG GE-ZEICHNET.
FLAPP

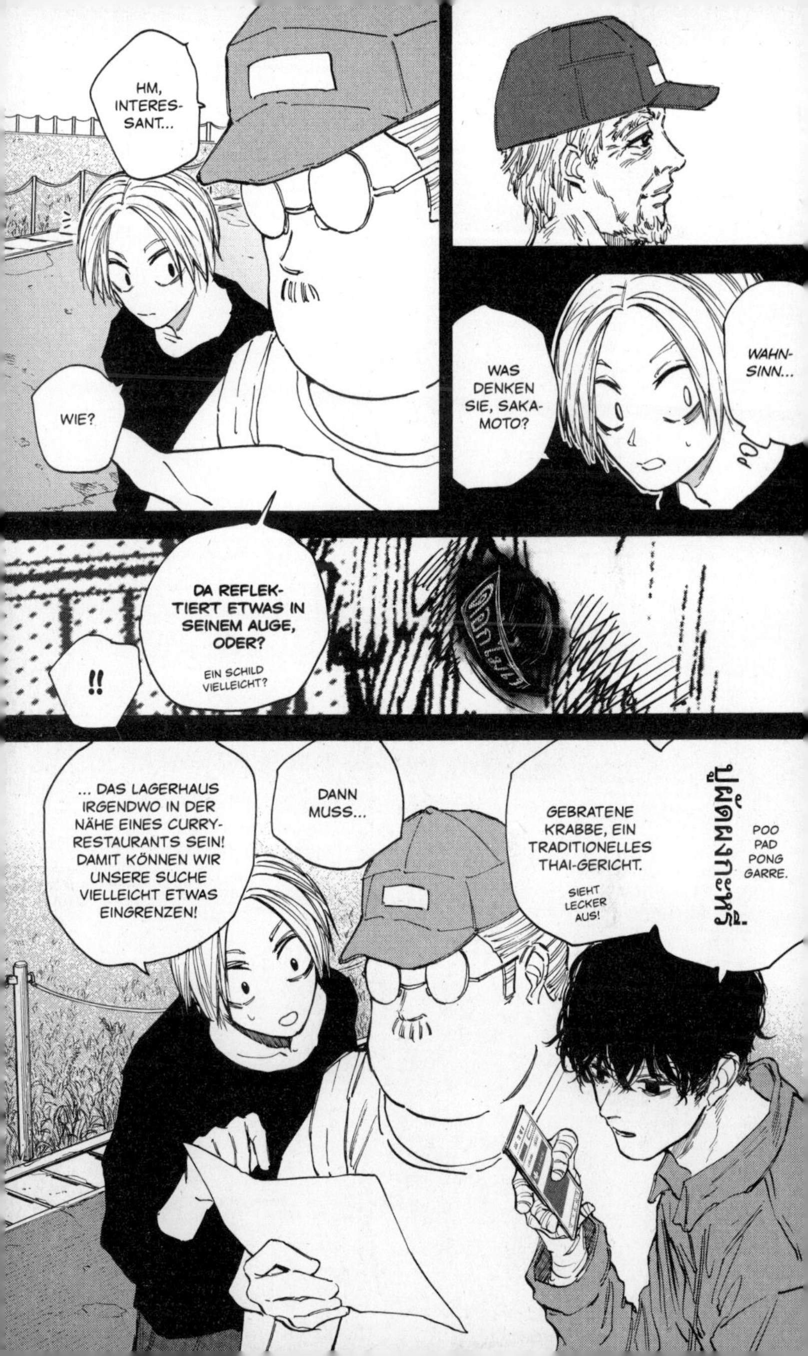
HM, INTERES-SANT...
WIE?
WAHN-SINN...
WAS DENKEN SIE, SAKA-MOTO?
DA REFLEK-TIERT ETWAS IN SEINEM AUGE, ODER?
EIN SCHILD VIELLEICHT?
!!
ปูผัดผงกะหรี่
POO PAD PONG GARRE.
GEBRATENE KRABBE, EIN TRADITIONELLES THAI-GERICHT.
SIEHT LECKER AUS!
DANN MUSS...
... DAS LAGERHAUS IRGENDWO IN DER NÄHE EINES CURRY-RESTAURANTS SEIN! DAMIT KÖNNEN WIR UNSERE SUCHE VIELLEICHT ETWAS EINGRENZEN!

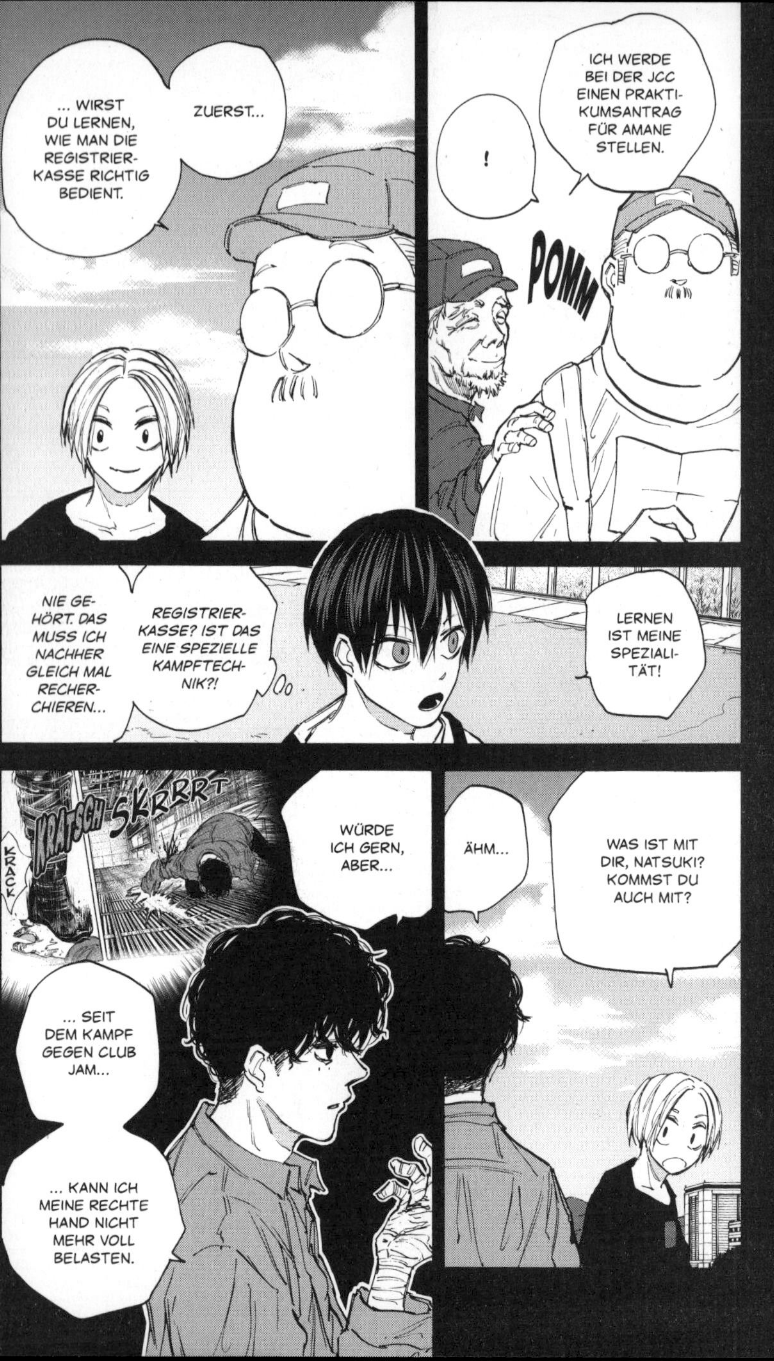
ICH WERDE BEI DER JCC EINEN PRAKTIKUMSANTRAG FÜR AMANE STELLEN.
!
POMM
ZUERST...
... WIRST DU LERNEN, WIE MAN DIE REGISTRIERKASSE RICHTIG BEDIENT.
LERNEN IST MEINE SPEZIALITÄT!
REGISTRIERKASSE? IST DAS EINE SPEZIELLE KAMPFTECHNIK?!
NIE GEHÖRT. DAS MUSS ICH NACHHER GLEICH MAL RECHERCHIEREN...
WAS IST MIT DIR, NATSUKI? KOMMST DU AUCH MIT?
ÄHM...
WÜRDE ICH GERN, ABER...
KRATSCH
SKRRRT
KRACK
... SEIT DEM KAMPF GEGEN CLUB JAM...
... KANN ICH MEINE RECHTE HAND NICHT MEHR VOLL BELASTEN.

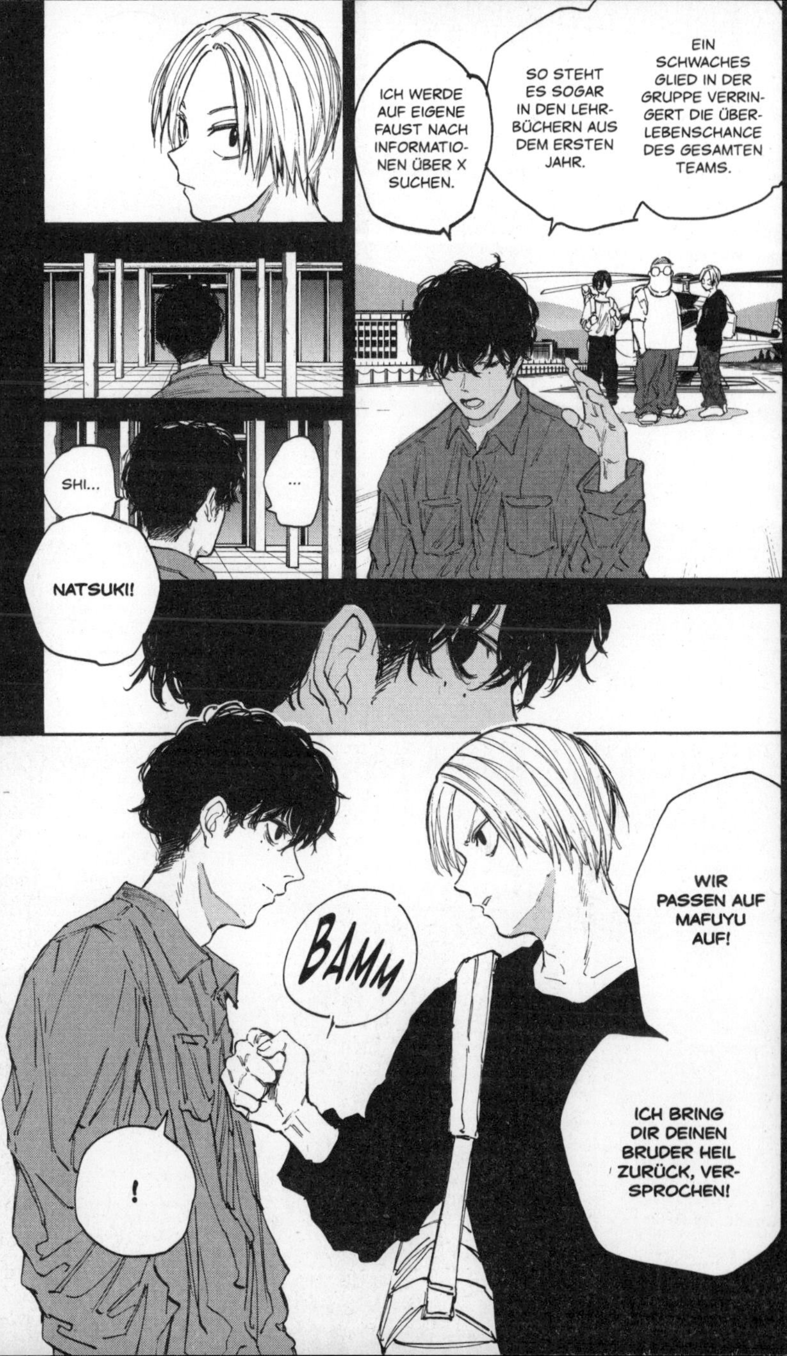

EIN SCHWACHES GLIED IN DER GRUPPE VERRINGERT DIE ÜBERLEBENSCHANCE DES GESAMTEN TEAMS.
SO STEHT ES SOGAR IN DEN LEHRBÜCHERN AUS DEM ERSTEN JAHR.
ICH WERDE AUF EIGENE FAUST NACH INFORMATIONEN ÜBER X SUCHEN.
...
SHI...
NATSUKI!
WIR PASSEN AUF MAFUYU AUF!
BAMM
ICH BRING DIR DEINEN BRUDER HEIL ZURÜCK, VERSPROCHEN!
!

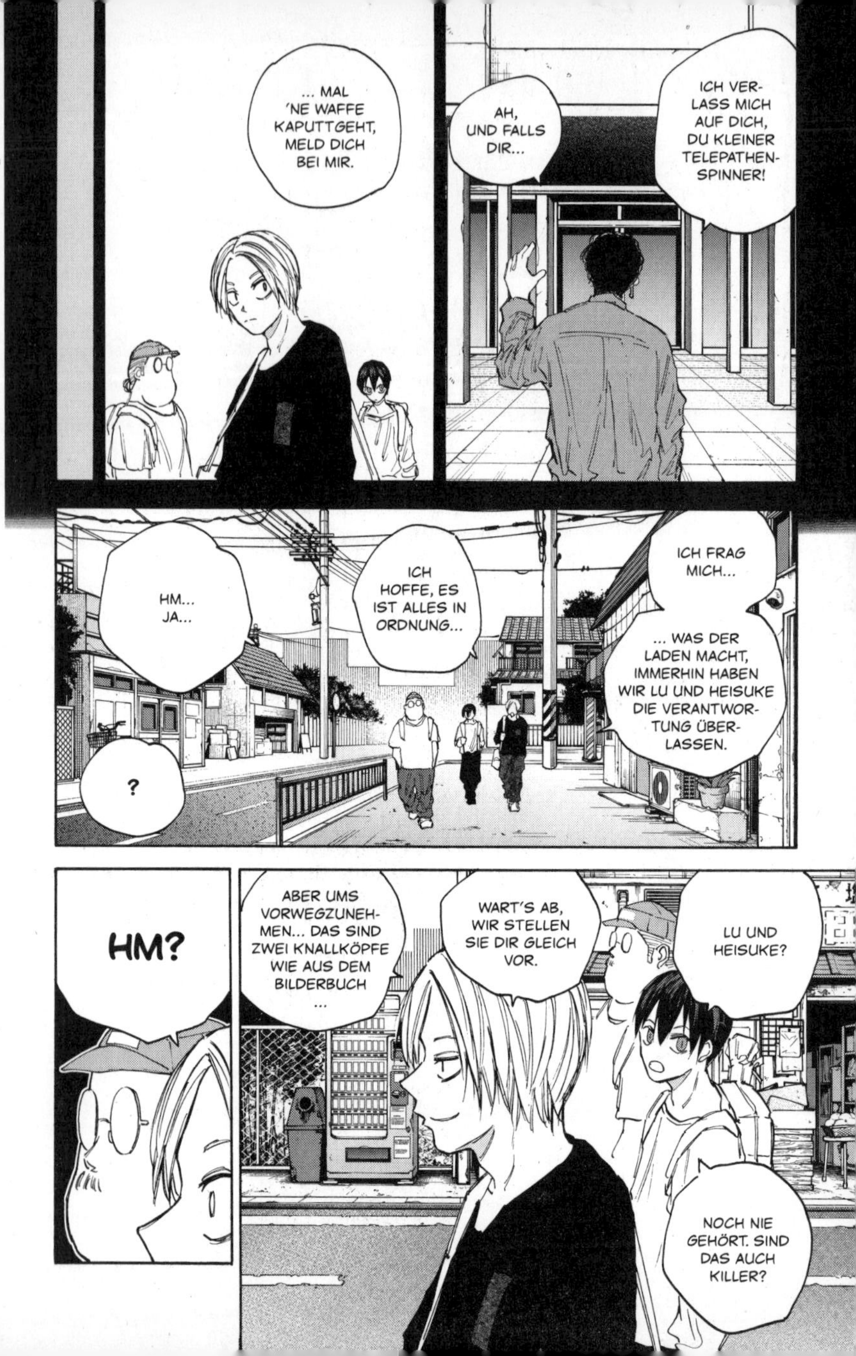
ICH VERLASS MICH AUF DICH, DU KLEINER TELEPATHENSPINNER!
AH, UND FALLS DIR...
... MAL 'NE WAFFE KAPUTTGEHT, MELD DICH BEI MIR.
ICH FRAG MICH...
... WAS DER LADEN MACHT, IMMERHIN HABEN WIR LU UND HEISUKE DIE VERANTWORTUNG ÜBERLASSEN.
ICH HOFFE, ES IST ALLES IN ORDNUNG...
HM... JA...
?
LU UND HEISUKE?
NOCH NIE GEHÖRT. SIND DAS AUCH KILLER?
WART'S AB, WIR STELLEN SIE DIR GLEICH VOR.
ABER UMS VORWEGZUNEHMEN... DAS SIND ZWEI KNALLKÖPFE WIE AUS DEM BILDERBUCH ...
HM?

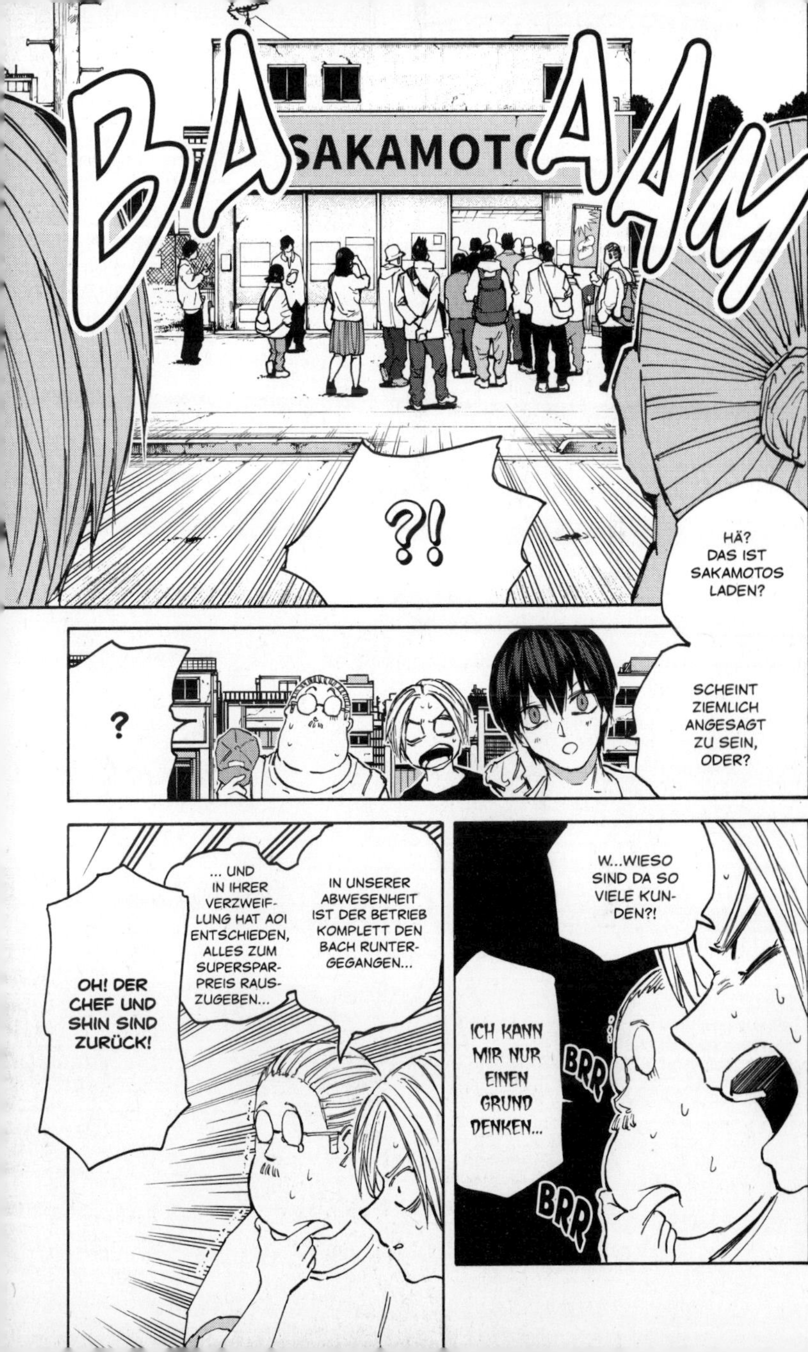
BAAAM
SAKAMOTO
?!
HÄ? DAS IST SAKAMOTOS LADEN?
SCHEINT ZIEMLICH ANGESAGT ZU SEIN, ODER?
?
W...WIESO SIND DA SO VIELE KUNDEN?!
ICH KANN MIR NUR EINEN GRUND DENKEN...
BRR
BRR
IN UNSERER ABWESENHEIT IST DER BETRIEB KOMPLETT DEN BACH RUNTERGEGANGEN...
... UND IN IHRER VERZWEIFLUNG HAT AOI ENTSCHIEDEN, ALLES ZUM SUPERSPARPREIS RAUSZUGEBEN...
OH! DER CHEF UND SHIN SIND ZURÜCK!

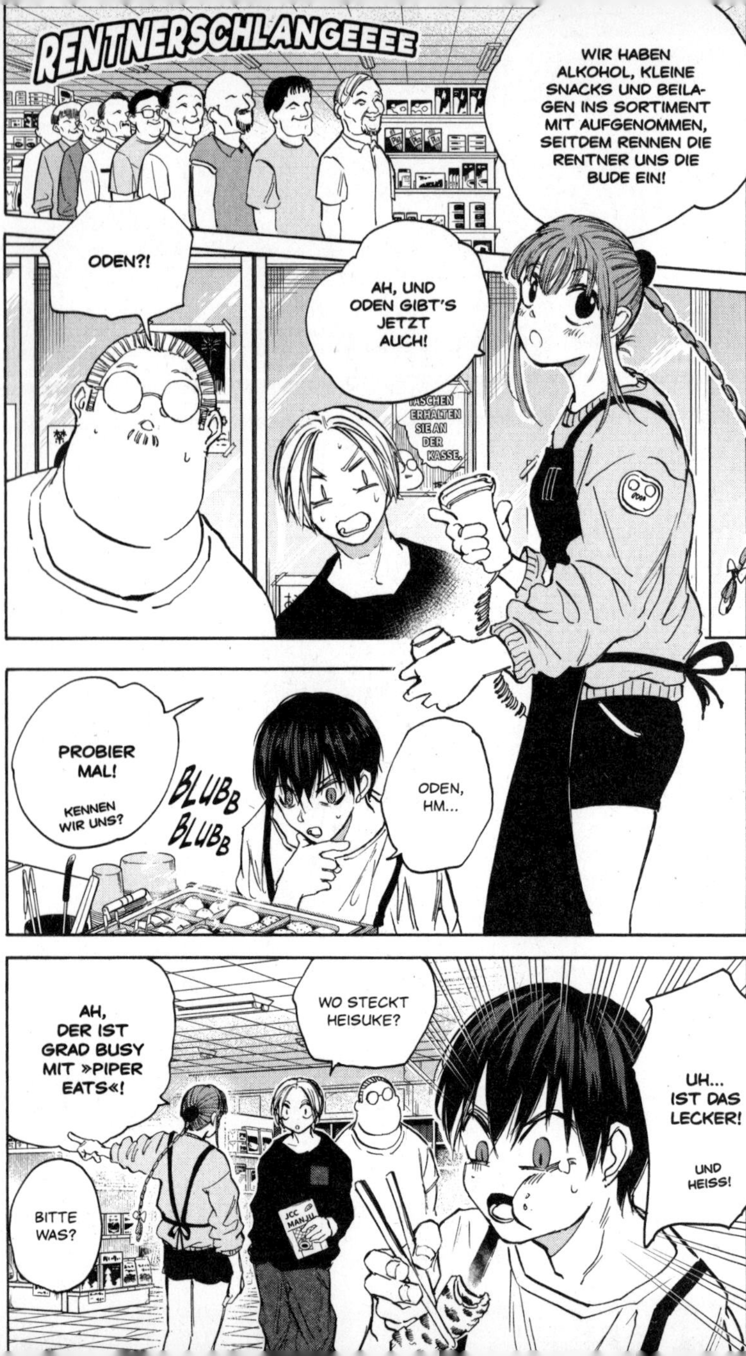
WIR HABEN ALKOHOL, KLEINE SNACKS UND BEILAGEN INS SORTIMENT MIT AUFGENOMMEN, SEITDEM RENNEN DIE RENTNER UNS DIE BUDE EIN!
RENTNERSCHLANGEEEE
AH, UND ODEN GIBT'S JETZT AUCH!
ODEN?!
TASCHEN ERHALTEN SIE AN DER KASSE.
ODEN, HM...
BLUBB BLUBB
PROBIER MAL!
KENNEN WIR UNS?
UH... IST DAS LECKER!
UND HEISS!
WO STECKT HEISUKE?
AH, DER IST GRAD BUSY MIT »PIPER EATS«!
BITTE WAS?
JCC MANJU

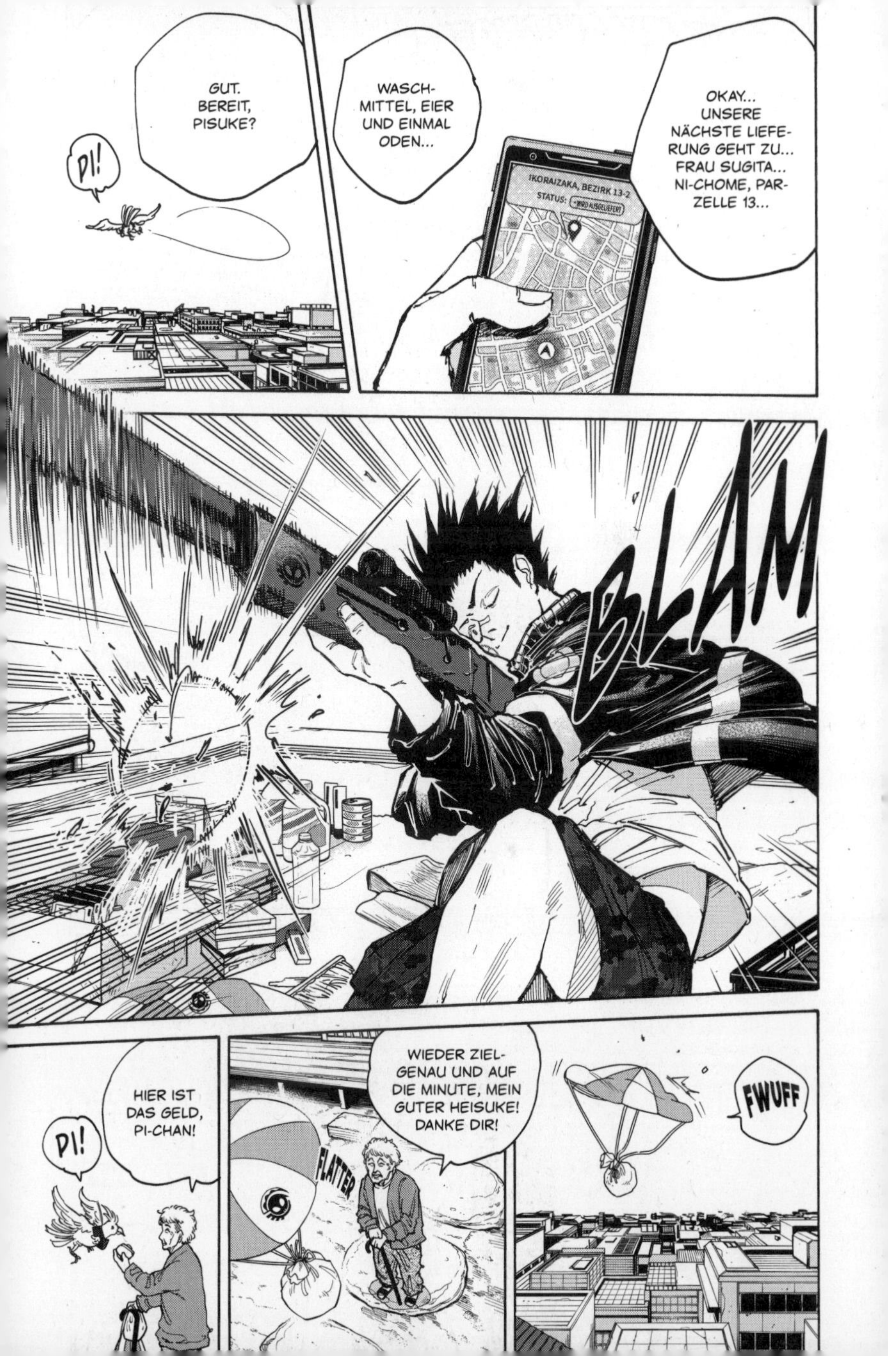
OKAY... UNSERE NÄCHSTE LIEFE-RUNG GEHT ZU... FRAU SUGITA... NI-CHOME, PAR-ZELLE 13...
IKORAIZAKA, BEZIRK 13-2
STATUS: WIRD AUSGELIEFERT
WASCH-MITTEL, EIER UND EINMAL ODEN...
GUT. BEREIT, PISUKE?
PI!
BLAM
FWUFF
WIEDER ZIEL-GENAU UND AUF DIE MINUTE, MEIN GUTER HEISUKE! DANKE DIR!
FLATTER
HIER IST DAS GELD, PI-CHAN!
PI!

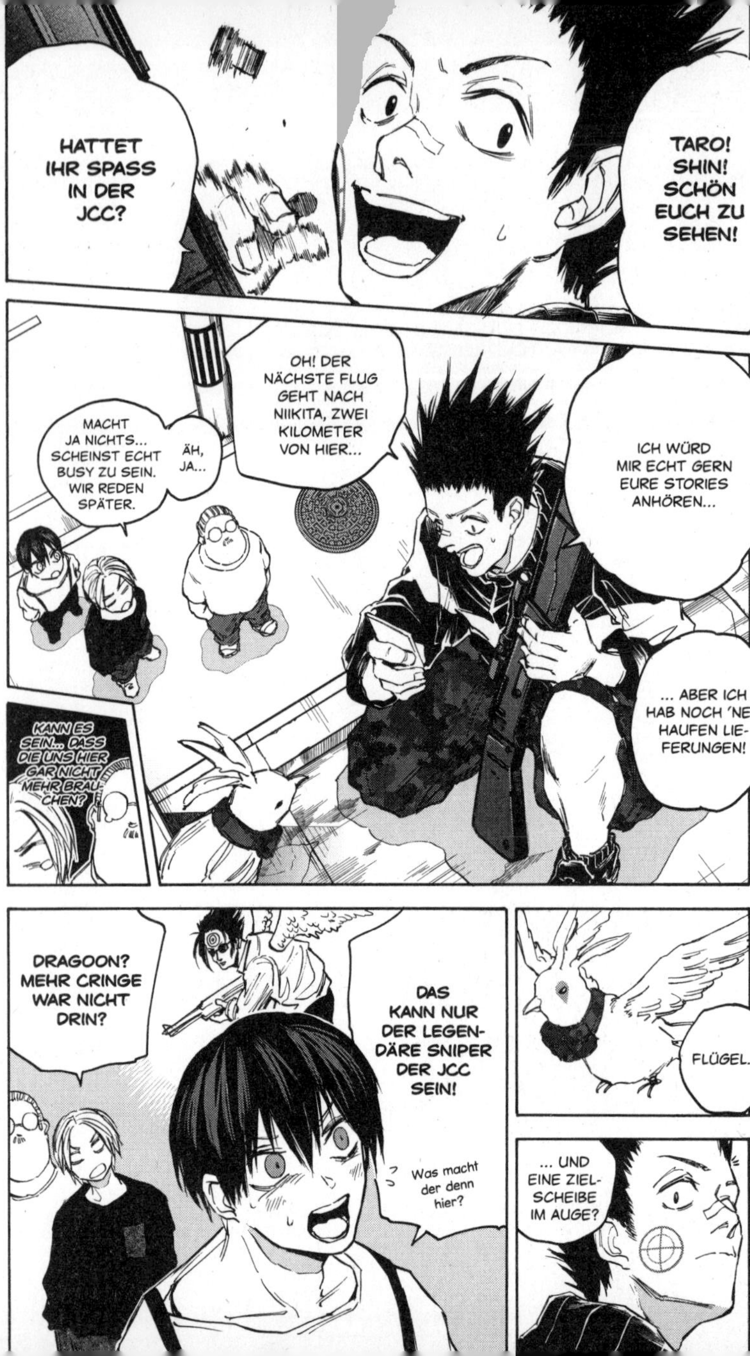
TARO! SHIN! SCHÖN EUCH ZU SEHEN!
HATTET IHR SPASS IN DER JCC?
ICH WÜRD MIR ECHT GERN EURE STORIES ANHÖREN...
... ABER ICH HAB NOCH 'NEN HAUFEN LIE-FERUNGEN!
OH! DER NÄCHSTE FLUG GEHT NACH NIIKITA, ZWEI KILOMETER VON HIER...
ÄH, JA...
MACHT JA NICHTS... SCHEINST ECHT BUSY ZU SEIN. WIR REDEN SPÄTER.
KANN ES SEIN... DASS DIE UNS HIER GAR NICHT MEHR BRAU-CHEN?
FLÜGEL...
... UND EINE ZIEL-SCHEIBE IM AUGE?
DAS KANN NUR DER LEGEN-DÄRE SNIPER DER JCC SEIN!
Was macht der denn hier?
DRAGOON? MEHR CRINGE WAR NICHT DRIN?

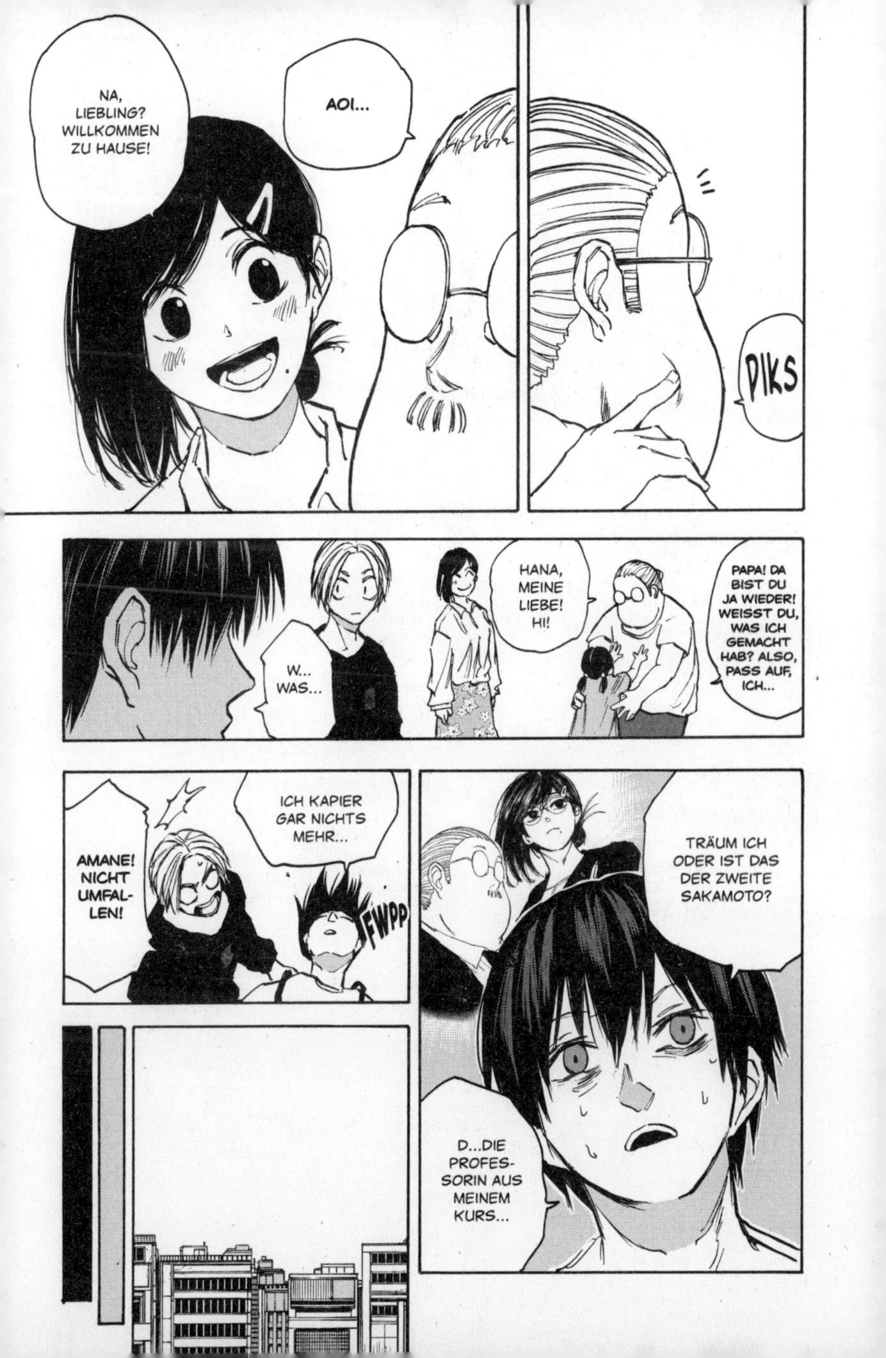
PIKS
AOI...
NA, LIEBLING? WILLKOMMEN ZU HAUSE!
PAPA! DA BIST DU JA WIEDER! WEISST DU, WAS ICH GEMACHT HAB? ALSO, PASS AUF, ICH...
HANA, MEINE LIEBE! HI!
W... WAS...
TRÄUM ICH ODER IST DAS DER ZWEITE SAKAMOTO?
D...DIE PROFES-SORIN AUS MEINEM KURS...
ICH KAPIER GAR NICHTS MEHR...
AMANE! NICHT UMFAL-LEN!
FWPP

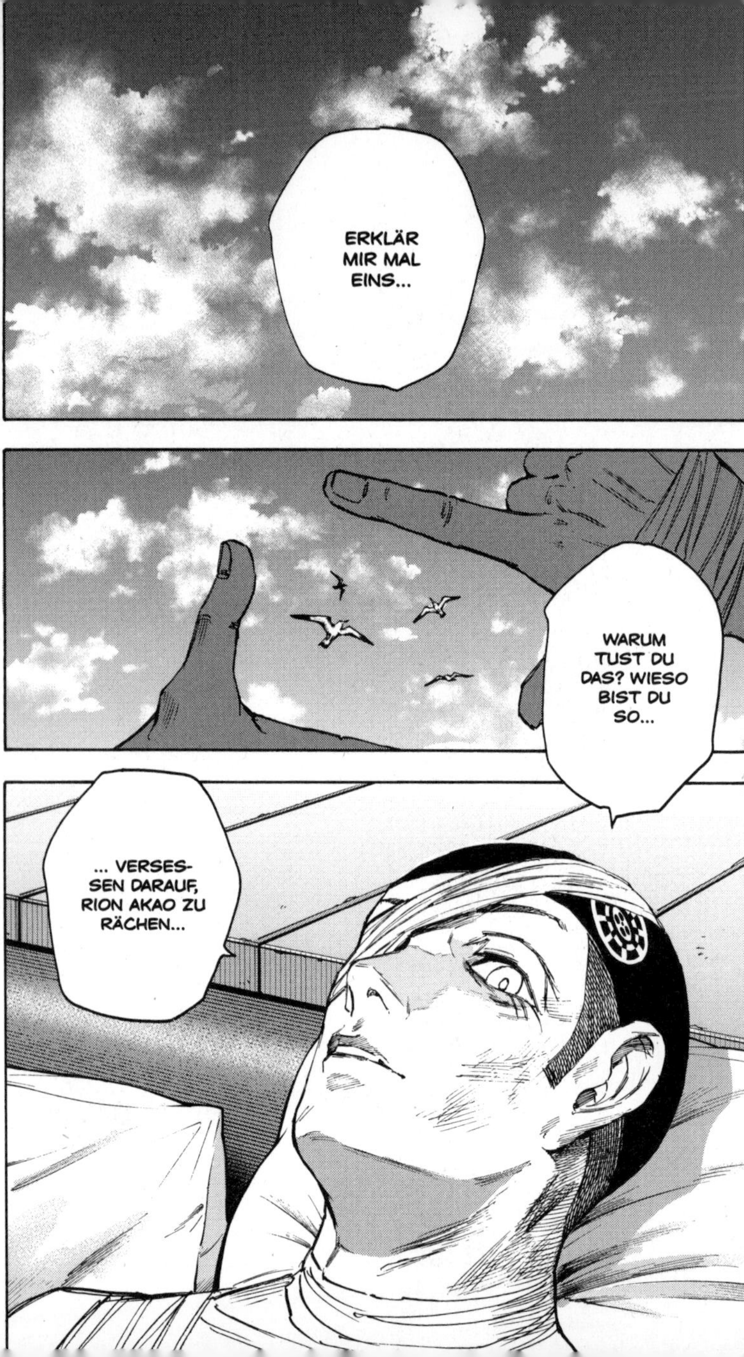
ERKLÄR MIR MAL EINS...
WARUM TUST DU DAS? WIESO BIST DU SO...
... VERSES-SEN DARAUF, RION AKAO ZU RÄCHEN...

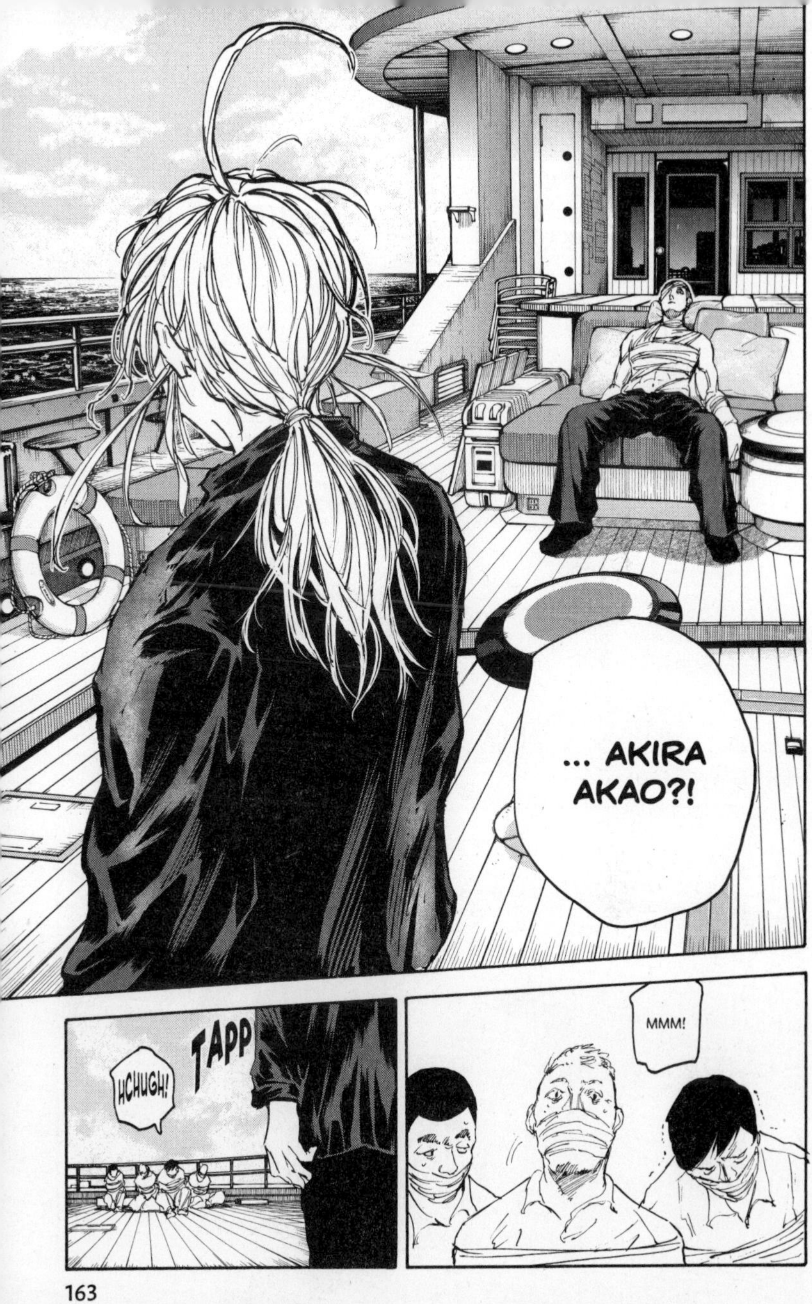
... AKIRA AKAO?!
TAPP
HCHUGH!
MMM!

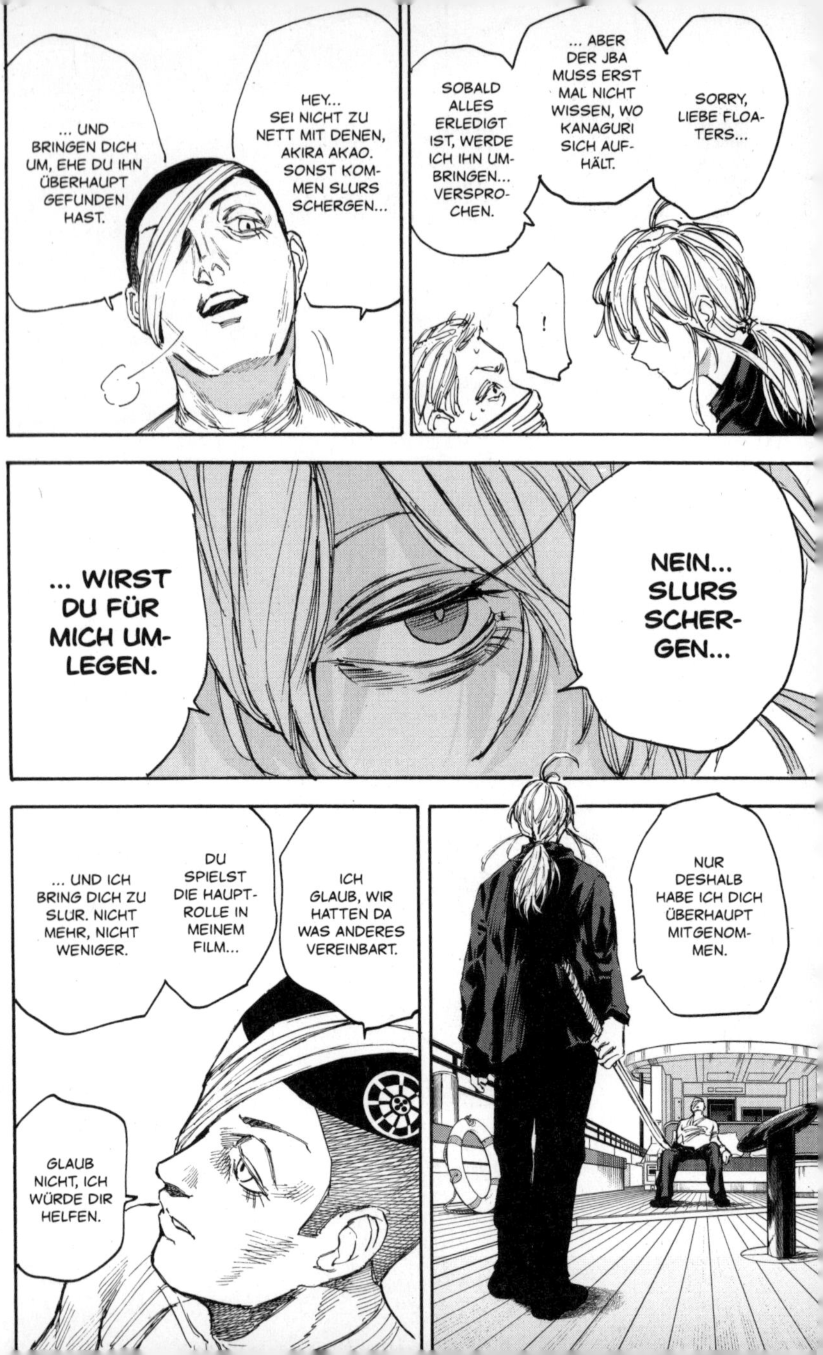
SORRY, LIEBE FLOATERS...
... ABER DER JBA MUSS ERST MAL NICHT WISSEN, WO KANAGURI SICH AUFHÄLT.
SOBALD ALLES ERLEDIGT IST, WERDE ICH IHN UMBRINGEN... VERSPROCHEN.
!
HEY... SEI NICHT ZU NETT MIT DENEN, AKIRA AKAO. SONST KOMMEN SLURS SCHERGEN...
... UND BRINGEN DICH UM, EHE DU IHN ÜBERHAUPT GEFUNDEN HAST.
NEIN... SLURS SCHERGEN...
... WIRST DU FÜR MICH UMLEGEN.
NUR DESHALB HABE ICH DICH ÜBERHAUPT MITGENOMMEN.
ICH GLAUB, WIR HATTEN DA WAS ANDERES VEREINBART.
DU SPIELST DIE HAUPTROLLE IN MEINEM FILM...
... UND ICH BRING DICH ZU SLUR. NICHT MEHR, NICHT WENIGER.
GLAUB NICHT, ICH WÜRDE DIR HELFEN.

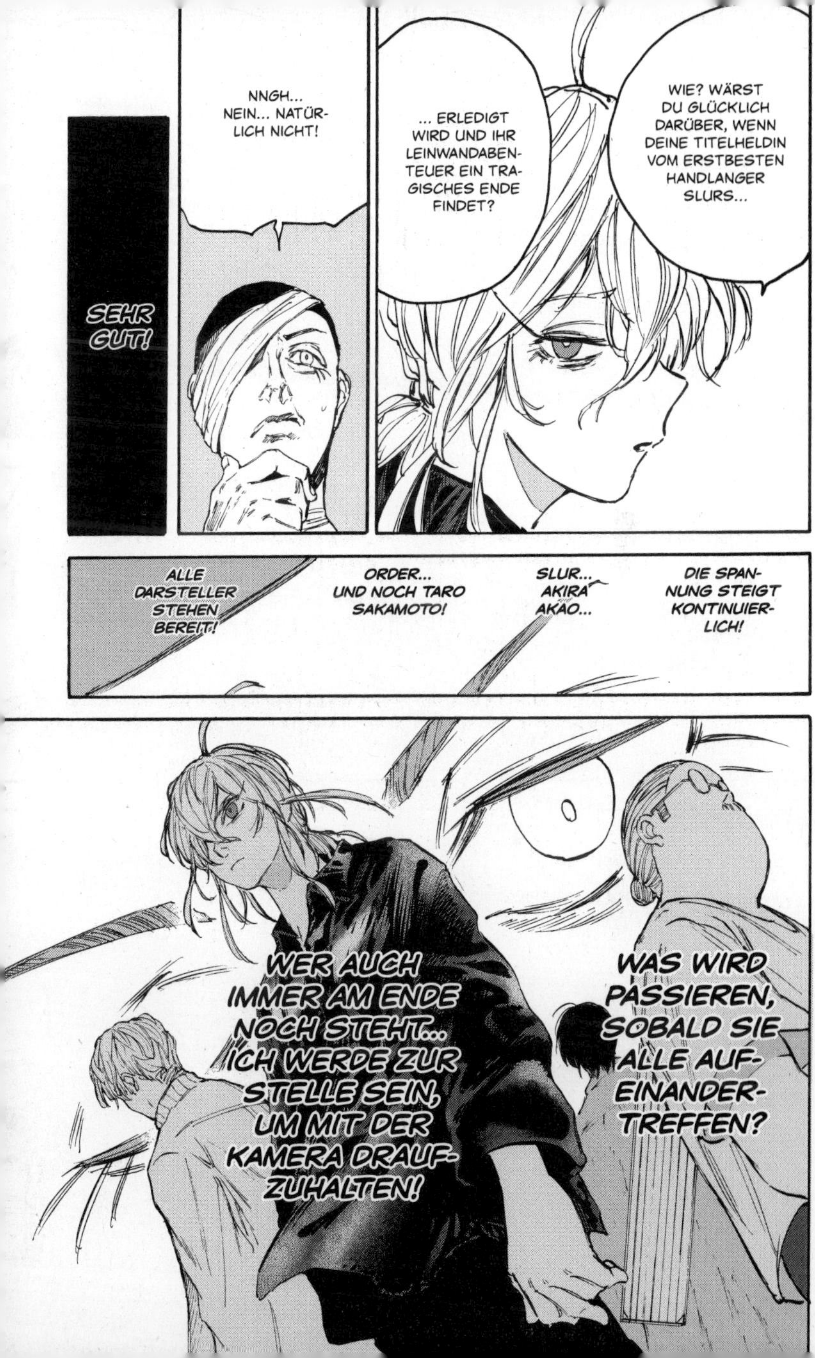
WIE? WÄRST DU GLÜCKLICH DARÜBER, WENN DEINE TITELHELDIN VOM ERSTBESTEN HANDLANGER SLURS…
… ERLEDIGT WIRD UND IHR LEINWANDABENTEUER EIN TRAGISCHES ENDE FINDET?
NNGH… NEIN… NATÜRLICH NICHT!
SEHR GUT!
DIE SPANNUNG STEIGT KONTINUIERLICH!
SLUR… AKIRA AKAO…
ORDER… UND NOCH TARO SAKAMOTO!
ALLE DARSTELLER STEHEN BEREIT!
WAS WIRD PASSIEREN, SOBALD SIE ALLE AUFEINANDERTREFFEN?
WER AUCH IMMER AM ENDE NOCH STEHT… ICH WERDE ZUR STELLE SEIN, UM MIT DER KAMERA DRAUFZUHALTEN!

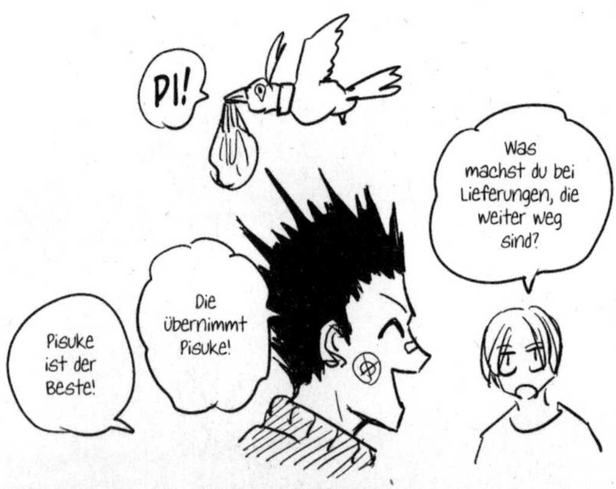
Was machst du bei Lieferungen, die weiter weg sind?
Die übernimmt Pisuke!
PI!
Pisuke ist der Beste!

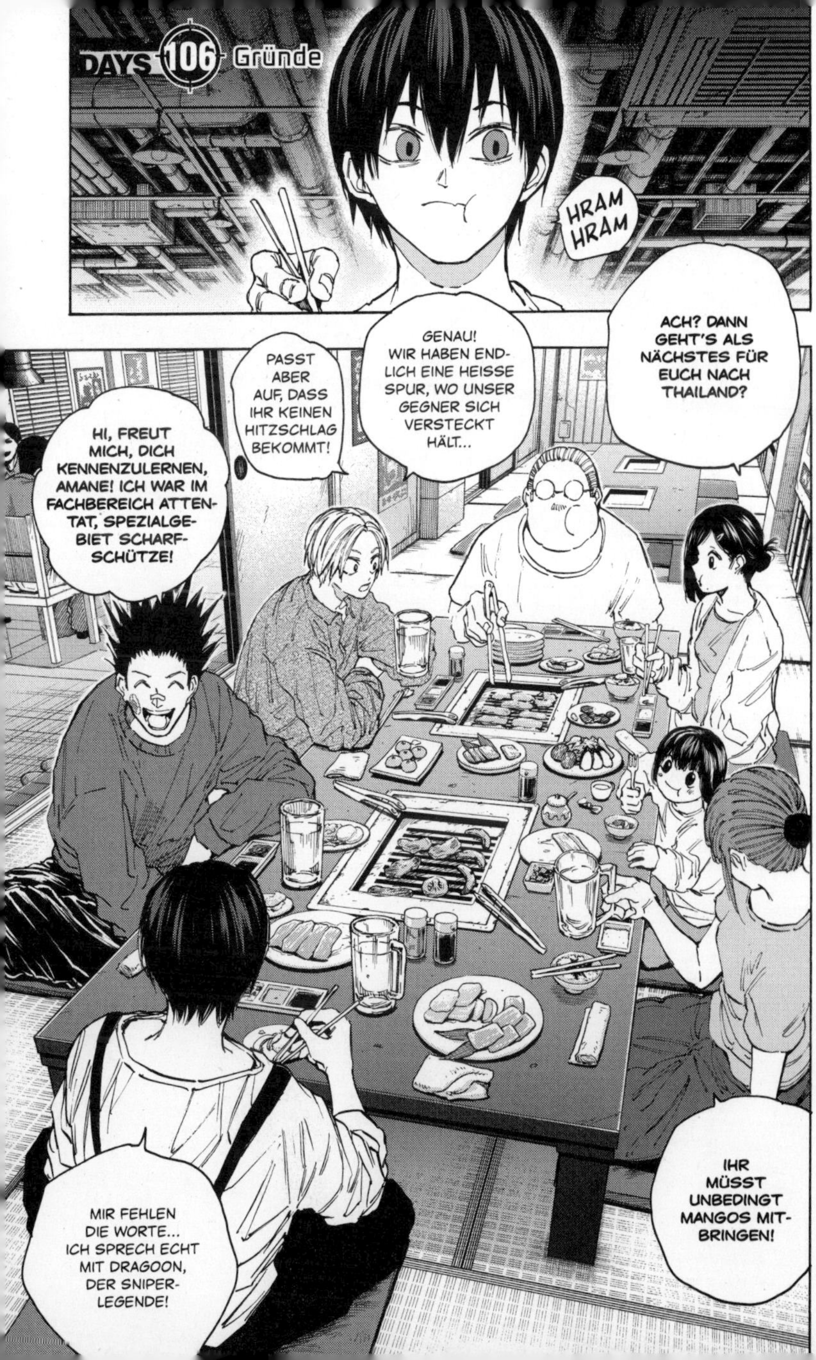
DAYS 106 Gründe
HRAM HRAM
ACH? DANN GEHT'S ALS NÄCHSTES FÜR EUCH NACH THAILAND?
GENAU! WIR HABEN ENDLICH EINE HEISSE SPUR, WO UNSER GEGNER SICH VERSTECKT HÄLT…
PASST ABER AUF, DASS IHR KEINEN HITZSCHLAG BEKOMMT!
HI, FREUT MICH, DICH KENNENZULERNEN, AMANE! ICH WAR IM FACHBEREICH ATTENTAT, SPEZIALGEBIET SCHARFSCHÜTZE!
IHR MÜSST UNBEDINGT MANGOS MITBRINGEN!
MIR FEHLEN DIE WORTE… ICH SPRECH ECHT MIT DRAGOON, DER SNIPERLEGENDE!

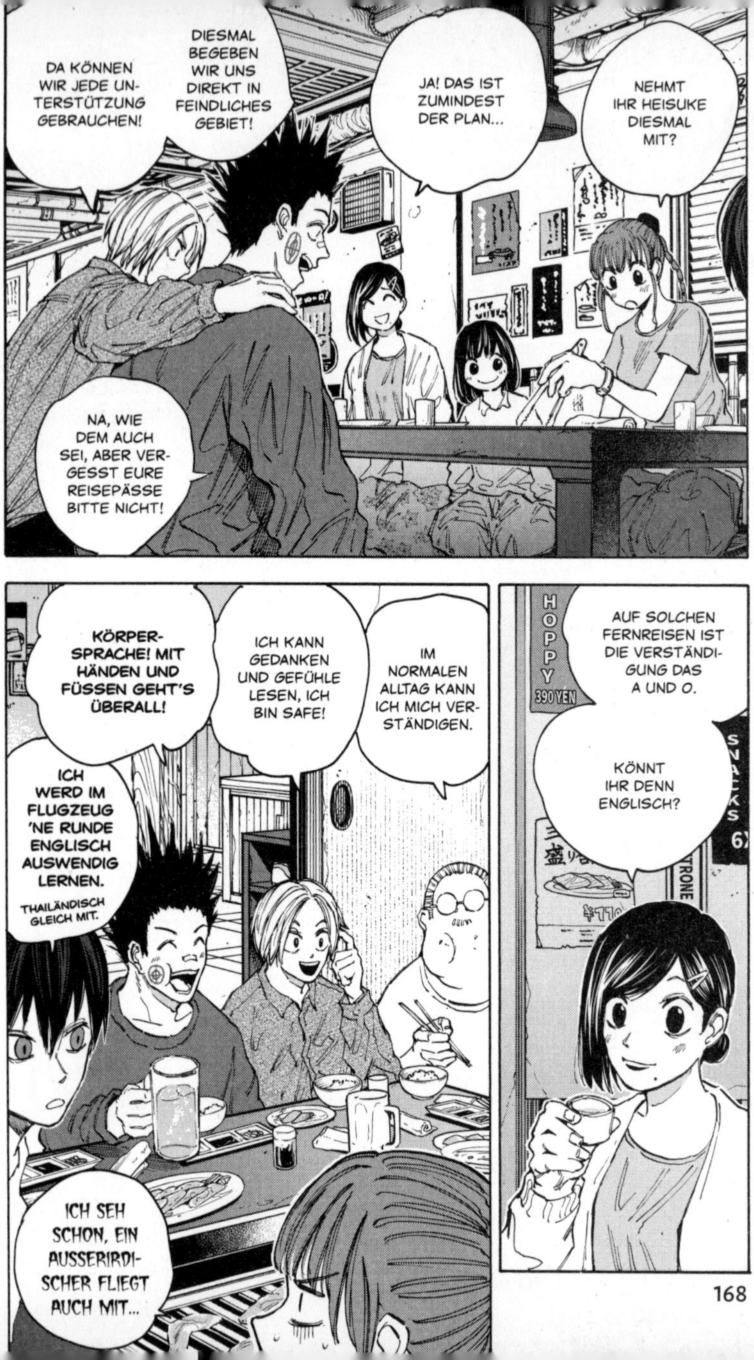
NEHMT IHR HEISUKE DIESMAL MIT?
JA! DAS IST ZUMINDEST DER PLAN...
DIESMAL BEGEBEN WIR UNS DIREKT IN FEINDLICHES GEBIET!
DA KÖNNEN WIR JEDE UNTERSTÜTZUNG GEBRAUCHEN!
NA, WIE DEM AUCH SEI, ABER VERGESST EURE REISEPÄSSE BITTE NICHT!
HOPPY 390 YEN
AUF SOLCHEN FERNREISEN IST DIE VERSTÄNDIGUNG DAS A UND O.
KÖNNT IHR DENN ENGLISCH?
IM NORMALEN ALLTAG KANN ICH MICH VERSTÄNDIGEN.
ICH KANN GEDANKEN UND GEFÜHLE LESEN, ICH BIN SAFE!
KÖRPERSPRACHE! MIT HÄNDEN UND FÜSSEN GEHT'S ÜBERALL!
ICH WERD IM FLUGZEUG 'NE RUNDE ENGLISCH AUSWENDIG LERNEN.
THAILÄNDISCH GLEICH MIT.
ICH SEH SCHON, EIN AUSSERIRDISCHER FLIEGT AUCH MIT...

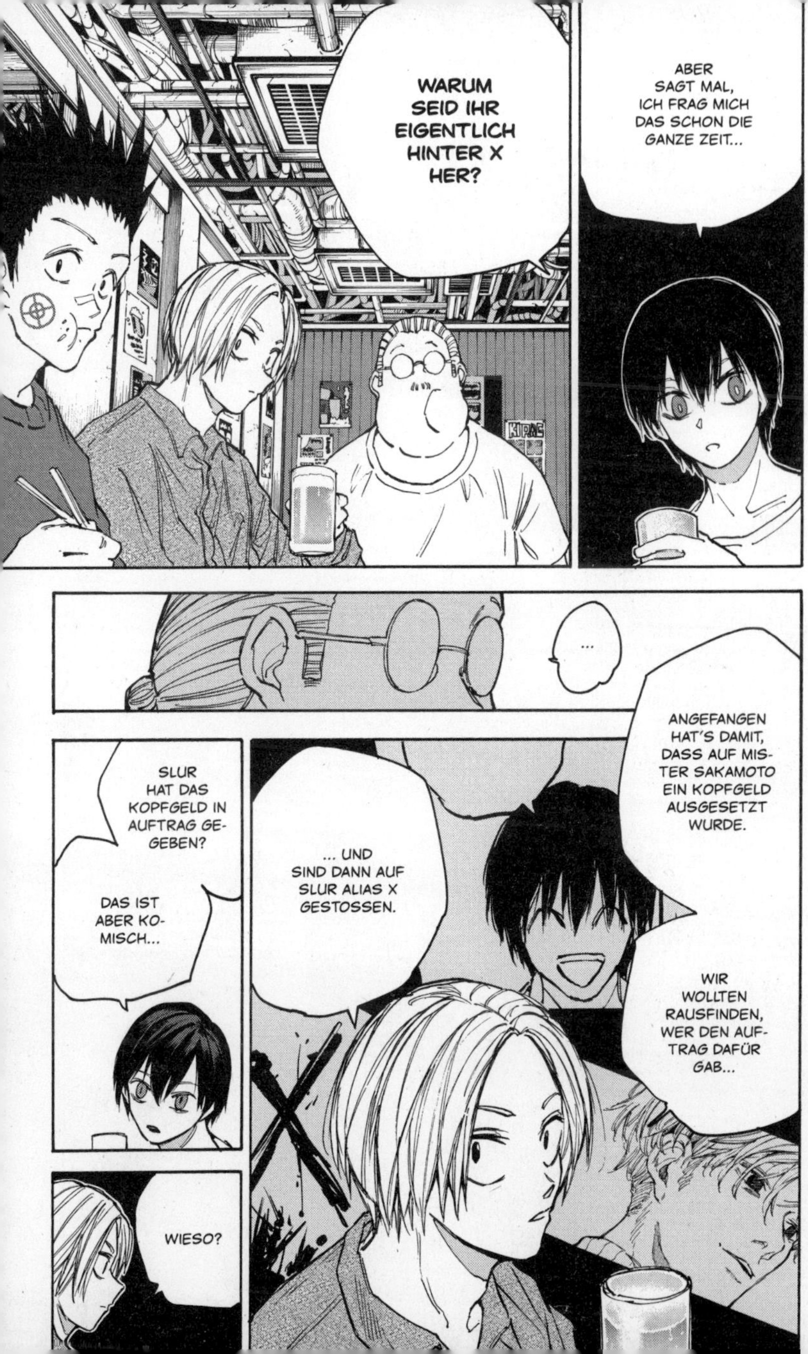
ABER SAGT MAL, ICH FRAG MICH DAS SCHON DIE GANZE ZEIT...
WARUM SEID IHR EIGENTLICH HINTER X HER?
...
ANGEFANGEN HAT'S DAMIT, DASS AUF MISTER SAKAMOTO EIN KOPFGELD AUSGESETZT WURDE.
WIR WOLLTEN RAUSFINDEN, WER DEN AUFTRAG DAFÜR GAB...
... UND SIND DANN AUF SLUR ALIAS X GESTOSSEN.
SLUR HAT DAS KOPFGELD IN AUFTRAG GEGEBEN?
DAS IST ABER KOMISCH...
WIESO?

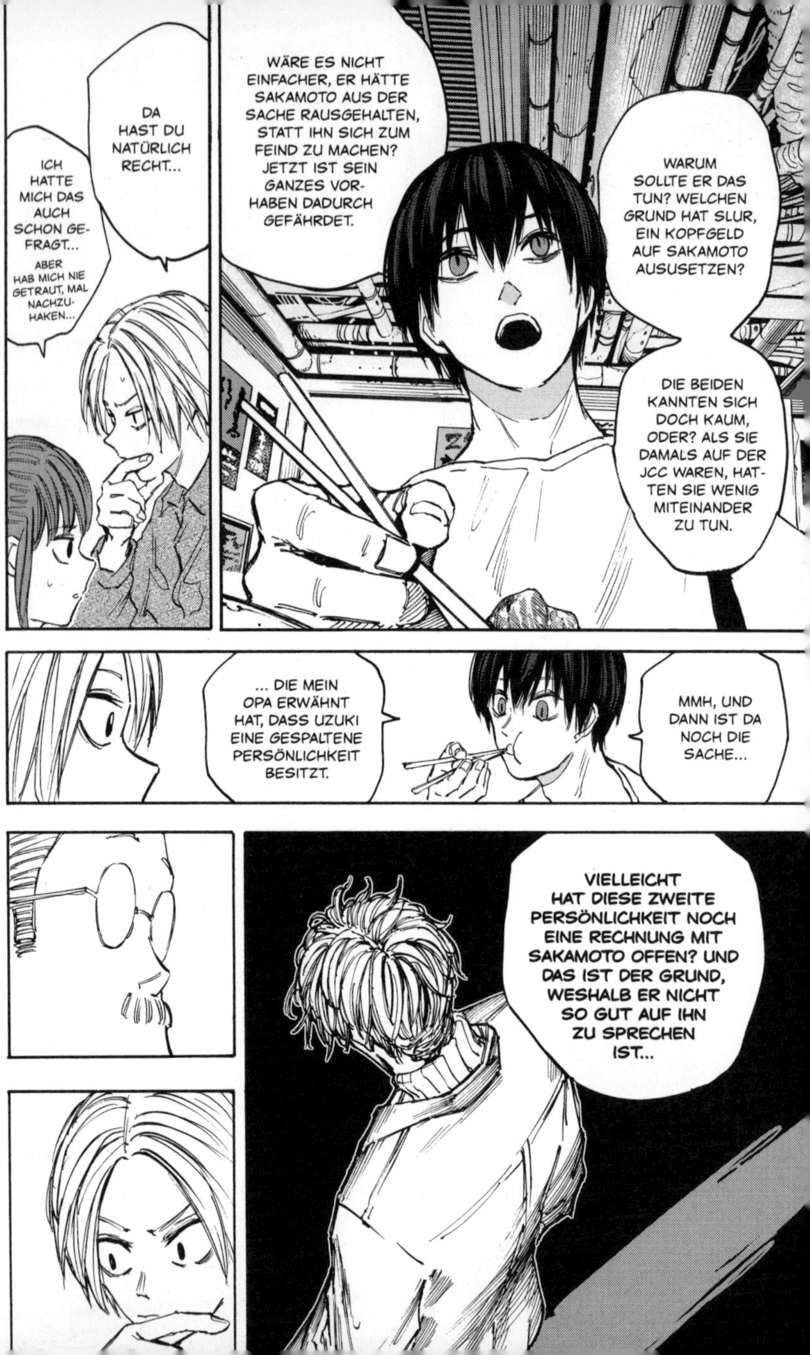
WARUM SOLLTE ER DAS TUN? WELCHEN GRUND HAT SLUR, EIN KOPFGELD AUF SAKAMOTO AUSUSETZEN?
DIE BEIDEN KANNTEN SICH DOCH KAUM, ODER? ALS SIE DAMALS AUF DER JCC WAREN, HATTEN SIE WENIG MITEINANDER ZU TUN.
WÄRE ES NICHT EINFACHER, ER HÄTTE SAKAMOTO AUS DER SACHE RAUSGEHALTEN, STATT IHN SICH ZUM FEIND ZU MACHEN? JETZT IST SEIN GANZES VORHABEN DADURCH GEFÄHRDET.
DA HAST DU NATÜRLICH RECHT...
ICH HATTE MICH DAS AUCH SCHON GEFRAGT...
ABER HAB MICH NIE GETRAUT, MAL NACHZUHAKEN...
MMH, UND DANN IST DA NOCH DIE SACHE...
... DIE MEIN OPA ERWÄHNT HAT, DASS UZUKI EINE GESPALTENE PERSÖNLICHKEIT BESITZT.
VIELLEICHT HAT DIESE ZWEITE PERSÖNLICHKEIT NOCH EINE RECHNUNG MIT SAKAMOTO OFFEN? UND DAS IST DER GRUND, WESHALB ER NICHT SO GUT AUF IHN ZU SPRECHEN IST...

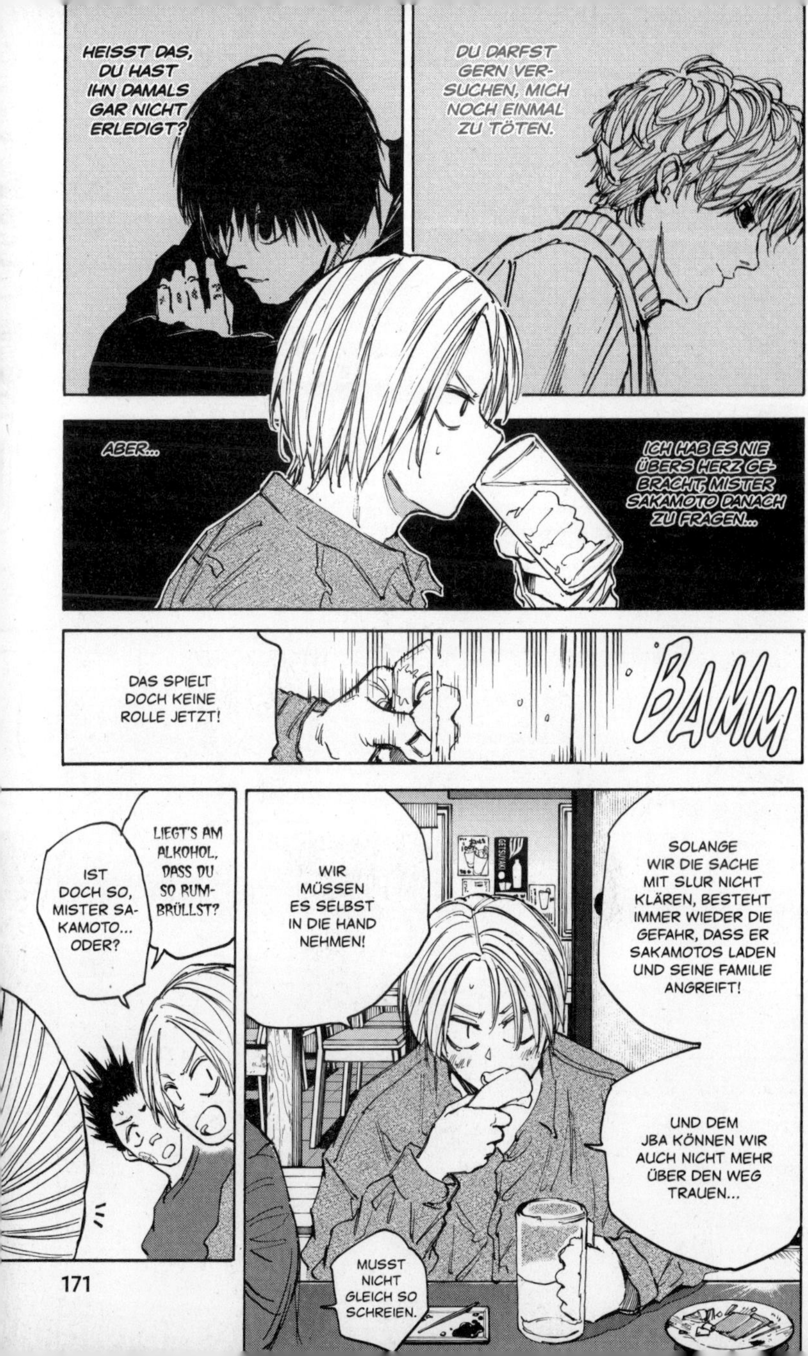

DU DARFST GERN VERSUCHEN, MICH NOCH EINMAL ZU TÖTEN.
HEISST DAS, DU HAST IHN DAMALS GAR NICHT ERLEDIGT?
ICH HAB ES NIE ÜBERS HERZ GEBRACHT, MISTER SAKAMOTO DANACH ZU FRAGEN...
ABER...
BAMM
DAS SPIELT DOCH KEINE ROLLE JETZT!
SOLANGE WIR DIE SACHE MIT SLUR NICHT KLÄREN, BESTEHT IMMER WIEDER DIE GEFAHR, DASS ER SAKAMOTOS LADEN UND SEINE FAMILIE ANGREIFT!
WIR MÜSSEN ES SELBST IN DIE HAND NEHMEN!
UND DEM JBA KÖNNEN WIR AUCH NICHT MEHR ÜBER DEN WEG TRAUEN...
MUSST NICHT GLEICH SO SCHREIEN.
LIEGT'S AM ALKOHOL, DASS DU SO RUMBRÜLLST?
IST DOCH SO, MISTER SAKAMOTO... ODER?

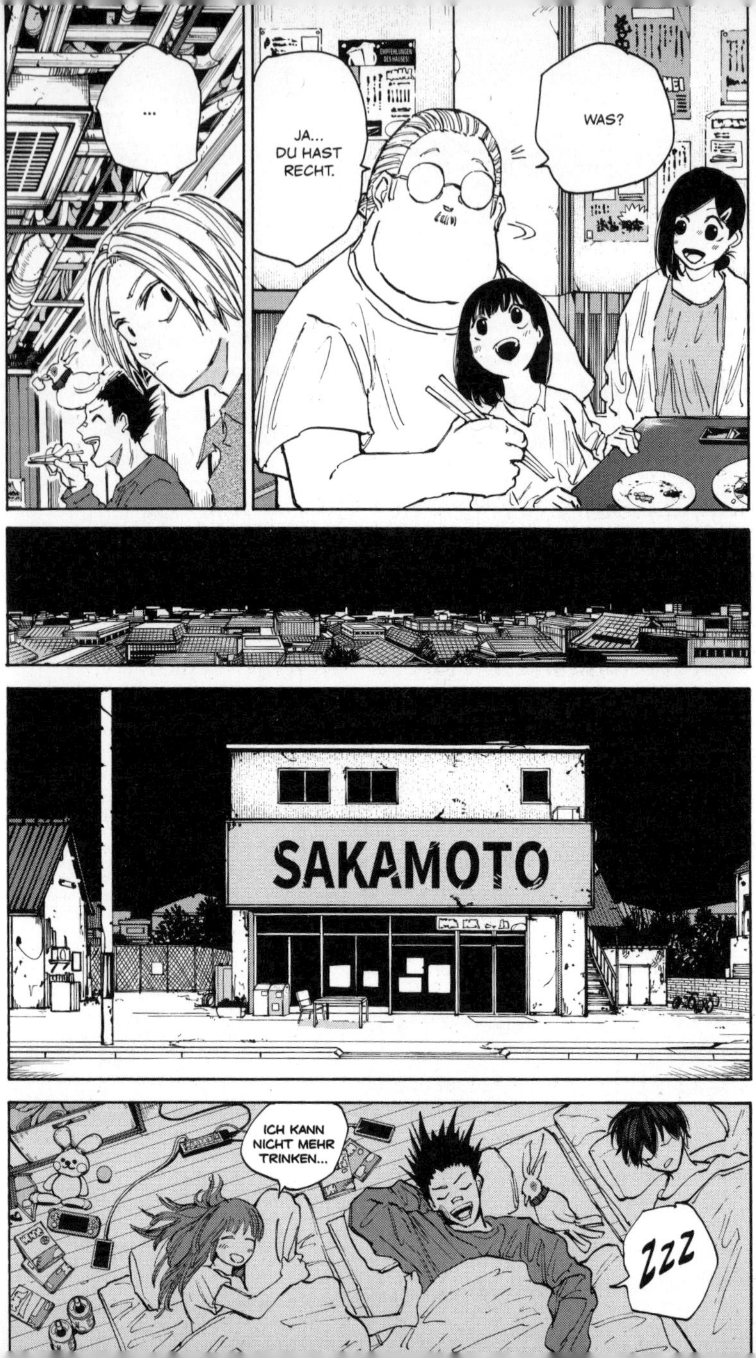
WAS?
JA... DU HAST RECHT.
...
EMPFEHLUNGEN DES HAUSES!
SAKAMOTO
ICH KANN NICHT MEHR TRINKEN...
ZZZ

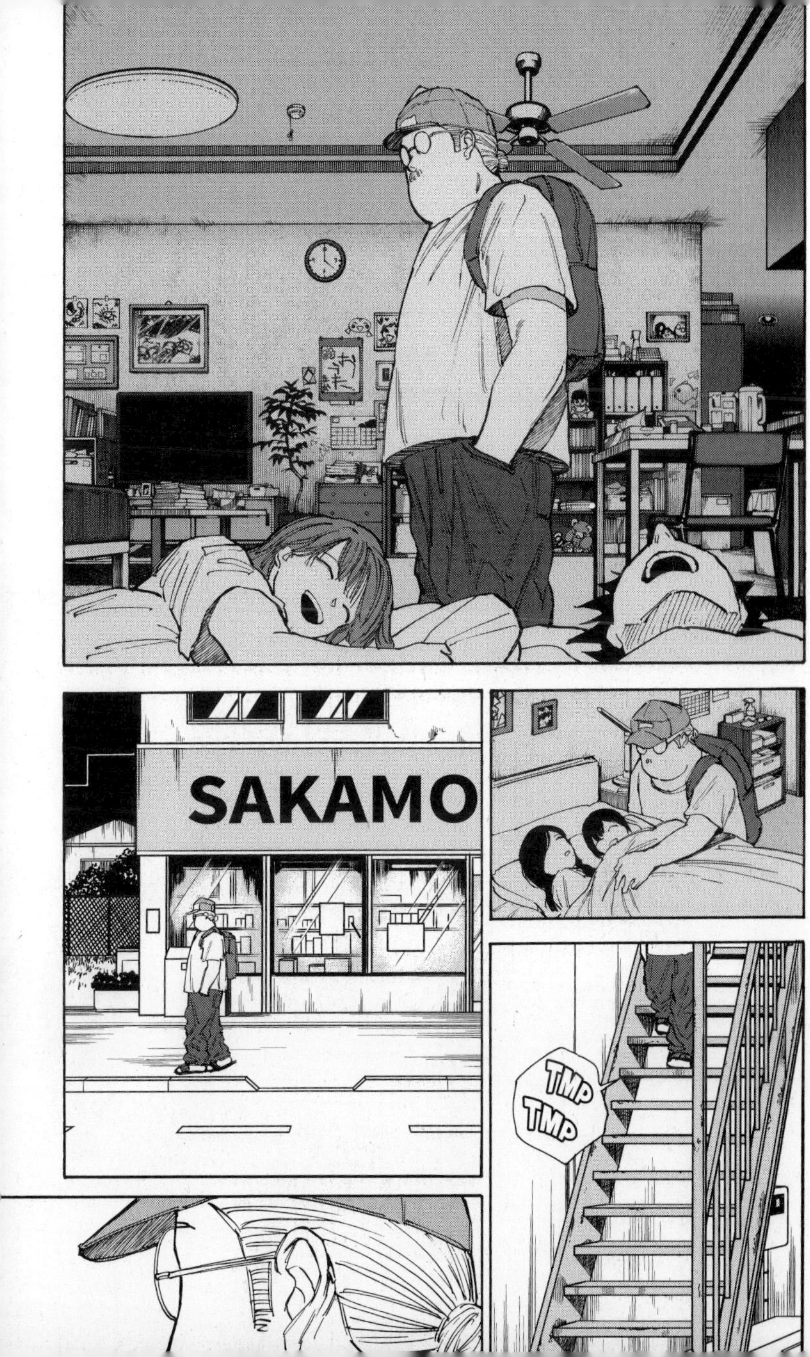
SAKAMO
TMP
TMP

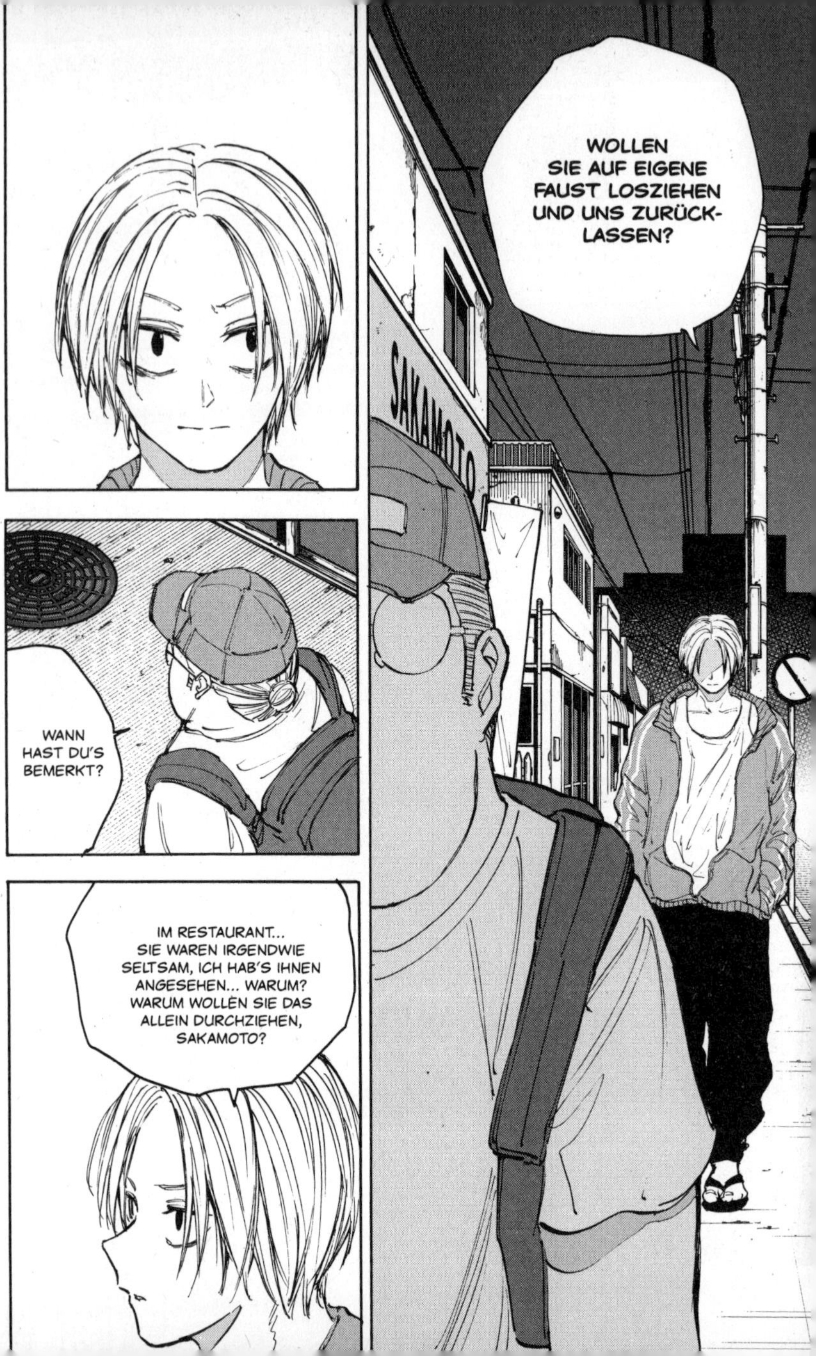
WOLLEN SIE AUF EIGENE FAUST LOSZIEHEN UND UNS ZURÜCK-LASSEN?
SAKAMOTO
WANN HAST DU'S BEMERKT?
IM RESTAURANT... SIE WAREN IRGENDWIE SELTSAM, ICH HAB'S IHNEN ANGESEHEN... WARUM? WARUM WOLLEN SIE DAS ALLEIN DURCHZIEHEN, SAKAMOTO?

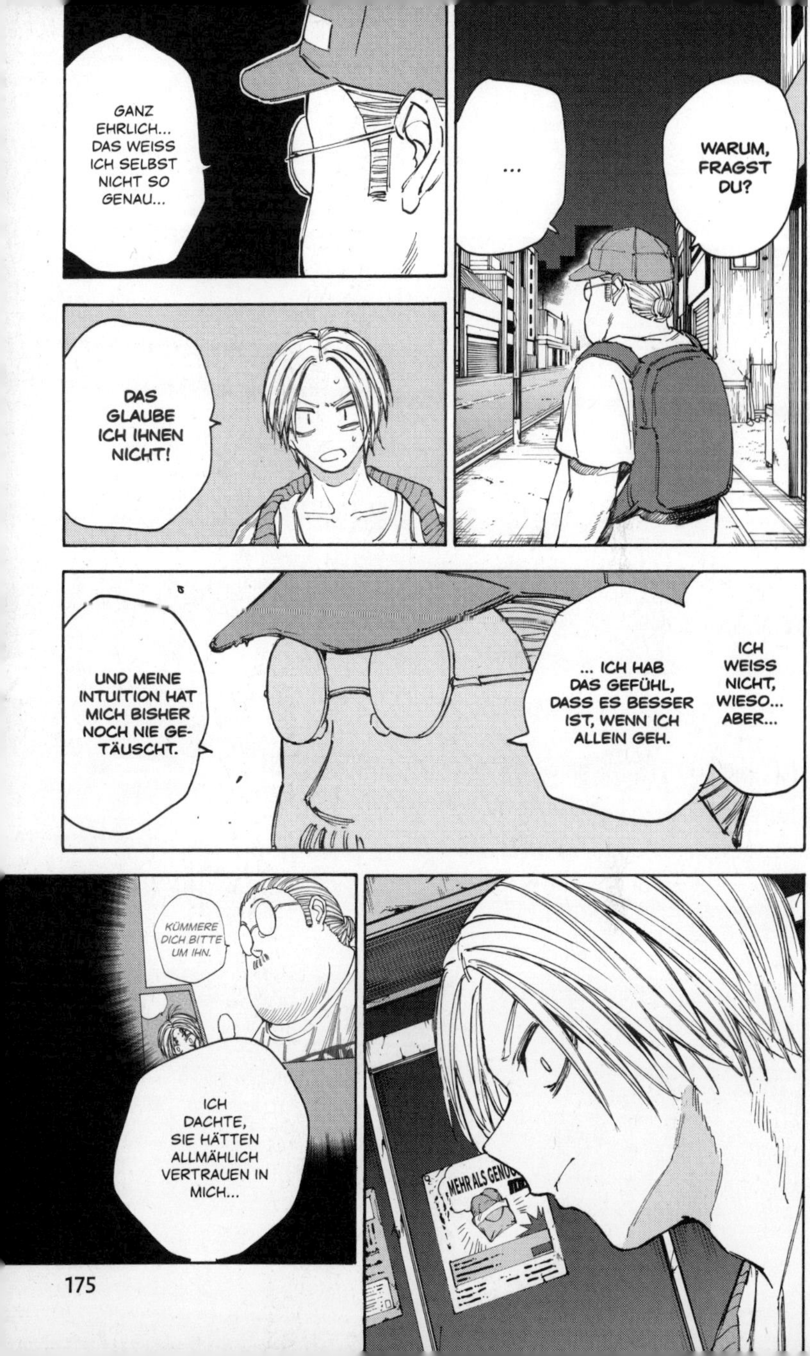
WARUM, FRAGST DU?
...
GANZ EHRLICH... DAS WEISS ICH SELBST NICHT SO GENAU...
DAS GLAUBE ICH IHNEN NICHT!
ICH WEISS NICHT, WIESO... ABER...
... ICH HAB DAS GEFÜHL, DASS ES BESSER IST, WENN ICH ALLEIN GEH.
UND MEINE INTUITION HAT MICH BISHER NOCH NIE GETÄUSCHT.
KÜMMERE DICH BITTE UM IHN.
ICH DACHTE, SIE HÄTTEN ALLMÄHLICH VERTRAUEN IN MICH...

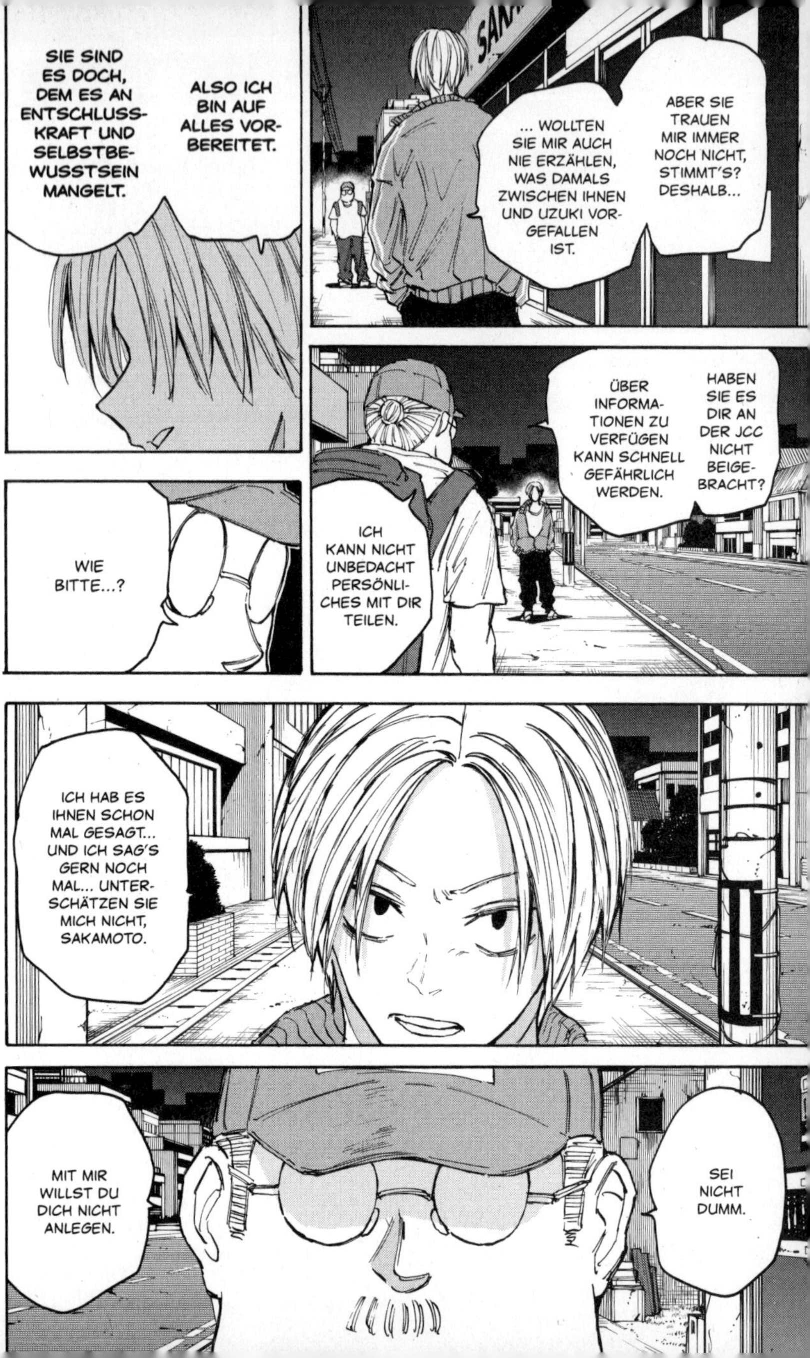
ABER SIE TRAUEN MIR IMMER NOCH NICHT, STIMMT'S? DESHALB...
... WOLLTEN SIE MIR AUCH NIE ERZÄHLEN, WAS DAMALS ZWISCHEN IHNEN UND UZUKI VORGEFALLEN IST.
ALSO ICH BIN AUF ALLES VORBEREITET.
SIE SIND ES DOCH, DEM ES AN ENTSCHLUSSKRAFT UND SELBSTBEWUSSTSEIN MANGELT.
HABEN SIE ES DIR AN DER JCC NICHT BEIGEBRACHT?
ÜBER INFORMATIONEN ZU VERFÜGEN KANN SCHNELL GEFÄHRLICH WERDEN.
ICH KANN NICHT UNBEDACHT PERSÖNLICHES MIT DIR TEILEN.
WIE BITTE...?
ICH HAB ES IHNEN SCHON MAL GESAGT... UND ICH SAG'S GERN NOCH MAL... UNTERSCHÄTZEN SIE MICH NICHT, SAKAMOTO.
SEI NICHT DUMM.
MIT MIR WILLST DU DICH NICHT ANLEGEN.

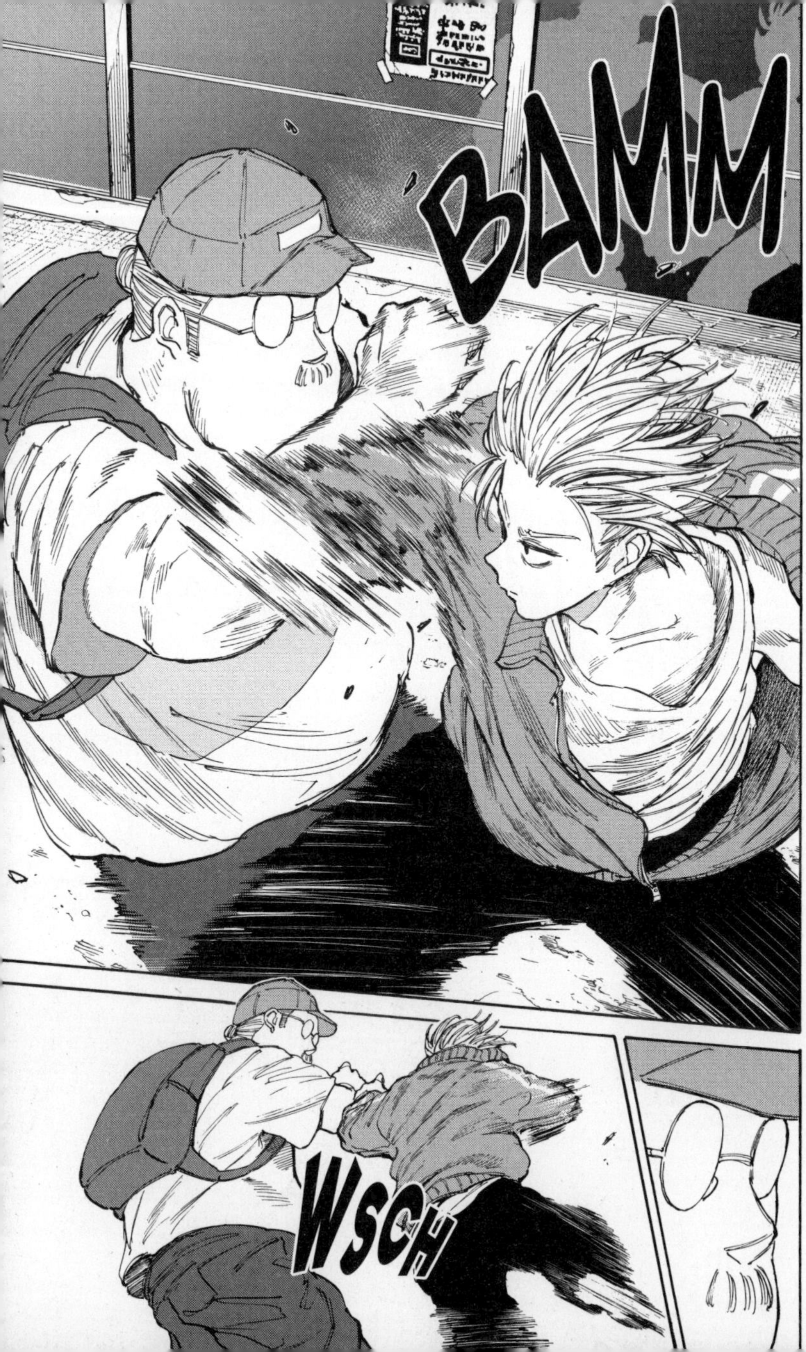
BAMM
WSCH

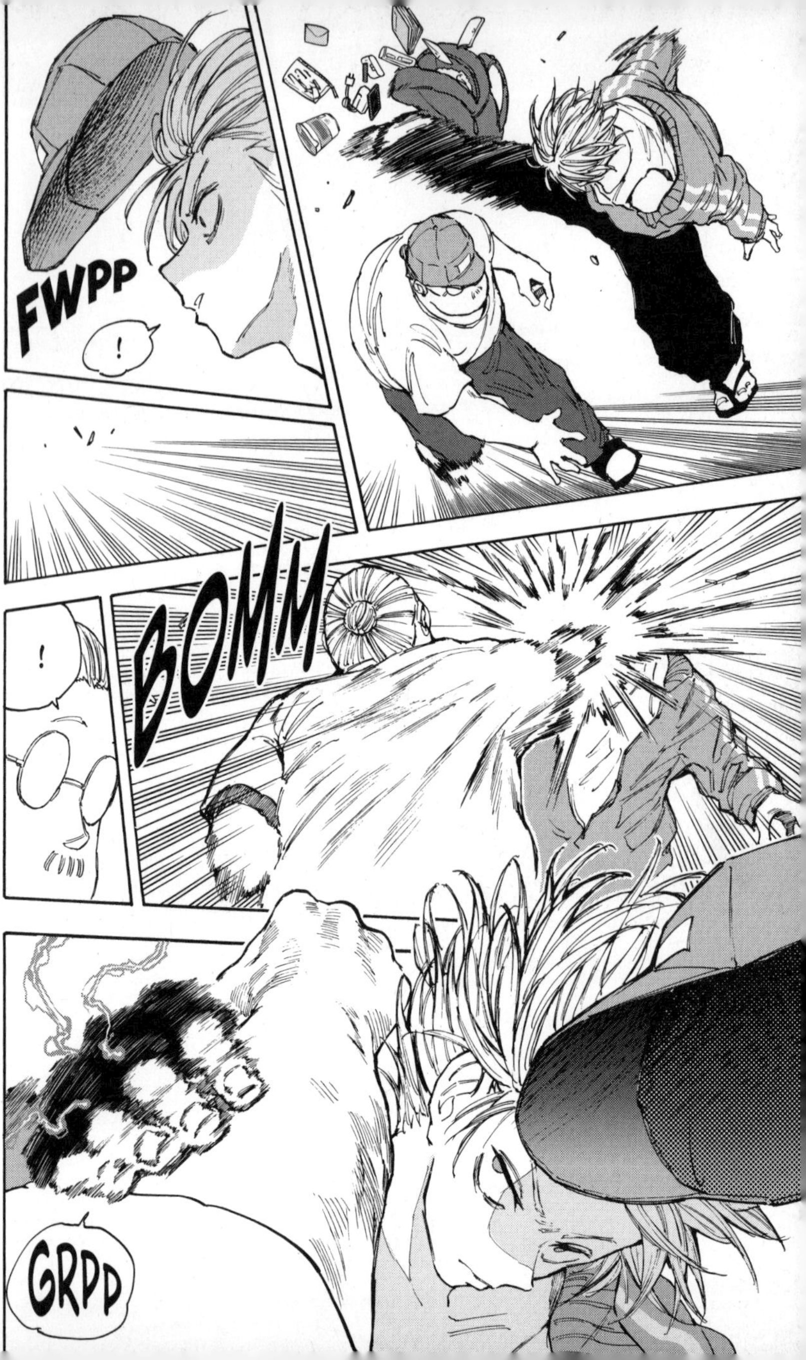

FWPP
!
BOMM
!
GRPP

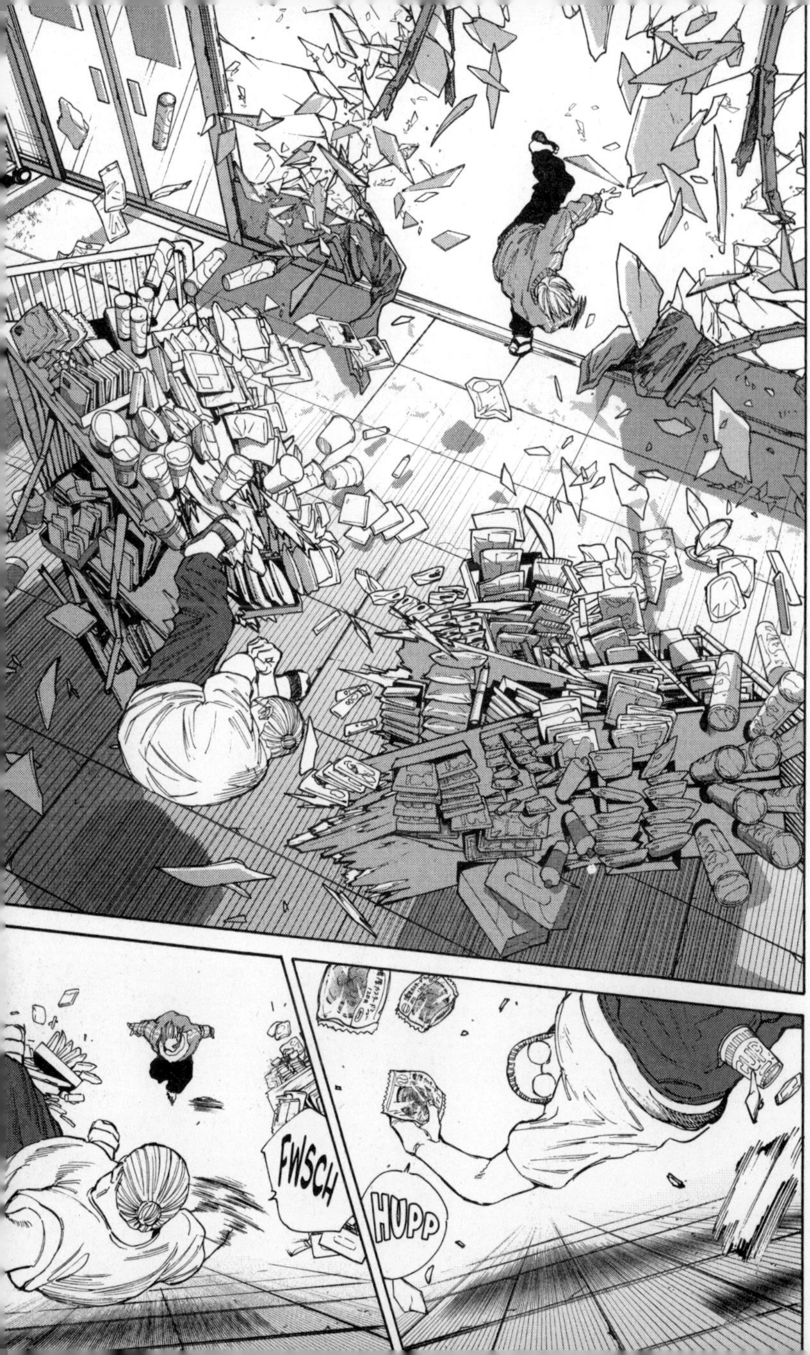
HUPP
FWSCH

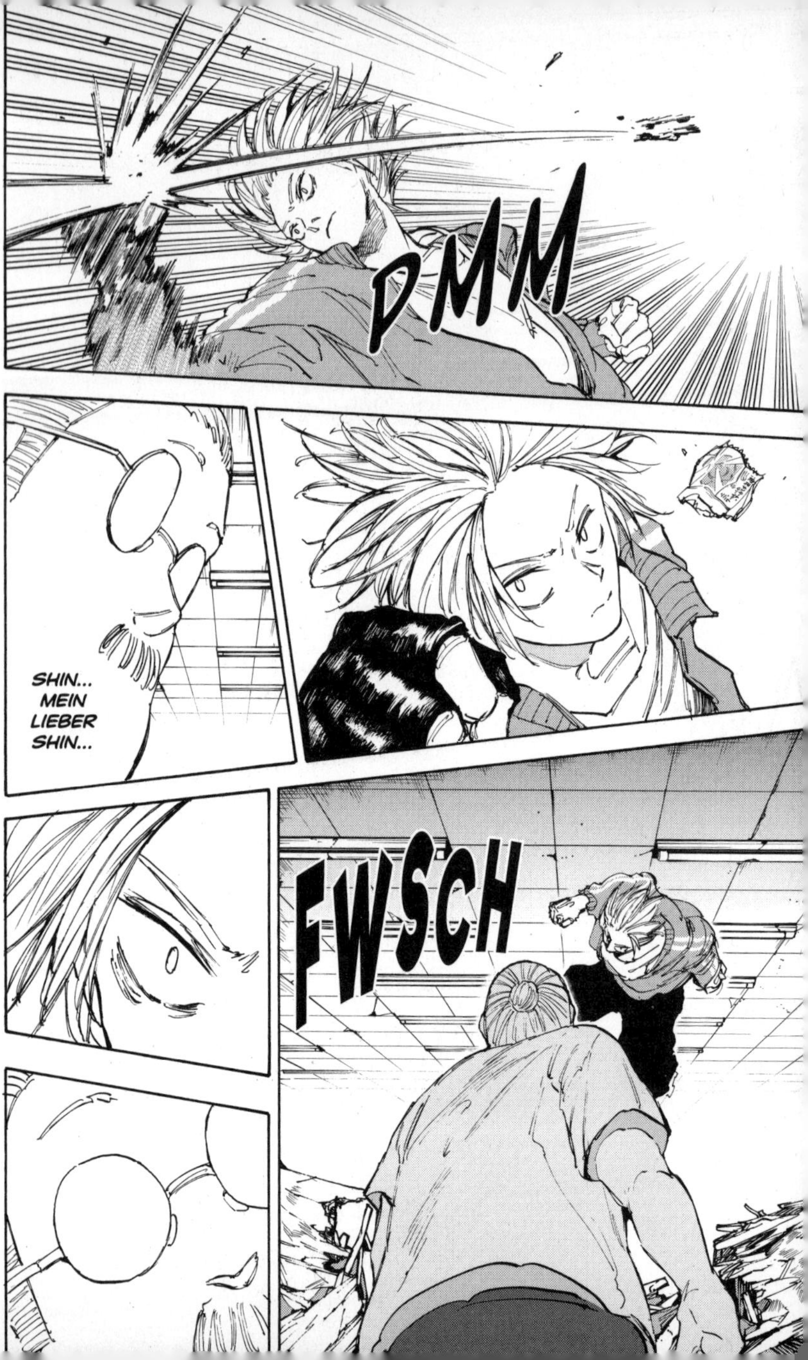
DMM
SHIN...
MEIN
LIEBER
SHIN...
FWSCH

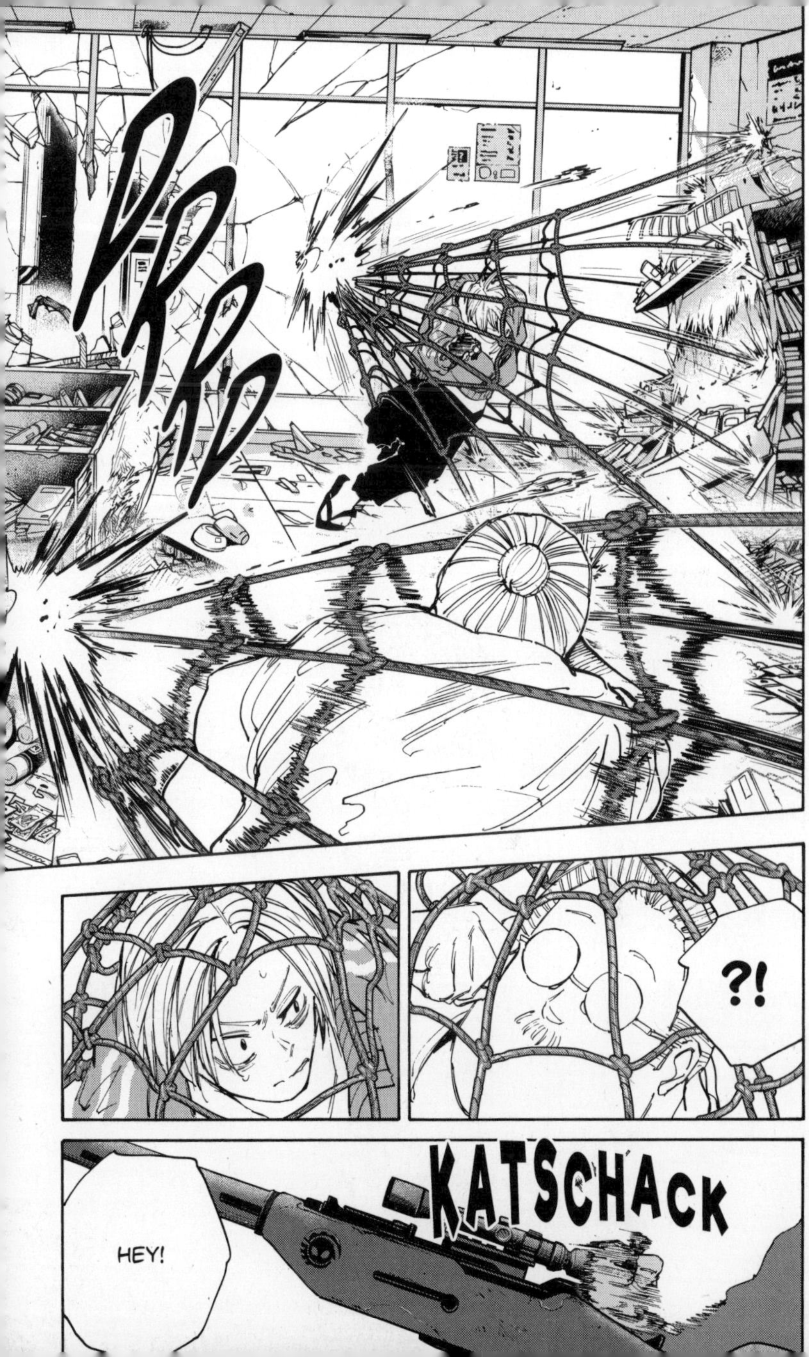
?!
KATSCHACK
HEY!

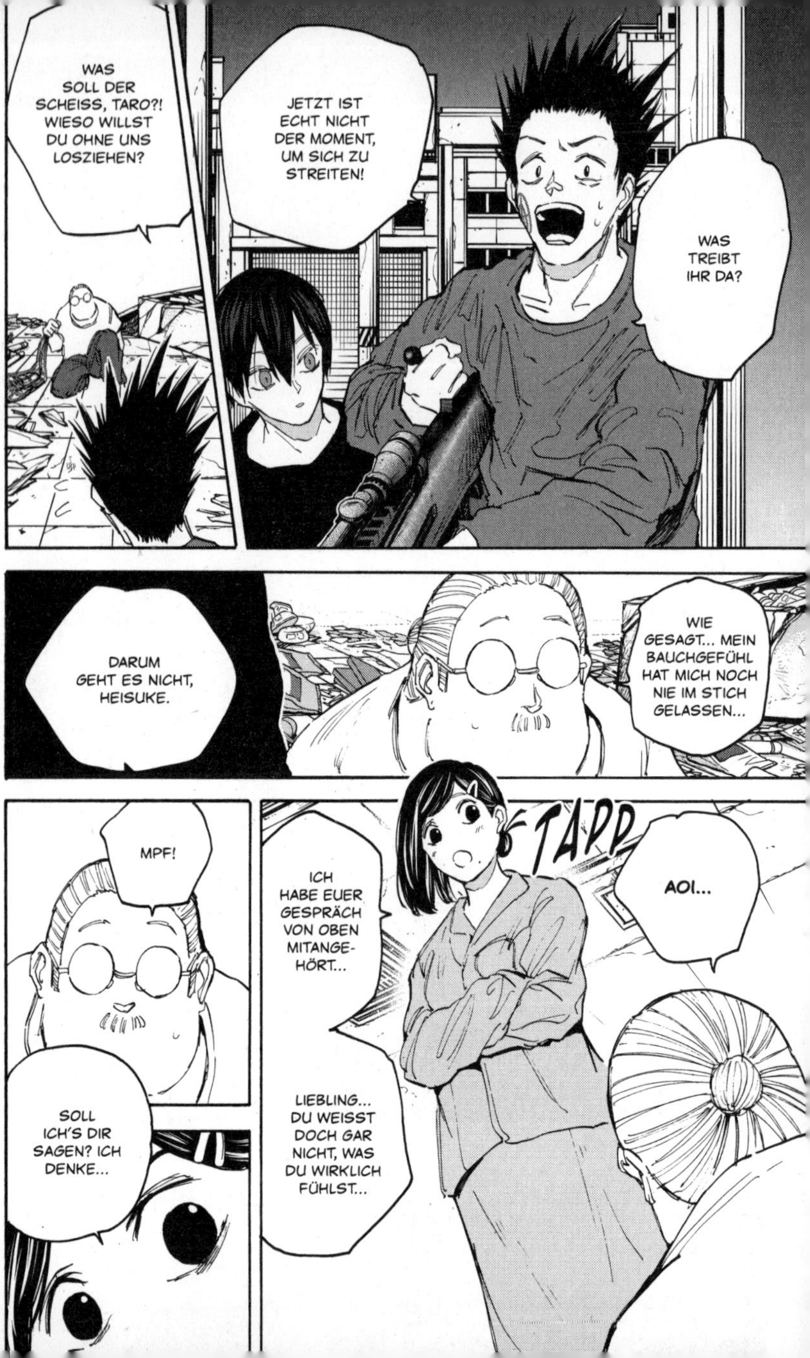
WAS TREIBT IHR DA?
JETZT IST ECHT NICHT DER MOMENT, UM SICH ZU STREITEN!
WAS SOLL DER SCHEISS, TARO?! WIESO WILLST DU OHNE UNS LOSZIEHEN?
WIE GESAGT... MEIN BAUCHGEFÜHL HAT MICH NOCH NIE IM STICH GELASSEN...
DARUM GEHT ES NICHT, HEISUKE.
AOI...
TAPP
ICH HABE EUER GESPRÄCH VON OBEN MITANGE-HÖRT...
LIEBLING... DU WEISST DOCH GAR NICHT, WAS DU WIRKLICH FÜHLST...
MPF!
SOLL ICH'S DIR SAGEN? ICH DENKE...

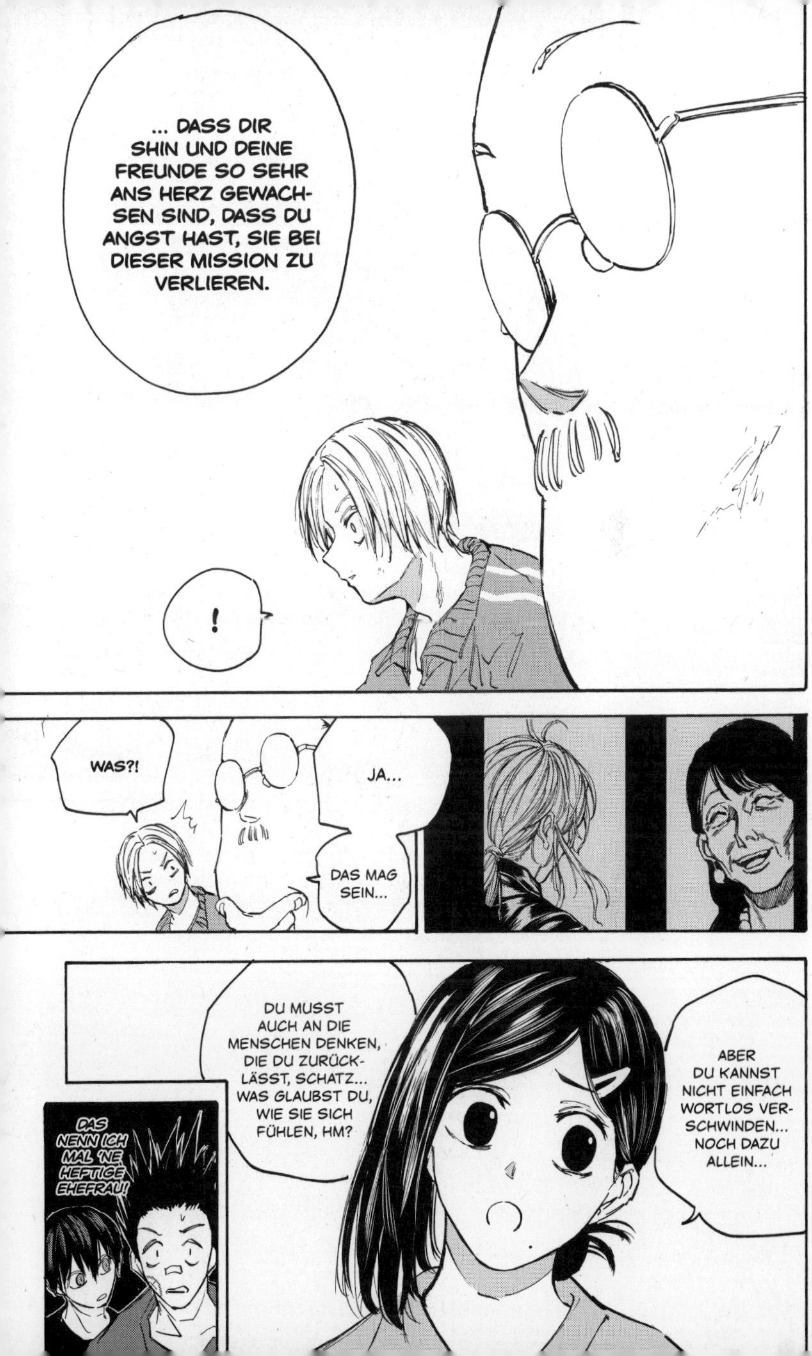
... DASS DIR SHIN UND DEINE FREUNDE SO SEHR ANS HERZ GEWACHSEN SIND, DASS DU ANGST HAST, SIE BEI DIESER MISSION ZU VERLIEREN.
!
JA...
DAS MAG SEIN...
WAS?!
ABER DU KANNST NICHT EINFACH WORTLOS VERSCHWINDEN... NOCH DAZU ALLEIN...
DU MUSST AUCH AN DIE MENSCHEN DENKEN, DIE DU ZURÜCKLÄSST, SCHATZ... WAS GLAUBST DU, WIE SIE SICH FÜHLEN, HM?
DAS NENN ICH MAL 'NE HEFTIGE EHEFRAU!

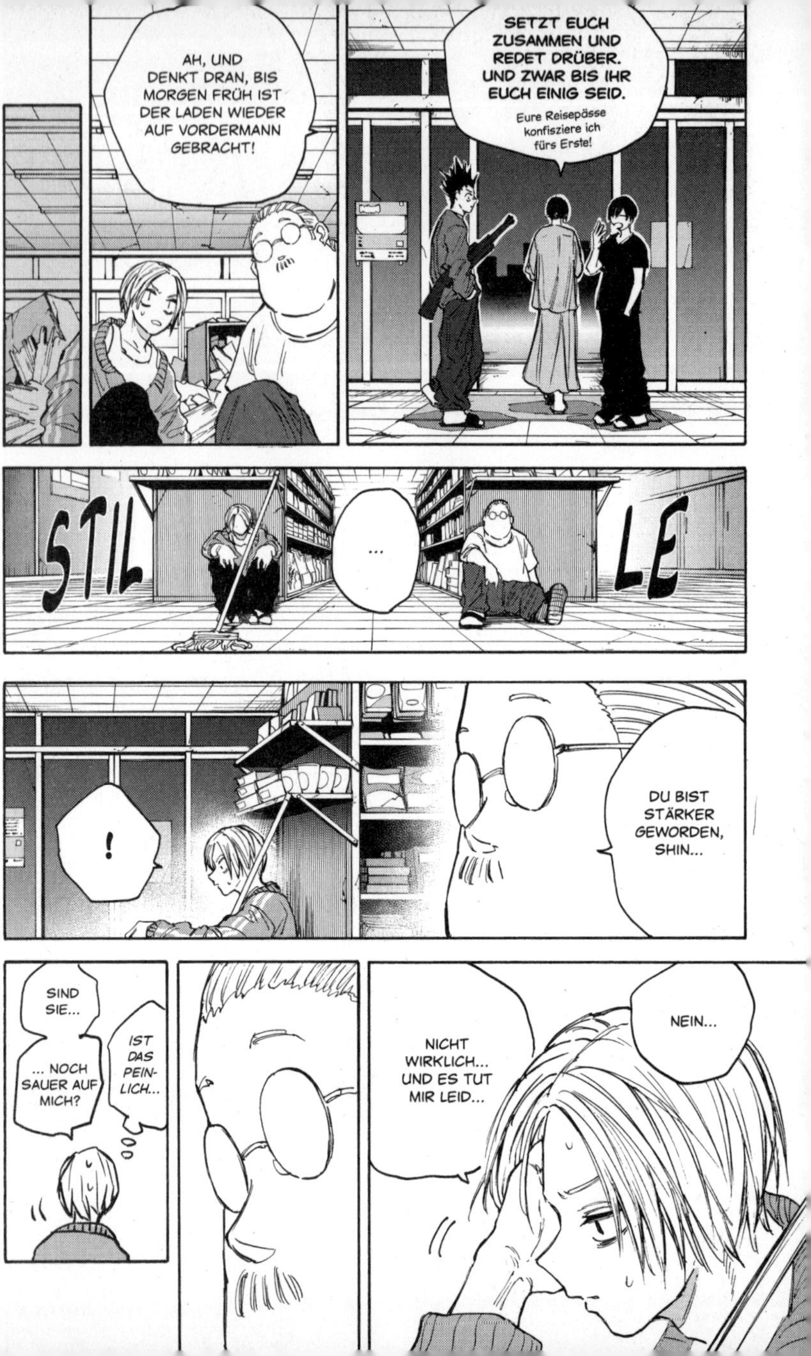
SETZT EUCH ZUSAMMEN UND REDET DRÜBER. UND ZWAR BIS IHR EUCH EINIG SEID.
Eure Reisepässe konfisziere ich fürs Erste!
AH, UND DENKT DRAN, BIS MORGEN FRÜH IST DER LADEN WIEDER AUF VORDERMANN GEBRACHT!
STIL LE
...
DU BIST STÄRKER GEWORDEN, SHIN...
!
NEIN...
NICHT WIRKLICH... UND ES TUT MIR LEID...
SIND SIE...
... NOCH SAUER AUF MICH?
IST DAS PEIN-LICH...

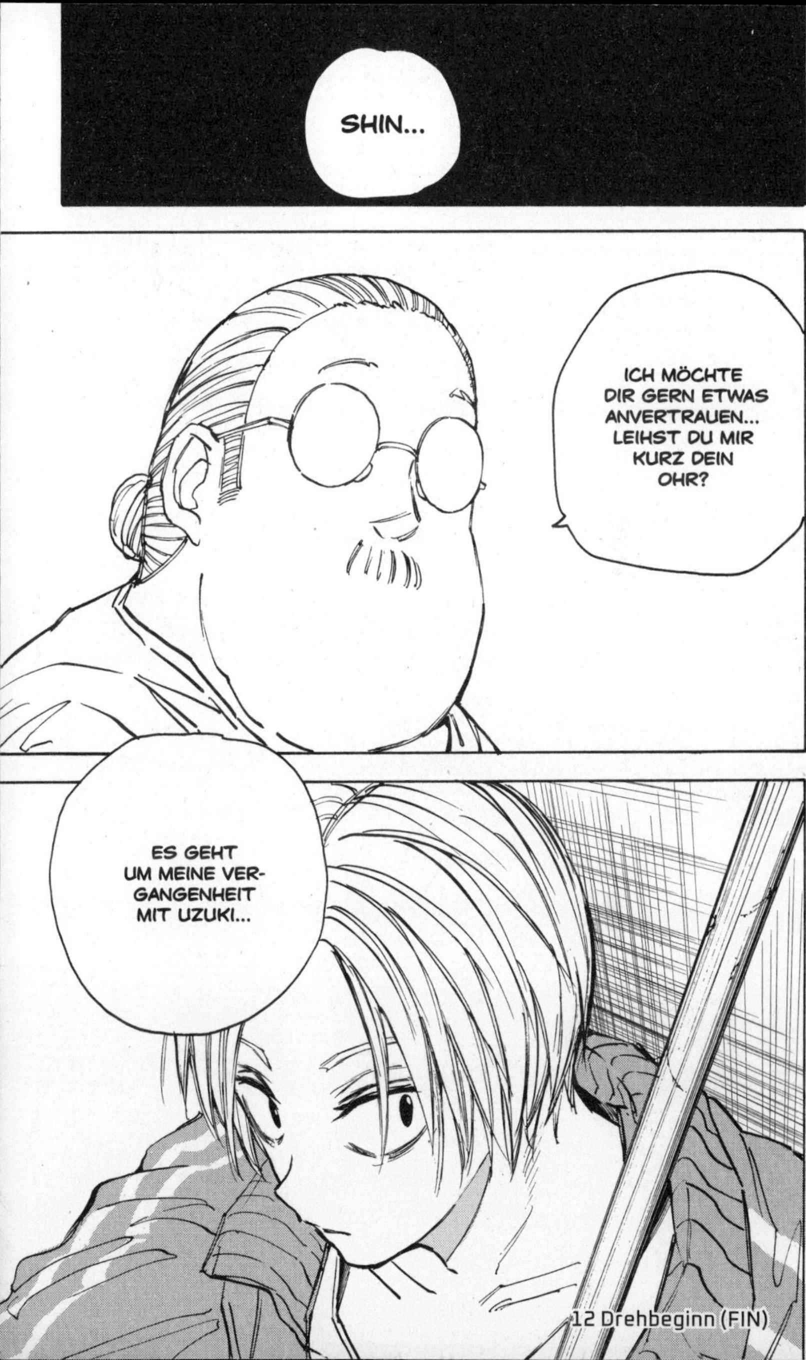

12 Drehbeginn (FIN)

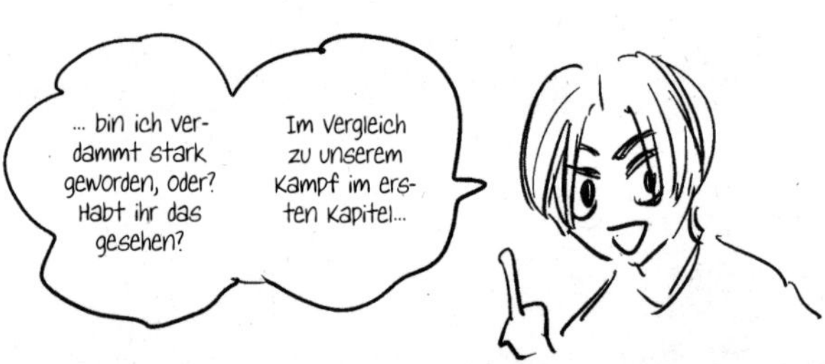
Im Vergleich zu unserem Kampf im ersten Kapitel...
... bin ich verdammt stark geworden, oder? Habt ihr das gesehen?

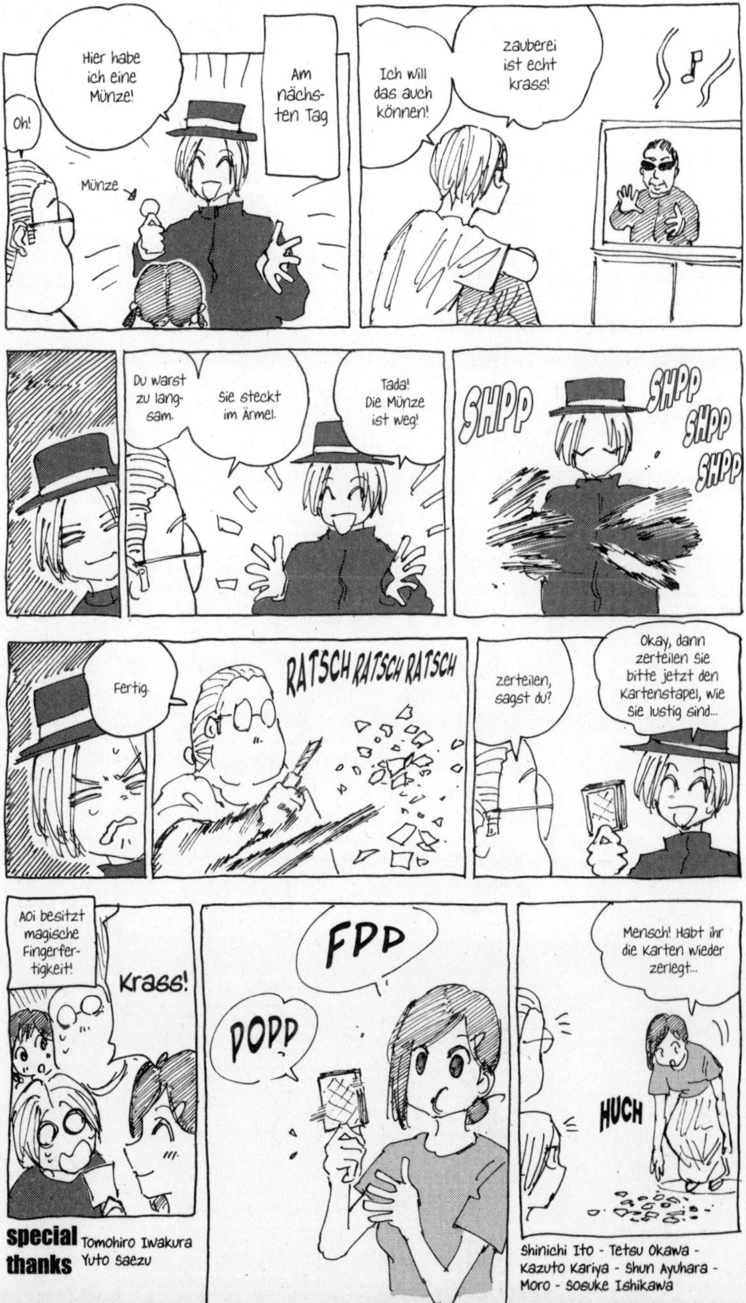

special thanks Tomohiro Iwakura
Yuto Saezu

Shinichi Ito - Tetsu Okawa -
Kazuto Kariya - Shun Ayuhara -
Moro - Sosuke Ishikawa

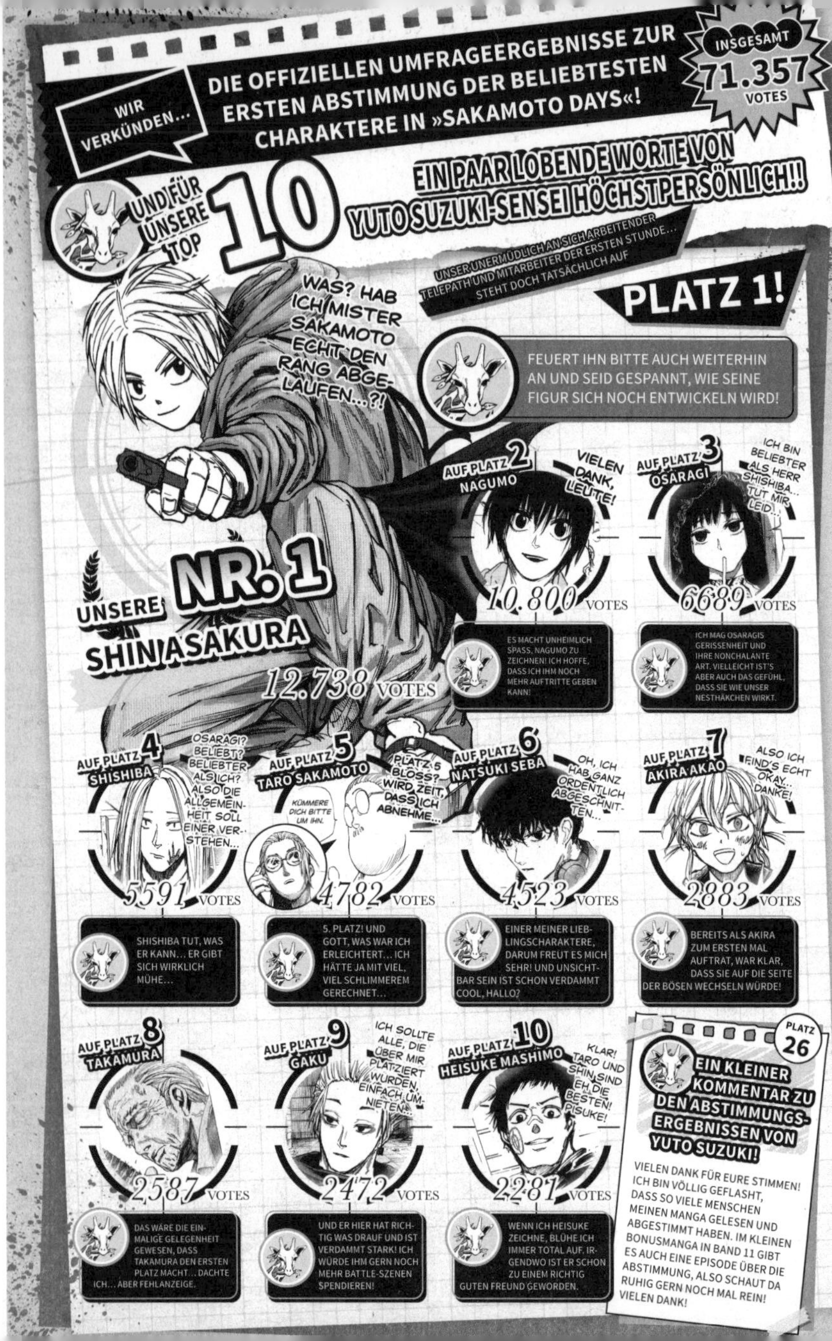
WIR VERKÜNDEN…
DIE OFFIZIELLEN UMFRAGEERGEBNISSE ZUR ERSTEN ABSTIMMUNG DER BELIEBTESTEN CHARAKTERE IN »SAKAMOTO DAYS«!
INSGESAMT 71.357 VOTES
UND FÜR UNSERE TOP 10
EIN PAAR LOBENDE WORTE VON YUTO SUZUKI-SENSEI HÖCHSTPERSÖNLICH!!
UNSER UNERMÜDLICH AN SICH ARBEITENDER TELEPATH UND MITARBEITER DER ERSTEN STUNDE… STEHT DOCH TATSÄCHLICH AUF
PLATZ 1!
WAS? HAB ICH MISTER SAKAMOTO ECHT DEN RANG ABGELAUFEN…?!
FEUERT IHN BITTE AUCH WEITERHIN AN UND SEID GESPANNT, WIE SEINE FIGUR SICH NOCH ENTWICKELN WIRD!
UNSERE NR. 1
SHIN ASAKURA
12.738 VOTES
AUF PLATZ 2
NAGUMO
VIELEN DANK, LEUTE!
10.800 VOTES
ES MACHT UNHEIMLICH SPASS, NAGUMO ZU ZEICHNEN! ICH HOFFE, DASS ICH IHM NOCH MEHR AUFTRITTE GEBEN KANN!
AUF PLATZ 3
OSARAGI
ICH BIN BELIEBTER ALS HERR SHISHIBA… TUT MIR LEID…
6689 VOTES
ICH MAG OSARAGIS GERISSENHEIT UND IHRE NONCHALANTE ART. VIELLEICHT IST'S ABER AUCH DAS GEFÜHL, DASS SIE WIE UNSER NESTHÄKCHEN WIRKT.
AUF PLATZ 4
SHISHIBA
OSARAGI? BELIEBT? BELIEBTER ALS ICH? ALSO DIE ALLGEMEINHEIT SOLL EINER VERSTEHEN…
5591 VOTES
SHISHIBA TUT, WAS ER KANN… ER GIBT SICH WIRKLICH MÜHE…
AUF PLATZ 5
TARO SAKAMOTO
PLATZ 5 BLOSS? WIRD ZEIT, DASS ICH ABNEHME…
KÜMMERE DICH BITTE UM IHN.
4782 VOTES
5. PLATZ! UND GOTT, WAS WAR ICH ERLEICHTERT… ICH HÄTTE JA MIT VIEL, VIEL SCHLIMMEREM GERECHNET…
AUF PLATZ 6
NATSUKI SEBA
OH, ICH HAB GANZ ORDENTLICH ABGESCHNITTEN…
4523 VOTES
EINER MEINER LIEBLINGSCHARAKTERE, DARUM FREUT ES MICH SEHR! UND UNSICHTBAR SEIN IST SCHON VERDAMMT COOL, HALLO?
AUF PLATZ 7
AKIRA AKAO
ALSO ICH FIND'S ECHT OKAY… DANKE!
2883 VOTES
BEREITS ALS AKIRA ZUM ERSTEN MAL AUFTRAT, WAR KLAR, DASS SIE AUF DIE SEITE DER BÖSEN WECHSELN WÜRDE!
AUF PLATZ 8
TAKAMURA
2587 VOTES
DAS WÄRE DIE EINMALIGE GELEGENHEIT GEWESEN, DASS TAKAMURA DEN ERSTEN PLATZ MACHT… DACHTE ICH… ABER FEHLANZEIGE.
AUF PLATZ 9
GAKU
ICH SOLLTE ALLE, DIE ÜBER MIR PLATZIERT WURDEN, EINFACH UMNIETEN…
2472 VOTES
UND ER HIER HAT RICHTIG WAS DRAUF UND IST VERDAMMT STARK! ICH WÜRDE IHM GERN NOCH MEHR BATTLE-SZENEN SPENDIEREN!
AUF PLATZ 10
HEISUKE MASHIMO
KLAR! TARO UND SHIN SIND EH DIE BESTEN! PISUKE!
2281 VOTES
WENN ICH HEISUKE ZEICHNE, BLÜHE ICH IMMER TOTAL AUF, IRGENDWO IST ER SCHON ZU EINEM RICHTIG GUTEN FREUND GEWORDEN.
PLATZ 26
EIN KLEINER KOMMENTAR ZU DEN ABSTIMMUNGSERGEBNISSEN VON YUTO SUZUKI!
VIELEN DANK FÜR EURE STIMMEN! ICH BIN VÖLLIG GEFLASHT, DASS SO VIELE MENSCHEN MEINEN MANGA GELESEN UND ABGESTIMMT HABEN. IM KLEINEN BONUSMANGA IN BAND 11 GIBT ES AUCH EINE EPISODE ÜBER DIE ABSTIMMUNG, ALSO SCHAUT DA RUHIG GERN NOCH MAL REIN! VIELEN DANK!

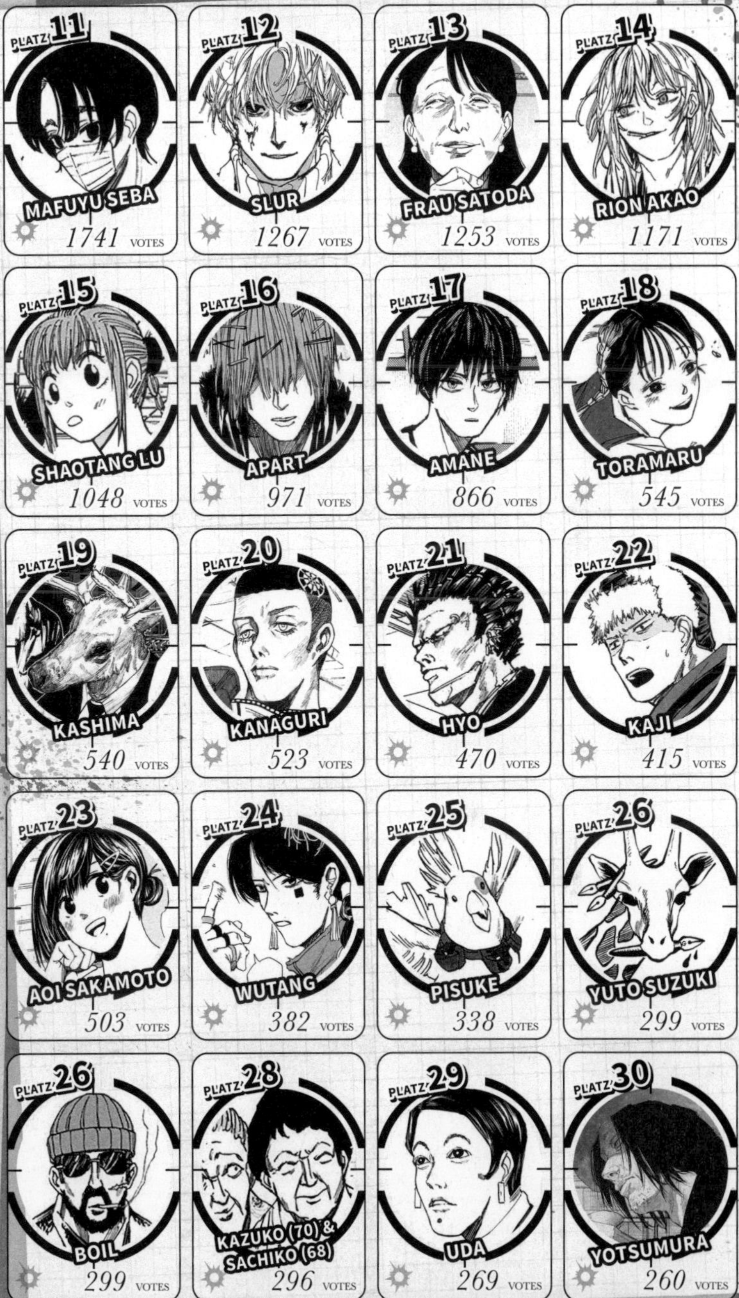
PLATZ 11
MAFUYU SEBA
1741 VOTES
PLATZ 12
SLUR
1267 VOTES
PLATZ 13
FRAU SATODA
1253 VOTES
PLATZ 14
RION AKAO
1171 VOTES
PLATZ 15
SHAOTANG LU
1048 VOTES
PLATZ 16
APART
971 VOTES
PLATZ 17
AMANE
866 VOTES
PLATZ 18
TORAMARU
545 VOTES
PLATZ 19
KASHIMA
540 VOTES
PLATZ 20
KANAGURI
523 VOTES
PLATZ 21
HYO
470 VOTES
PLATZ 22
KAJI
415 VOTES
PLATZ 23
AOI SAKAMOTO
503 VOTES
PLATZ 24
WUTANG
382 VOTES
PLATZ 25
PISUKE
338 VOTES
PLATZ 26
YUTO SUZUKI
299 VOTES
PLATZ 26
BOIL
299 VOTES
PLATZ 28
KAZUKO (70) & SACHIKO (68)
296 VOTES
PLATZ 29
UDA
269 VOTES
PLATZ 30
YOTSUMURA
260 VOTES

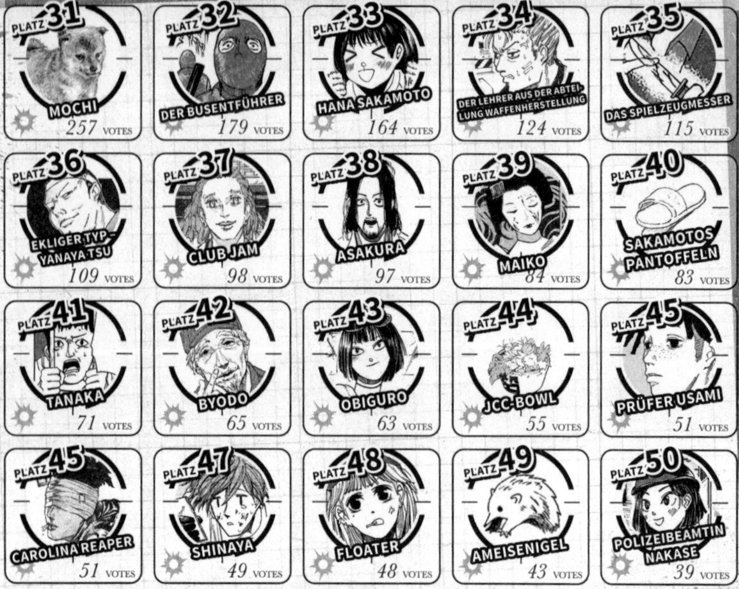

PLATZ 51 (35 VOTES) • SCHREINBESUCHER
PLATZ 52 (33 VOTES) • OMA MIYA
• PRÜFER ATO
PLATZ 54 (32 VOTES) • PIZZA NAKAJIMA
PLATZ 55 (30 VOTES) • O-SHIRUKO-SODA
• SAKAMOTO ALS SEINE FRAU AOI VERKLEIDET
PLATZ 57 (27 VOTES) • DUMP
PLATZ 58 (25 VOTES) • PRÜFERIN MIZUNO
PLATZ 59 (23 VOTES) • DER SCHULRANZEN VON SUGAR-CHAN
• EIN MANN (KAPITEL 1)
PLATZ 61 (22 VOTES) • FAHRGAST
PLATZ 62 (18 VOTES) • ROBOTERBÄR
PLATZ 63 (17 VOTES) • GEWEHRKUGELN DES JCC
PLATZ 64 (16 VOTES) • DER SAKE, DER GETRUNKEN WERDEN MUSS, SOBALD SHAOTANG ERWACHSEN IST
• ROBOTERDINO
PLATZ 66 (15 VOTES) • TATSU
• DIE ALLERERSTE ILLUSTRATION (NEUAUSGABE)
PLATZ 68 (14 VOTES) • SUGAR-CHAN
PLATZ 69 (13 VOTES) • DAS LÄCHELNDE GESICHT DER GROSSEN BUDDHASTATUE
• SCHLÜSSELANHÄNGER VON SAKAMOTO
PLATZ 71 (12 VOTES) • MINIMALIST
• WAS SO AN DER JCC LOS WAR
PLATZ 73 (11 VOTES) • YUTARO

PLATZ 74 (10 VOTES) • JCC-STIFT
PLATZ 75 (9 VOTES) • MAD HORIGUCHI
PLATZ 76 (8 VOTES) • SEKO ZURU
• KILLERRUBBELLOS
• NÔ-MASKEN-JUNKIE
PLATZ 79 (7 VOTES) • SAW INFORMANT
• INODA
• SAKAMOTOS BRILLE
• DIE ARBEITSKITTEL VON SAKAMOTOS LADEN
PLATZ 83 (6 VOTES) • KANAGURIS KAMERA, DIE SAKAMOTO KAPUTT GEMACHT HAT
• SHISHIBA BEIM KATSUDON-ESSEN, WIE ER MIT SEINEN STÄBCHEN DIE ZWIEBELN RAUSPICKT
• OSARAGI, DIE DEN REST DER ZWIEBELN AUFISST
• GEBRATENES HUHN MIT NANBAN-ZUKE UND SAUCE TARTARE
PLATZ 87 (5 VOTES) • CLEA NING
• DER GUIDE FÜR DAS GRUSELKABINETT
• MITARBEITER DES OKUTABI-MUSEUMS
PLATZ 90 (4 VOTES) • IRIYA • BACHO
• TAKEBE • LEHRER FÜR NAHKAMPF UND SELBSTVERTEIDIGUNG
• DER YAKITORI-LADENINHABER, DER SHIN UND SAKAMOTO BEI SICH VERSTECKT, ALS DIE POLIZISTIN NAKASE GERADE JAGD AUF DIE BEIDEN MACHT
• NAGUMOS WAFFEN
• NAGUMOS TATTOO
PLATZ 97 (3 VOTES) • REZEPTIONIST FÜR DAS AIRSOFT-TURNIER
• TADA • NAMIKI
• PRÜFUNGSKANDIDATEN
• OSARAGI, WIE SIE SICH SAKAMOTO ALS DICKEN BÄREN VORGESTELLT HAT

PLATZ 106 (2 VOTES)
• DIE ELEKTRONISCHE CHIPKARTE, DIE SAKAMOTO AN DER BAHNSTEIGSPERRE NACH DEM KAMPF GEGEN KASHIMA VERWENDET
• DER KÜHLSCHRANK VON POWER COOL
• NAGUMOS SPIELWÜRFEL
• DAS STEAK, DAS SHIN GEGESSEN HAT
• DER BETAGTE POLIZIST
• DIE MITARBEITER IM INTEL-VIDEOVERLEIH
• DIE SCHILDER MIT DER AUFSCHRIFT »KILL«
• DAS SCHLIESSFACH AUS DEM ONE-SHOT
• DER ALTE AUS GARAKU
• SAKAMOTOS FETTRÖLLCHEN
• OSARAGIS WAFFE
• DIE FILMKLAPPE, DIE KANAGURI VERWENDET
• DER ANZUG VON NATSUKI SEBA, DER UNSICHTBAR MACHT
• DIE VERANTWORTLICHE REDAKTION
• DAS KIND, DAS AUF DEM TOKYO TOWER EINEN STEMPEL VON SAKAMOTO BEKOMMEN HAT
• DIE SCHMETTERLINGE, DIE AKIRA FREIGELASSEN HAT
• SHINS ARBEITSKITTEL
• NATSUKI SEBAS MUTTERMAL
• DIE SAKAMOTO-PUPPE
• NIKUMAN
• DER JUNGE AUS KAPITEL 16, DER BEI DER SUGAR-CHAN-SCHULRANZEN-SZENE VERSUCHT HAT, HANA ZU ÜBERREDEN

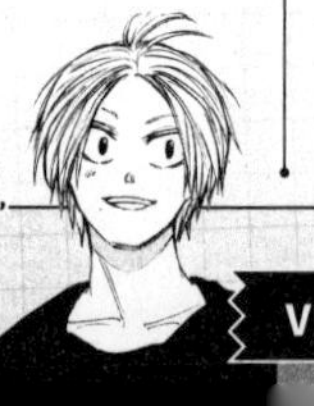

※ Dies ist ein Nachdruck der Umfrageergebnisse, die in der Ausgabe 15 der Weekly Shonen Jump 2023 abgedruckt wurden.

VIELEN DANK FÜR DIE EIFRIGE TEILNAHME!!!

DIE GUTE ALTE ZEIT IN DER JCC VON SAKAMOTO, NAGUMO, RION... UND NATÜRLICH UZUKI.

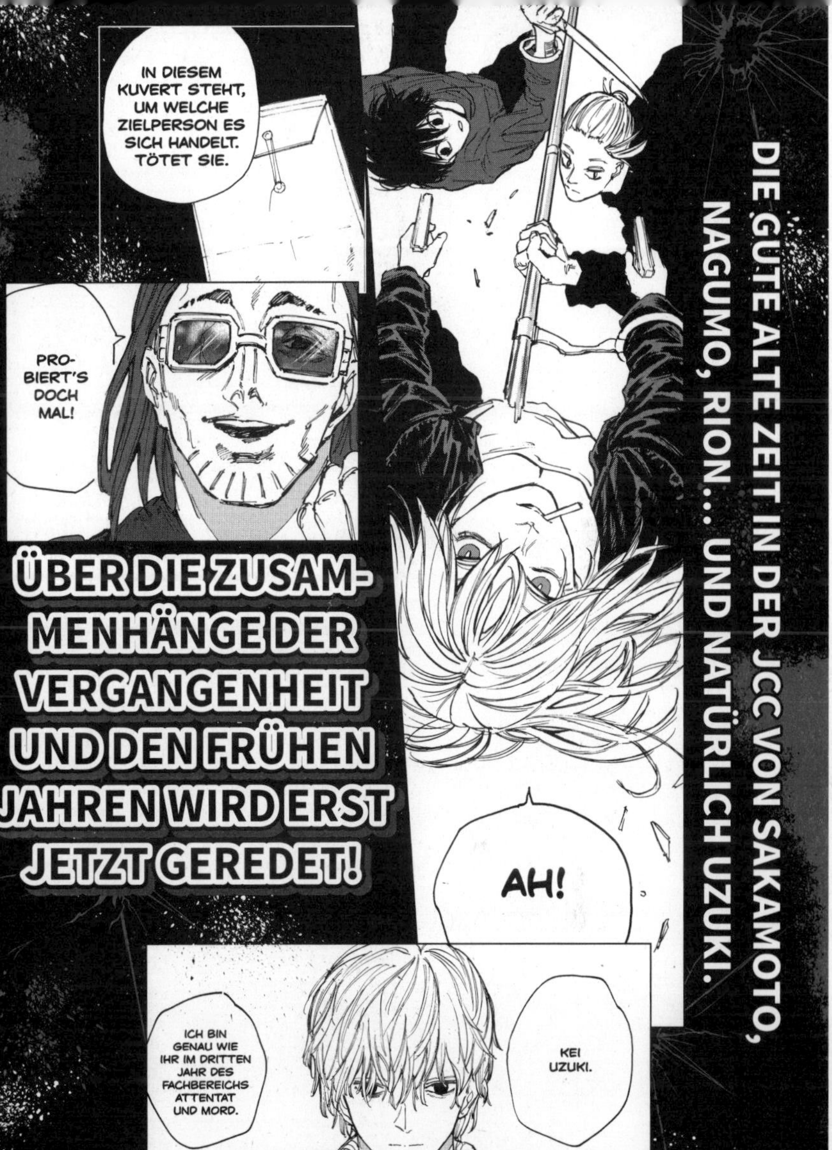

ÜBER DIE ZUSAMMENHÄNGE DER VERGANGENHEIT UND DEN FRÜHEN JAHREN WIRD ERST JETZT GEREDET!

SAKAMOTO DAYS

BAND 13

STOPP

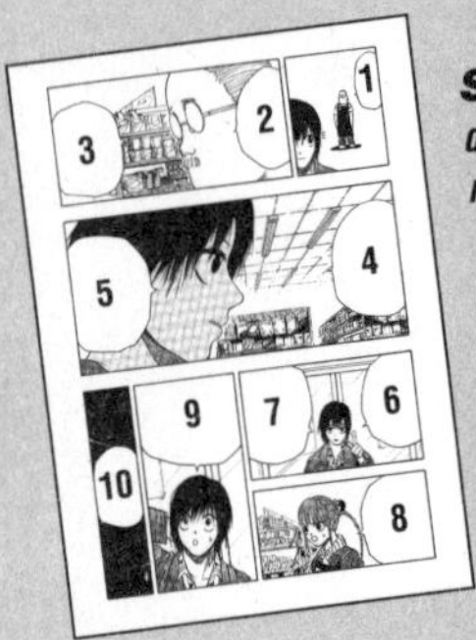

***SAKAMOTO DAYS** ist eine japanische Serie, die originalgetreu von »hinten« nach »vorne« und von rechts nach links gelesen wird. Man muss diesen Manga also »hinten« aufschlagen und Seite für Seite nach »vorn« weiterblättern. Auch die Bilder auf jeder Seite und die Sprechblasen innerhalb der Bilder werden von rechts oben nach links unten gelesen, so wie in der Grafik gezeigt.*

Ultimative Action mit dem besten Profikiller der Welt!

Carlsen Manga! News – jeden Monat neu per E-Mail!
www.carlsenmanga.de • www.carlsen.de
CARLSEN MANGA
Deutsche Ausgabe/German Edition

Völckersstr. 14–20 • 22765 Hamburg
Aus dem Japanischen von Martin Gericke

First published in Japan in 2020 by SHUEISHA Inc., Tokyo.
German translation rights in Germany, Austria, Luxembourg and German-speaking Switzerland arranged by SHUEISHA Inc. through VME PLB SAS, France.
Redaktion: Anne Berling • Textbearbeitung: Rebecca Richards
Lettering: Datagrafix • Produktionsmanagerin: Karen Kollmetz

ISBN: 978-3-551-78278-6

Wir produzieren nachhaltig
- Klimaneutrales Produkt
- Papiere aus nachhaltigen und kontrollierten Quellen
- Hergestellt in Europa

FSC www.fsc.org
MIX
Papier | Fördert gute Waldnutzung
FSC® C083411